Berufsgruppen im Transformationsprozeß

C(

Veröffentlichungen aus dem
Institut für Sozialwissenschaftliche Forschung e.V.
ISF München

Ingrid Drexel, Barabara Giessmann (Hg.)

Berufsgruppen im Transformationsprozeß

Ostdeutschlands Ingenieure, Meister
Techniker und Ökonomen
zwischen Gestern und Übermorgen

Campus Verlag
Frankfurt/New York

Dieses Buch entstand im Rahmen des Sonderforschungsbereichs 333 der Universität München, "Entwicklungsperspektiven von Arbeit", Teilprojekt A 8.

Die Deutsche Bibliothek - CIP-Einheitsaufnahme

Berufsgruppen im Transformationsprozess : Ostdeutschlands Ingenieure, Meister, Techniker und Ökonomen zwischen Gestern und Übermorgen ; (dieses Buch entstand im Rahmen des Sonderforschungsbereichs 333 der Universität München, "Entwicklungsperspektiven von Arbeit", Teilprojekt A 8) / Ingrid Drexel ; Barbara Giessmann (Hg.). - Frankfurt/Main ; New York : Campus Verlag, 1997 (Veröffentlichungen aus dem Institut für Sozialwissenschaftliche Forschung e.V., ISF München) ISBN 3-593-35525-6 NE: Drexel, Ingrid (Hrsg.)

Die Veröffentlichungen werden herausgegeben vom Institut für Sozialwissenschaftliche Forschung e.V. - ISF München.

Inhalt

Vorwort 7

Ingrid Drexel, Barbara Giessmann

Die Qualifikationstypen der DDR-Gesellschaft
im Transformationsprozeß - zur Einführung 9

Werner Wolter

Der Fachschulingenieur in der DDR - wider-
spruchsvolle Entwicklung eines besonderen
Qualifikationstyps 23

Eva-Maria Langen

Der Fachschulingenieur in den Restrukturierungsprozessen der ostdeutschen Betriebe - rationellere
Nutzung seines Potentials und partielle Aufwertung 45

Barbara Giessmann

Ostdeutsche Ingenieure im Transformationsprozeß
- zwischen Kontinuität und Bruch 63

Barbara Giessmann, Ingrid Drexel, Friedrich Pfefferkorn

Der Techniker - Austrocknung und Wiederbelebungs-
versuche in der DDR, problematische Neu-Etablierung
in der Marktwirtschaft 91

5

Dirk Bunzel

Vom Statthalter des Unternehmens zum Handlanger
der Arbeiter? - Zur Entwicklung des VE-Meisters   113

Dietrich Scholz

Vom VE-Meister zum Industriemeister - die Rolle
der Verbände und Kammern im Transformationsprozeß   149

Eva-Maria Langen, Ingrid Drexel

Der Meister in den Restrukturierungsprozessen
der ostdeutschen Betriebe - zwischen Aufwertung
und Abstufung   157

Rudolf Welskopf

Das kaufmännische Personal einst und jetzt
- Restrukturierung und Transformation   173

Ingrid Drexel

Die "entdifferenzierte, vormoderne" DDR-Gesellschaft
und ihre "Modernisierung" im Transformationsprozeß   195

Die Autoren   228

Das Institut für Sozialwissenschaftliche Forschung e.V. München   230

Vorwort

Thema dieser Veröffentlichung sind Situation und Geschichte wichtiger Qualifikationstypen der DDR und ihre "Transformation" im Gefolge des Transfers eines marktwirtschaftlichen Systems nach Ostdeutschland. Der Sammelband ist Produkt mehrjähriger Arbeiten der Herausgeberinnen zu diesem Thema sowie einer Kooperation mit - überwiegend ostdeutschen - KollegInnen, in deren Rahmen die hier zusammengetragenen Beiträge angeregt und konzipiert wurden. Ergebnis sind zehn Aufsätze, die betriebliche Stellung, Profil und Reproduktionsbedingungen des Fachschulingenieurs, des Technikers, des VE-Meisters und des Ökonomen in der DDR und deren teilweise dramatische Veränderung nach 1989 nachzeichnen. Damit werden zugleich 40 Jahre Entwicklung eines wichtigen Ausschnitts der Sozialstruktur der DDR-Gesellschaft wie auch allgemeinere Merkmale des Transformationsprozesses in einem bislang wenig untersuchten Feld ausgeleuchtet.

Die Herausgeberinnen danken allen am Zustandekommen dieser Publikation Beteiligten sehr herzlich:

An erster Stelle ist natürlich den MitautorInnen zu danken für ihre Mühe und auch ihre Geduld angesichts von Verzögerungen in der endgültigen Fertigstellung dieser Veröffentlichung.

Besonders zu danken ist dem Bundesministerium für Bildung, Wissenschaft, Forschung und Technologie (ehemals Bundesministerium für Bildung und Wissenschaft) und der Europäischen Union. Sie haben durch die Förderung einer großen Untersuchung zur Restrukturierung von Ostdeutschlands Betrieben und zur Entwicklung des Weiterbildungssystems dem ISF und einigen der ostdeutschen Autoren dieses Bandes die Möglichkeit gegeben, umfangreiche Informationen auch zu Geschichte und Gegenwart der interessierenden Qualifikationsgruppen zu gewinnen.

Herzlich zu danken ist auch der Deutschen Forschungsgemeinschaft: Sie hat durch die Förderung sozialwissenschaftlicher Sonderforschungsbereiche an der Universität München, an denen das ISF beteiligt ist, und durch die Ausweitung dieser Förderung auf ostdeutsche WissenschaftlerInnen nach 1989 die Voraussetzungen dafür geschaffen, daß die Herausgeberinnen gemeinsam zu dieser Thematik forschen und diese Publikation konzipieren und ausarbeiten konnten.

Schließlich ist den Kolleginnen am ISF zu danken, ohne deren Sorgfalt, Geduld und Kollegialität dieses Buch nicht fertigzustellen gewesen wäre: Elke Brandmayer und Heidi Dinkler übernahmen die Bearbeitung der Manuskripte, Karla Kempgens und Gaby Milbrath die Herstellung von Grafiken.

München, Februar 1997   Ingrid Drexel
                                                      Barbara Giessmann

Ingrid Drexel, Barbara Giessmann

Die Qualifikationstypen der DDR-Gesellschaft im Transformationsprozeß - zur Einführung

1. Die Qualifikationstypen der DDR und ihr Schicksal nach der Wende - ein problematischer weißer Fleck in Diskussion und Forschung

2. Haupt- und Nebenziele dieser Veröffentlichung

3. Gesellschaftliche Arbeitskräftekategorien als Objekt und Ebene der Analyse - Erkenntnischancen und -grenzen

4. Fachschulingenieur, VE-Meister, Techniker und kaufmännische Fachkräfte - zur Auswahl der analysierten Qualifikationstypen

5. Die Grundlagen dieses Sammelbandes, seine Beiträge im einzelnen und deren AutorInnen

1. Die Qualifikationstypen der DDR und ihr Schicksal nach der Wende - ein problematischer weißer Fleck in Diskussion und Forschung

Zwei Gesellschaften haben sich vereint, die eine mußte der anderen "beitreten" und wird nun von dieser wirtschaftlich, politisch und institutionell bestimmt. In den dadurch in Gang gesetzten gesellschaftlichen Veränderungsprozessen war es sehr hilfreich, daß es in der beitretenden Gesellschaft - in der ehemaligen DDR - dieselben Qualifikationstypen gab wie in der alten Bundesrepublik: Facharbeiter, Meister, Techniker, Ingenieure usw. Das schien das Verständnis für die in vielen Aspekten fremde DDR-Gesellschaft und ihre Bürger in der westdeutschen Gesellschaft zu erleichtern und umgekehrt; und es versprach, die Probleme des Systemtransfers zu reduzieren. In den Betrieben, in der Bildungspolitik, in der Gewerkschaftspolitik glaubte man sich auszukennen.

9

Doch war und ist diese Ausgangsannahme falsch. Was sich die westdeutsche Sozialwissenschaft in bezug auf andere europäische Gesellschaften erarbeitet hat - daß der operaio vom deutschen Arbeiter, der ingénieur vom deutschen Ingenieur zu unterscheiden ist -, das wird im Verhältnis zwischen ost- und westdeutschen Qualifikationstypen leicht und oft übersehen: Zwar gibt es manche Parallelen, doch ist der VE-Meister nicht der Industriemeister, der Fachschulingenieur der DDR nicht der Fachhochschulingenieur der BRD, der ostdeutsche nicht der westdeutsche Techniker usw. Erhebliche Unterschiede bestehen zum einen im Hinblick auf die fachlichen Qualifikationen dieser Qualifikationstypen, wie eine Reihe von Untersuchungen gezeigt hat (z.B. Ramlow u.a. 1993; Scheuer u.a. 1994). Unterschiede bestehen zum anderen und vor allem im Hinblick auf die Bildungs- und Berufsverlaufsmuster dieser Qualifikationstypen und all das, was dadurch an Sozialqualifikationen, an Verhaltenspotentialen und Deutungsmustern erzeugt wird. Denn diese und andere Qualifikationstypen der DDR-Gesellschaft - Elemente ihrer Sozialstruktur - sind ja durch 40 Jahre Entwicklung der für ihre Ausbildung zuständigen Bildungsinstitutionen, der Betriebe sowie der individuellen und kollektiven Verarbeitung dieser Entwicklungen durch die Individuen bestimmt.

Zu diesen Fragen gibt es kaum Untersuchungen.[1] Weitgehend im Dunkeln liegen zum einen die Entwicklungsprozesse, die die traditionellen deutschen Qualifikationstypen nach 1945 im Zuge des Aufbaus und der Entwicklung der sozialistischen Gesellschaft der DDR - gewissermaßen im historisch ersten Transformationsprozeß - durchlaufen haben, wie sich ihre Bildungsgänge im Rahmen der mehrfachen Bildungsreformen der DDR und wie sich ihre Stellung in den Betrieben im Zuge der Entwicklung der DDR-Wirtschaft verändert haben. Ebenso im Dunkeln liegen die mit diesen Entwicklungsprozessen mehr oder minder eng zusammenhängenden Veränderungen ihrer absoluten und relativen Reproduktionschancen, ihrer gesellschaftlichen Stellung und ihres Selbst- und Fremdbildes.

Ein zweiter weißer Fleck kommt hinzu: Heute stehen diese gesellschaftlichen Qualifikationstypen im Prozeß des Systemtransfers, der Implementierung einer marktwirtschaftlichen Gesellschaftsordnung (westdeutscher Prägung). Wie verändern sie sich in den durch den Systemtransfer ausge-

---

1 Eine gewisse Ausnahme stellt in den letzten Jahren die Kategorie des Meisters dar, da es hier - in Zusammenhang mit den Entwicklungen des Meisters in der westdeutschen Industrie - neue Problemsensibilitäten gibt.

lösten wirtschaftlichen, politischen und institutionellen Prozessen? Gleichen sie sich an die entsprechenden westdeutschen Qualifikationstypen an? Welches Schicksal erfahren - wichtige Voraussetzung dafür - die Individuen, die zu diesen Qualifikationstypen gehören? Gibt es für sie die Möglichkeit eines Übergangs in die durch die westdeutschen Verhältnisse geprägten Qualifikationstypen? Und etwas allgemeiner formuliert: Was bedeutet der Systemtransfer für das Gefüge der gesellschaftlichen Qualifikationstypen Ostdeutschlands und durch welche Mechanismen ist dieser Transformationsprozeß in diesem Feld bestimmt?

Diese Fragen versuchen die in diesem Buch zusammengeführten Aufsätze zu beantworten. Sie befassen sich mit Situation und Entwicklung des Fachschulingenieurs, des Technikers, des VE-Meisters und der mittleren kaufmännischen Fachkräfte in der DDR und mit dem Schicksal dieser Qualifikationstypen nach der Wende. Ein abschließender Beitrag zieht einige Schlußfolgerungen in bezug auf den Transformationsprozeß, seine Mechanismen und Charakteristiken.

2. Haupt- und Nebenziele dieser Veröffentlichung

Übergeordnetes Ziel dieser Publikation und der Forschungsarbeiten, die sie alimentieren und stützen, ist es, mehr Wissen über den Kern der Sozialstruktur Ostdeutschlands - über die ostdeutschen Qualifikationstypen, ihre Vergangenheit und ihre Gegenwart - zu erarbeiten und zu vermitteln. Ziel ist dabei ganz bewußt nicht der Vergleich dieser Gruppen mit ihren westdeutschen Entsprechungen; denn es kommt zunächst erst einmal darauf an, diese Gruppen wirklich kennenzulernen und zu verstehen, wodurch sie geprägt waren, in welcher Relation sie zueinander standen und - vor diesem Hintergrund - welche Entwicklungen sie seit 1990 nahmen und in Zukunft wohl nehmen werden. Diese Sachverhalte für vier Qualifikationstypen je für sich genommen, in dynamischer Perspektive (für insgesamt etwa 50 Jahre!) und in ihrem Zusammenhang darzustellen, füllt das, was eine solche Veröffentlichung an Komplexität verträgt, voll aus.

Dies um so mehr, als diese übergreifende Zielsetzung durch mehrere konkretere Teil- und Nebenziele ergänzt wird:

Wichtig erscheint es den Herausgeberinnen erstens, durch ein möglichst genaues Nachzeichnen der Entwicklung der Qualifikationstypen in der ehemaligen DDR auch etwas über diese Gesellschaft selbst, über ihre Funktionsweise und, wie man früher sagte, ihre Bewegungsgesetze sichtbar zu machen. Wichtig erscheint es insbesondere, dazu beizutragen, daß die DDR-Gesellschaft nicht nur in dem sehr spezifischen Zustand, in dem sie sich 1989 befand - bzw. gar, in dem sie nach 1989 durch die Medien und einige sehr schnelle westdeutsche wissenschaftliche "Diagnosen" in (bewußt oder unbewußt) durchaus interessierter Weise präsentiert wurde -, im kollektiven Gedächtnis bleibt. Die Konzentration auf ein konkretes - und relativ ideologiefernes - gesellschaftliches Untersuchungsfeld und eine differenzierte empirische Analyse sollen die innere Entwicklung der DDR-Gesellschaft und deren Determinanten ausschnitthaft und exemplarisch erkennbar werden lassen und damit den Zugang offenhalten für andere, spätere Interpretationen und Bewertungen dieser Gesellschaft, vielleicht auch der Ursachen ihres Endes. Nebenziel eines bewußt stark empirischen Vorgehens auf einem politisch weniger besetzten Feld ist also auch ein Stück praktische Kritik an den nach 1989 in Mode gekommenen großflächigen Diagnosen der "Transformationstheoretiker", die - in der Regel ohne Theorie unterschiedlicher Gesellschaftsformationen und ohne umfassende Analyse der DDR-Entwicklung - nur die Situation von 1989 zur Kenntnis nahmen und verschlagworteten.[2] Damit soll der Blick der westdeutschen (und westeuropäischen) LeserInnen für die konkrete Realität der DDR-Gesellschaft geschärft und sensibilisiert werden und ostdeutschen LeserInnen Gelegenheit geboten werden, sich rückblickend bestimmter Zusammenhänge und Entwicklungen zu vergewissern.

Ein zweites "Nebenziel" dieser Veröffentlichung ist es, Grundlagen zu schaffen für das Verstehen der aktuellen Veränderungen in Ostdeutschland in ihren objektiven und subjektiven Dimensionen und damit Sensibilität zu wecken für mögliche Konsequenzen dieser Veränderungen für die Zukunft der interessierenden Berufsgruppen im geeinten Deutschland.

---

2   K.U. Mayer hat sehr zu Recht darauf aufmerksam gemacht, daß die Ansätze, die mit dichotomischen Begriffen - Diktatur versus Demokratie, soziale Marktwirtschaft versus sozialistische Kommandowirtschaft, moderne versus vormoderne Gesellschaft etc. - arbeiten, die Eigenart der DDR-Gesellschaft kaum zur Kenntnis nehmen und daß sie eine Affinität zur dichotomischen Struktur des politischen Diskurses in der alten Bundesrepublik haben (Mayer 1996, S. 332).

Diese Zukunft kann, so unsere These, trotz aller Anpassungszwänge und Anpassungsleistungen der ostdeutschen Arbeitnehmer, realistisch eingeschätzt werden nur dann, wenn man sowohl die Bedingungen und Dynamiken der Vergangenheit als auch die Mechanismen des Systemtransfers und der dadurch ausgelösten gesellschaftlichen Veränderungsprozesse - und das Verhältnis zwischen Vergangenheit und Gegenwart - in Rechnung stellt.

Insofern hat diese Veröffentlichung auch praktisch-politische Ziele: Die gleichen Bezeichnungen für die Qualifikationstypen Ost- und Westdeutschlands beinhalten das Risiko, daß bestehende Unterschiede unterschätzt werden und daß solche Fehleinschätzungen problematische Konsequenzen haben für die betriebliche Personalpolitik, für die Bildungspolitik und die Gewerkschaftspolitik. Vor diesem Hintergrund soll diese Veröffentlichung dazu beitragen, Informations- und Reflexionsgrundlagen für personalpolitische, bildungspolitische und gewerkschaftspolitische Strategien des Umgangs mit Unterschieden und Gemeinsamkeiten in den alten und den neuen Bundesländern zu schaffen: für eine Strategie, die Unterschiede in der Ausgangssituation gezielt berücksichtigt statt sie definitorisch gleichzusetzen.

Dieses Ziel betrifft insbesondere die Gewerkschaftspolitik, in der sowieso traditionell die hier analysierten Qualifikationsgruppen eher am Rande stehen und die heute, angesichts gravierender konkurrierender Aufgaben, zusätzlich in Gefahr steht, umstandslos die Probleme der ostdeutschen Berufsgruppen mit denen ihrer westdeutschen Kollegen gleichzusetzen und sie unter die für diese entwickelten Strategien zu subsumieren. Auch Arbeitnehmervertreter müssen jedoch wissen, wen sie vor sich haben, wenn ein (ehemaliger) Fachschulingenieur oder VE-Meister vor ihnen steht, welchen Bildungs- und Berufsweg er normalerweise durchlaufen hat, welche Konsequenzen der Systemtransfer wahrscheinlich für ihn hatte und welche subjektive Bedeutung die erlebten Brüche der früheren Karrieremuster haben; denn nur so können sie passende Problemlösungsperspektiven mit und für diese Arbeitnehmer(gruppen) entwickeln.

Zu diesen praktisch-politischen Zielen kommt ein wissenschaftliches Ziel: Die Beiträge dieses Buches dokumentieren Ergebnisse mehrjähriger Forschungsprozesse, die - angesichts der gerade in diesem Feld in der Regel sehr schlechten Literatur- und Datenlage und angesichts begrenzter eigener Untersuchungsmöglichkeiten - nur Zwischenergebnisse sein können. Sie werden hier in die wissenschaftliche Diskussion eingebracht mit dem Ziel, zum Verständnis des sog. Transformationsprozesses beizutragen, aber auch weiterführende und vertiefende Untersuchungen anzuregen.

3. Gesellschaftliche Arbeitskräftekategorien als Objekt und Ebene der Analyse - Erkenntnischancen und -grenzen

Die Fokussierung auf die gesellschaftlichen Qualifikationstypen Ostdeutschlands als Untersuchungsobjekt und Ebene der Analyse mag im ersten Moment erstaunen. Denn nicht nur widerspricht sie der Individualisierungsthese, nach der solche intermediären gesellschaftlichen Strukturen in Auflösung begriffen sind; eine These, die - wenn sie richtig wäre[3] - die Befassung mit solchen Qualifkationstypen natürlich irrelevant machen würde. Zum anderen, wichtiger, beinhaltete ja die Zielsetzung einer klassenlosen Gesellschaft im Kommunismus, der man sich im Sozialismus annähern wollte, daß solche scheinbar ständischen intermediären Strukturen in der DDR theoretisch und politisch wenig Beachtung fanden, ja zeitweise sogar durch den "berufslosen Menschen" historisch abgelöst werden sollten. Und schließlich legen auch die vielfältigen aktuellen Destabilisierungsprozesse, denen die ostdeutschen Arbeitskräfte ausgesetzt sind - unterwertiger Einsatz, fehlende offizielle Anerkennung der Gleichwertigkeit ihrer Bildungsabschlüsse und Qualifikationen etc. -, eher die Erwartung nahe, daß sich solche Strukturen auflösen oder zumindestens an Bedeutung verlieren.

Jedoch verbirgt sich hinter diesem vordergründigen Bild eine andere Realität: Gesellschaftliche Qualifikationstypen haben auch in der sozialistischen Gesellschaft - trotz des Fehlens einer auf diese Strukturen gerichteten Politik und trotz bestimmter zaghafter Ansätze zu ihrer Abschaffung, die jedoch schnell revidiert wurden - ihre Bedeutung behalten, wie zu zeigen sein wird. Und sie behalten ihre Bedeutung auch und gerade in den turbulenten Prozessen, die der Systemtransfer ausgelöst hat, oder gewinnen sogar neues Gewicht, vor allem aber eine neue Qualität: Die Qualifi-

---

3 Zur empirischen Kritik und Widerlegung der Individualisierungsthese vgl. u.a. Mayer, Blossfeld 1990 und Noll, Habich 1990; zur theoretischen Kritik dieser These Drexel 1994.

kationstypen der DDR-Gesellschaft restrukturieren, "transformieren" sich und damit die ostdeutsche Sozialstruktur - ob "in Richtung" auf die westdeutsche, ist zunächst offen.

Doch zielt die Analyse gesellschaftlicher Qualifikationstypen nicht nur auf die Überprüfung (und Bestätigung) ihrer Bedeutung in verschiedenen Gesellschaftsordnungen und in Umbruchprozessen. Vielmehr bietet dieser Zugang zur gesellschaftlichen Realität auch besondere Chancen für die Analyse der DDR-Gesellschaft und ihrer Transformation, da gesellschaftliche Qualifikationstypen in spezifischer Weise theoretisch bestimmt sind (Drexel 1989; 1994a): Sie sind konstituiert sowohl durch ihre Stellung im gesellschaftlichen und betrieblichen Produktionsprozeß als auch durch ihre Stellung im gesellschaftlichen Reproduktionsprozeß, d.h. durch das für sie charakteristische Entwicklungsmuster ihrer Reproduktionsbedingungen: durch die Sequenzen ihrer Bildung und Ausbildung, durch ihre inner- und überbetrieblichen Arbeitsplatzkarrieren und die damit verbundenen Entlohnungskarrieren, durch die Entwicklung ihrer Verschleißrisiken und Regenerationschancen im Berufsverlauf, die typischen Muster der Ausgliederung aus Beruf und Erwerbstätigkeit usw. - kurz durch all die Bedingungen, die die Reproduktion ihrer Arbeitskraft im Bildungs- und Berufsverlauf bestimmen.

Damit sind Qualifikationstypen Produkt zentraler gesellschaftlicher Strukturen - der Betriebe und ihrer Arbeitsteilungsmuster, des Arbeitsmarkts und seiner Mobilitäts- und Segmentationsmuster, des Bildungswesens und seiner Bildungsgänge und Steuerungsprozesse, des Gesundheitswesens und der Altersversorgung usw. In Qualifikationstypen bündeln sich deshalb auch historische Veränderungen dieser gesellschaftlichen Strukturen und ihre Wechselwirkungen. Aufgrund dieses Sachverhalts erlaubt die Analyse von gesellschaftlichen Qualifikationstypen und ihrer Veränderungen wie in einem Prisma, diese gesellschaftlichen Strukturen und ihre Entwicklungen über die Jahrzehnte hinweg zu erkennen, und zwar "normale", schrittweise Entwicklungen ebenso wie "Transformationsprozesse", d.h. Umbrüche von einer zu einer anderen Gesellschaftsformation. Die Analyse von gesellschaftlichen Qualifikationstypen erschließt - mit anderen Worten - den Zugang zu großflächigen Entwicklungsprozessen zentraler gesellschaftlicher Strukturen in ihrer Wechselwirkung.

Daß mit der Wahl der ostdeutschen Qualifikationstypen als Analyseobjekt und -ebene die Erwartung spezifischer Erkenntnischancen verbunden ist, bedeutet natürlich nicht, daß mit diesem Zugang alle Aspekte der DDR-Sozialstruktur und ihrer Transformation hinreichend erfaßt und ausgeleuchtet werden können. Auch dieser dieser Zugang hat seine Grenzen, er muß ergänzt werden durch repräsentative quantitative Analysen, die hier nur im Ausnahmefall und für bestimmte Zeitpunkte zur Verfügung stehen, insbesondere durch Kohortenanalysen, die quantitative Entwicklungen über die Zeit hinweg detailliert und repräsentativ abbilden können (Huinink u.a. 1995).

4. Fachschulingenieur, VE-Meister, Techniker und kaufmännische Fachkräfte - zur Auswahl der analysierten Qualifikationstypen

In den folgenden Beiträgen werden nicht alle Qualifikationstypen der ehemaligen DDR bzw. Ostdeutschlands analysiert und auch nicht die quantitativ bedeutsamsten, sondern eine spezifische Auswahl: der Fachschulingenieur, der Meister, der Techniker und die mittlere kaufmännische Fachkraft. Diese Auswahl ist in mehrfacher Hinsicht heuristisch begründet:

Zum einen gehörten diese Gruppen nach dem offiziellen politischen und theoretischen Verständnis der DDR nicht zur Arbeiterklasse; die Analyse ihres Schicksals in der DDR-Gesellschaft verspricht deshalb besondere Aufschlüsse über wenig ausgeleuchtete, wenig bekannte Aspekte der Sozialstruktur der DDR. Zum anderen waren diese Gruppen durch das politische System - durch die "Hofierung der Arbeiterklasse" (Lötsch 1990) und deren definitorische Beschränkung auf die Arbeiterschaft - und objektiv wie subjektiv von der ebenfalls politisch bestimmten Nivellierung betroffen. Gleichzeitig waren sie aber für die zentralen wirtschaftlichen Ziele des Systems wie auch für bestimmte sozialintegrative Ziele - insbesondere die Systembindung der qualifiziertesten und ambitioniertesten Facharbeiter durch besondere Aufstiegschancen - von großer Bedeutung. Der hierin angelegte Widerspruch - so die Erwartung - kann wichtige Bewegungskräfte, aber auch Probleme der DDR-Gesellschaft sichtbar machen. Und schließlich müßten diese Gruppen im Prinzip, eben aufgrund ihrer früheren relativen Benachteiligung, heute "im Prinzip" die Gewinner des Systemtransfers sein - die Analyse ihres Schicksals nach 1989 verspricht also spezifische Aufschlüsse in bezug auf den Transformationsprozeß und seine Folgen.

5. Die Grundlagen dieses Sammelbandes, seine Beiträge im einzelnen und deren AutorInnen

(1) Die Konzeption dieser Veröffentlichung, die Suche nach und die Anregung von geeigneten Beiträgen orientieren sich, ebenso wie diejenigen Erhebungen, die im Hinblick auf diese Beiträge durchgeführt wurden, an dem erwähnten **theoretischen Ansatz** zur Konstitution gesellschaftlicher Qualifikationstypen. Jenseits dieser allgemeinen Struktur haben die AutorInnen natürlich ihre eigenen theoretisch-analytischen Orientierungen, den spezifischen Blickwinkel ihrer Herkunftsdisziplinen[4] und ihre persönlichen Schwerpunkte mit eingebracht.

Im Mittelpunkt stehen **empirische Ergebnisse**, die sehr unterschiedlichen Quellen entstammen. Besonderes Gewicht hat eine im Auftrag des Bundesministeriums für Bildung und Wissenschaft und des Europäischen Sozialfonds zwischen 1991 und 1994 durchgeführte umfangreiche Untersuchung zur Restrukturierung der Betriebe und der Weiterbildungslandschaft in den neuen Bundesländern (Drexel u.a. 1996). Diese Untersuchung, die die Rekonstruktion von Situation und Entwicklung der interessierenden Qualifikationsgruppen während der DDR und nach der Wende mit umfaßte, lieferte reichhaltige Informationsmaterialien für die Beiträge, die I. Drexel, E. M. Langen, G. Pfefferkorn und R. Welskopf verfaßt oder mitverfaßt haben.[5]

Dazu kommen mehrere eigenständige Untersuchungen und Literaturanalysen, die im Rahmen des Emeritierten-Status (der Beitrag von Prof. W. Wolter), der Tätigkeit am Bundesinstitut für Berufsbildung (der Bei-

---

4 So sind etwa die Beiträge von W. Wolter und E.M. Langen deutlich von der Sichtweite der Bildungsökonomie der DDR geprägt, der Aufsatz von B. Giessmann von der Sozialstrukturanalyse der "Lötsch-Schule" wie auch bestimmten Öffnungen gegenüber der westdeutschen Soziologie.

5 Die Materialgrundlagen werden jeweils zu Beginn des einzelnen Beitrags benannt.

trag von D. Scholz), der Diplomarbeit (der Beitrag von D. Bunzel) sowie eines Projekts des Sonderforschungsbereichs 333 der Universität München[6] (die Beiträge von B. Giessmann und I. Drexel) durchgeführt und zu Aufsätzen für diesen Sammelband verdichtet wurden.

Die AutorInnen sind mehrheitlich ehemalige Bürger der DDR; nur D. Scholz und I. Drexel sind Westdeutsche. Die Arbeiten für und an diesem Sammelband haben von dieser Zusammensetzung der AutorInnen und von den (sehr unterschiedlichen) Arbeitserfahrungen der ostdeutschen AutorInnen nachhaltig profitiert: Die Beiträge sind mehrheitlich Produkt einer intensiven Diskussion und wechselseitigen Herausforderung durch Fragen (vor allem) der westdeutschen an die ostdeutschen AutorInnen, aber auch durch Diskussionen zwischen ostdeutschen AutorInnen. Im Dezember 1994 wurden zudem erste Fassungen dieser Beiträge auf einer Tagung einem größeren sachkundigen Publikum vorgestellt und mit diesem diskutiert; auch dies hat den Blick für bestimmte Zusammenhänge geschärft.

Angesichts der heterogenen Herkunft der Informationsgrundlagen, aus denen die einzelnen Beiträge schöpfen, liegt es auf der Hand, daß sie das untersuchte Feld nicht vollkommen lückenlos abdecken, und auch, daß zwischen einzelnen Beiträgen in manchen (in der Regel wenig bedeutenden) Sachfragen Inkompatabilitäten bestehen; diese konnten im Rahmen der Arbeiten für diese Publikation nicht aufgeklärt, sollten aber auch nicht "wegretuschiert" werden, sondern als Ansporn für spätere Forschungen stehenbleiben. Für die DDR-Vergangenheit ist allerdings unsere Skepsis in bezug auf die völlige Aufklärbarkeit aller Sachverhalte relativ groß: Die Quellen zu den interessierenden Sachverhalten sind dürftig, und zudem sind viele Quellen durch politisch bedingte Einseitigkeiten verzerrt oder lückenhaft.

(2.) Die im folgenden kurz skizzierten **Beiträge dieses Bandes** folgen, soweit es sich um Darstellungen zu den vier analysierten Qualifikationstypen handelt, insoweit einem einheitlichen Prinzip, als jeweils deren Entwicklung in der DDR-Gesellschaft und die Entwicklung nach der Wende analysiert werden. Allerdings unterscheiden sich die einzelnen Beiträge in

---

6 Dabei geht es um das Projekt "Die Entstehung neuer Qualifikationstypen, neue Konkurrenzen und politische Folgen".

bezug auf ihren thematischen Umfang und ihre Kontur: Zum Teil werden Vergangenheit und Gegenwart eines Qualifikationstyps in einem einzigen Aufsatz behandelt, dies ist der Fall beim Techniker und bei den mittleren kaufmännischen Fachkräften; zum Teil sind die Analysen zur Vergangenheit und Gegenwart auf mehrere Aufsätze aufgeteilt, um spezifischen Fragen ausführlicher nachgehen zu können (der Fall beim VE-Meister und beim Fachschulingenieur).

(3) Die folgenden Fallanalysen zu den untersuchten Arbeitskräftekategorien beginnen "natürlich" mit dem **Fachschulingenieur**, einer besonders interessanten, besonders DDR-typischen Arbeitskräftekategorie, deren Schicksal nach 1990 wohl auch besonders typisch ist für den sog. Transformationsprozeß.

Den Auftakt macht der Beitrag von Werner Wolter zur Geschichte der Fachschulausbildung in ihrem Wechselspiel mit der Entwicklung der betrieblichen Strukturen und der Bildungs- und Wirtschaftspolitik der DDR. Prof. Wolter hat jahrzehntelang am Zentralinstitut für Hochschulbildung Probleme der Bildungsplanung - nicht zuletzt Probleme der Ingenieurausbildung - bearbeitet, ist jetzt emeritiert, aber immer noch wissenschaftlich aktiv.

Es folgt ein Beitrag von Eva-Maria Langen zur Restrukturierung der Betriebe nach der Wende und der dadurch bedingten Veränderungen von Situation und Stellung des Fachschulingenieurs im Betrieb; ein Beitrag, der die recht widersprüchlichen Konsequenzen des Systemtransfers für diese Qualifikationsgruppe zeigt. E.M. Langen hat zunächst als Finanzökonomin in einem Kombinat gearbeitet, dann jahrzehntelang am Zentralinstitut für Wirtschaftswissenschaften der Akademie der Wissenschaften der DDR in Berlin. Nach der Wende arbeitete sie zusammen mit einigen der anderen Autoren (I. Drexel, F. Pfefferkorn, R. Welskopf) an der erwähnten Untersuchung zur Restrukturierung der ostdeutschen Betriebe und der Entstehung einer neuen Weiterbildungslandschaft in Ostdeutschland.

Dieser Analyse der Nach-Wendesituation des Fachschulingenieurs im Betrieb, die sich zwangsläufig auf die im Betrieb gebliebenen Ingenieure beschränkt, folgt ein Beitrag von Barbara Giessmann, der die Gesamtgruppe und die verschiedenartigen Schicksale der Fachschulingenieure nach der Wende ins Auge faßt: die unterschiedlichen "Transformationskarrieren", die sie durchlaufen haben, und die subjektiven Deutungen und Verarbeitungsmuster, mit denen sie - auf dem Hintergrund ihrer Prägung durch ihre DDR-Vergangenheit - auf diese "Transformationskarrieren" reagieren. B. Giessmann hat zu DDR-Zeiten an der Akademie für Gesellschaftswissenschaften und an der Akademie der Pädagogischen Wissenschaften Berlin die Entwicklung des Technikers untersucht und nach der Wende im Sonderforschungsbereich der Universität München zur Entwicklung mittlerer Bildungsgänge und Qualifikationsgruppen in der DDR bzw. in den neuen Bundesländern gearbeitet.

An die Beiträge zum Fachschulingenieur schließt sich eine Fallstudie zur wechselvollen Geschichte **des Technikers** in der DDR und den neuen Bundesländern an, die von Barbara Giessmann, Ingrid Drexel und Friedrich Pfefferkorn erarbeitet wurde. I. Drexel arbeitet seit langem am ISF München zu theoretischen und empirischen Fragen von Qualifikation, Bildung und den Zusammenhängen von Bildungs- und Beschäftigungssystemen. F. Pfefferkorn arbeitete vor der Wende am Institut für Geographie und Geoökologie der Akademie der Wissenschaften in Leipzig und war ab 1991 an der erwähnten Untersuchung zur Restrukturierung der ostdeutschen Betriebe und zur Entstehung einer neuen Weiterbildungslandschaft beteiligt.

Der nächste Block von Beiträgen ist den **VE-Meistern** gewidmet:

Den Auftakt macht ein Beitrag von Dirk Bunzel zur Situation des Meisters im DDR-Betrieb; ein Beitrag, der vor allem die große Varianz der Verhältnisse innerhalb der DDR und die Bedeutung branchenspezifischer Bedingungen für diese Varianz sichtbar macht. D. Bunzel hat diese Ergebnisse im Rahmen seiner Diplomarbeit an der Humboldt-Universität zu Berlin durch eigene Erhebungen und die Auswertung von Literatur erarbeitet.

An diese Analyse schließt sich ein Beitrag von Dietrich Scholz an, der die rechtlichen Regelungen und Rahmenbedingungen zum Gegenstand hat, die nach der Wende die Anerkennung des VE-Meisters und seiner Qualifikation bestimmten; ein Beitrag, der exemplarisch die Bedeutung der aus Westdeutschland transferierten gesellschaftlichen Institutionen und der durch sie vertretenen Interessenlagen deutlich macht. D. Scholz ist "der Mann des Meisters" im Bundesinstitut für Berufsbildung, er hat über 20 Jahre hinweg die Regelungen der Meisterausbildung und ihre Neuordnungen in den alten Bundesländern auf den Weg gebracht und auch die Regelungen in bezug auf den VE-Meister begleitet, soweit dies in seiner Befugnis stand. Anschließend folgt ein Beitrag von Eva-Maria Langen und Ingrid Drexel zur Entwicklung der Situation des VE-Meisters im Betrieb nach 1990; ein Beitrag, der die ebenfalls sehr widersprüchlichen Konsequenzen des Systemtransfers für diese Gruppe zeigt.

Den Abschluß der Fallanalysen bildet ein Beitrag über die **kaufmännischen Fachkräfte** von Rudolf Welskopf; ein Beitrag, der sich mit einer wenig untersuchten Gruppe befaßt und aufschlußreiche Schlaglichter auf den Transformationsprozeß werfen kann. R. Welskopf hat, nach einer betrieblichen Tätigkeit, lange am Institut für Soziologie und Sozialpolitik der Akademie der Wissenschaften der DDR gearbeitet und war von 1991 bis 1994 an der erwähnten Untersuchung zur Restrukturierung von Betrieben und Weiterbildungslandschaft in Ostdeutschland beteiligt.

Am Ende dieses Sammelbandes steht ein **Resümee** der Ergebnisse der Fallanalysen im Hinblick auf Charakteristika und Mechanismen des Transformationsprozesses von Ingrid Drexel; ein Beitrag, der natürlich nicht beansprucht, eine umfassende empirische Darstellung des Transformationsprozesses oder gar die von vielen Seiten eingeforderte Transformationstheorie zu liefern, sondern aus exemplarischen Analysen in einem begrenzten Feld einige allgemeinere Schlußfolgerungen ziehen und damit einen Beitrag zur Transformationsdiskussion leisten will.

Literatur

Drexel, I.: Der schwierige Weg zu einem neuen gesellschaftlichen Qualifikationstyp - Theoretische Grundlagen, empirische Indikatoren und das Beispiel neuer Technikerkategorien in Frankreich. In: Journal für Sozialforschung, Heft 3, 29. Jg., 1989, S. 301-326.

Drexel, I.: Alte und neue gesellschaftliche Gruppierungen jenseits der Individualisierungsthese - zur Rehabilitierung einer Fragestellung. In: I. Drexel (Hrsg.): Jenseits von Individualisierung und Angleichung, Frankfurt/New York 1994, S. 9-32.

Drexel, I.: Gesellschaftliche Qualifikationstypen - Historisches Relikt oder notwendige Struktur? In: I. Drexel (Hrsg.): Jenseits von Individualisierung und Angleichung, Frankfurt/New York 1994a, S. 33-71.

Drexel, I.; Langen, E.M.; Müller-Bauer, A.; Pfefferkorn, F.; Welskopf, R.: Von der Betriebsakademie zum Weiterbildungsmarkt - ein neues Weiterbildungssystem entsteht. In: QUEM (Hrsg.): Der Umbruch des Weiterbildungssystems in den neuen Bundesländern, Band 6, Münster/New York 1996, S. 187-305.

Huinink, J.; Mayer, K.U.; Diewald, M.; Solga, H.; Sörensen, A.; Trappe, H.: Kollektiv und Eigensinn - Lebensverläufe in der DDR und danach, Berlin 1995.

Lötsch, M.: Die Hofierung der Arbeiterklasse war nicht wirkungslos - Ein Rück- und Ausblick auf die Sozialstrukturforschung in der ehemaligen DDR. In: Frankfurter Rundschau vom 14.11.1990, S. 28.

Mayer, K.U.: Lebensverläufe und Transformation in Ostdeutschland - eine Zwischenbilanz. In: M. Diewald; K.U. Mayer (Hrsg.): Zwischenbilanz der Wiedervereinigung, Opladen 1996, S. 329-345.

Mayer, K.U.; Blossfeld, H.P.: Die gesellschaftliche Konstruktion sozialer Ungleichheit im Lebensverlauf. In: P.A. Berger; S. Hradil (Hrsg.): Lebenslagen, Lebensläufe, Lebensstile, Soziale Welt, Sonderband 7, Göttingen 1990, S. 297-318.

Noll, H.H.; Habich, R.: Individuelle Wohlfahrt: Vertikale Ungleichheit oder horizontale Disparitäten? In: P.A. Berger; S. Hradil (Hrsg.): Lebenslagen, Lebensläufe, Lebensstile, Soziale Welt, Sonderband 7, Göttingen 1990, S. 153-188.

Ramlow, E.; Scholz, D.; Diener, W.: Zur Nachqualifizierung von Meistern aus den neuen Bundesländern - ein Curriculumvergleich. Materialien zur beruflichen Bildung, Heft 92, hrsg. v. Bundesinstitut für Berufsbildung. Der Generalsekretär, Berlin/Bonn 1993.

Scheuer, M.; Friedrich, W.; Körbel, M.: Beruflicher Fortbildungsbedarf von Facharbeitern in den neuen Bundesländern - am Beispiel von Industriemechanikern, Werkzeugmechanikern und Zerspanungsmechanikern, QUEM-report, Schriften zur beruflichen Weiterbildung in den neuen Ländern, Heft 21, Berlin 1994.

Werner Wolter

Der Fachschulingenieur in der DDR - widerspruchsvolle Entwicklung eines besonderen Qualifikationstyps

1. Die Ausgangssituation

2. Die spezielle Situation im Osten Deutschlands nach 1945

3. Die Bildungsreform von 1965 und ihre ungeplanten Folgen

4. Technische Bildung und ökonomische Entwicklung

5. Die Reform der Ingenieurausbildung ab 1983

In der DDR gab es auch 1989 noch den traditionsreichen deutschen Fachschulingenieur, dessen Ausbildung in aller Regel auf einer Ausbildung zum Facharbeiter und anschließender einschlägiger Berufstätigkeit aufbaute. Dieser nicht-akademische Weg zum Ingenieur stand an der Seite der Ingenieurausbildung an Hochschulen, die mit dem Abschluß Diplom-Ingenieur endete.

Quantitativ haben sich beide Bildungs- und Berufswege in den vier Jahrzehnten der DDR-Geschichte außerordentlich stark entwickelt: 1989 gab es in der DDR absolut fast ebenso viele Ingenieure wie in der BRD, auf 1.000 Beschäftigte der Industrie bezogen gut dreimal so viele.

Wie ist es dazu gekommen, und was waren die Folgen?

1.   Die Ausgangssituation

In Ost- wie in Westdeutschland existierte 1945 das gleiche überkommene Bildungssystem, von dem alle weiteren Entwicklungen in der Bildung ausgehen mußten. In seinen Grundzügen war dieses System bereits vor der

Zeit des Nazismus für veraltet gehalten worden; Bildungspolitiker aller politischen Strömungen hatten schon lange Forderungen nach Bildungsreformen erhoben. Es nimmt nicht wunder, daß nach 1945 solche Reformen bald einsetzten und daß sie in den beiden späteren deutschen Staaten unterschiedliche Wege gingen.

Im Bereich der technischen Bildung besaß das alte Bildungssystem oberhalb des Niveaus des Facharbeiters drei Stufen:

- Die erste Stufe war die Ausbildung von Meistern und Technikern; sie setzte in der Regel den Bildungsabschluß des Facharbeiters voraus und erfolgte überwiegend in Form der Weiterbildung bereits berufstätiger Fachleute. Zu dieser Stufe gehörten außerhalb der technischen Bildung (Ausbildung von Technikern) die Ausbildung von Krankenschwestern, Kindergärtnerinnen, Dolmetschern und ähnliche Bildungsgänge im Bereich der Ökonomie, der Agronomie etc.[1] Die Ausbildung erfolgte an Fachschulen.

- Eine zweite Stufe der technischen Bildung war die Ausbildung von Ingenieuren an Fachschulen. Für dieses Studium waren die "Mittlere Reife", also eine zehnjährige Schulbildung, und eine gründliche praktische Ausbildung in einem entsprechenden Beruf Voraussetzung. Studenten mit zehnklassiger Schulbildung hatten dazu ein meist zweijähriges sogenanntes Fachschulpraktikum in einem Betrieb absolviert.

   Möglich war auch der Bildungsweg vom Facharbeiter mit Achtklassenabschluß und zusätzlichen Vorkursen, die überwiegend extern in Abendkursen besucht wurden. Der Anteil solcher Facharbeiter an den Ingenieurstudenten war sehr hoch; sie wurden in der Wirtschaft sehr geschätzt. Sie waren in hohem Maße motiviert, klassische Aufsteiger, die genau das tun wollten, was von Fachkräften dieser Berufe erwartet wurde: wissenschaftliche Erkenntnisse praktisch anzuwenden. Diese Haltung trug wesentlich zu dem sehr guten Ruf dieser Bildungsstufe bei.

---

1 Leitfigur für die gesamte Bildungsstufe ist weltweit der Techniker. Im Englischen wie in den Begriffen der UNESCO, der OECD usw. wird die gesamte Stufe zusammenfassend "Technical Education" genannt.

- Auf der dritten Stufe erfolgte die Hochschulausbildung zum Diplomingenieur; Voraussetzung waren das Abitur und ein Praktikum.

Die Existenz von zwei Stufen der Ingenieurausbildung war eine Besonderheit des deutschen Bildungssystems. Die Ursachen für ihre Entstehung sind vielgestaltig; einen großen Anteil daran hatte eine konservative Zurückhaltung, manchmal fast Aversion der deutschen Universitäten gegenüber der praktischen Anwendung der Wissenschaft. Das führte dazu, daß die technische Bildung auf Hochschulebene nur außerhalb der Universitäten und zudem erst sehr spät aufgenommen wurde.[2] Der mit der Entwicklung der Industrie im 19. Jahrhundert entstehende große Bedarf an ingenieurtechnischem Personal zwang die Wirtschaft daher zu eigenen Initiativen; unter ihrem Druck und mit ihrer Förderung wurde - vorwiegend an den bereits vorhandenen Gewerbeschulen - eine eigenständige Ingenieurausbildung installiert: die Ingenieurschule, die den Status einer Fachschule hatte. Sie wuchs sehr schnell an und erreichte, auch international verglichen, hohe Qualität. Beide Stufen der Ingenieurausbildung, die Ausbildung an der Technischen Hochschule und die an der Ingenieurschule, stellten gemeinsam das dar, was in anderen Ländern die "höhere Bildung" auf dem Gebiet der Technik war und an Einrichtungen erfolgte, die auch formal Hochschulcharakter besaßen. Der Anspruch der Ingenieurausbildung an Fachschulen auf zumindest funktionale Zugehörigkeit zur höheren Bildung wurde auch durch besondere Bezeichnungen wie "Höhere Technische Lehranstalt" betont.

Wichtig ist, daß infolge der Zweigliederung der technischen Bildung die Schulausbildung von Ingenieuren allein an Hochschulen in Deutschland im Vergleich zu anderen Ländern quantitativ klein war. Noch Anfang der 60er Jahre kamen auf jeden Ingenieur mit Hochschulausbildung in beiden deutschen Staaten drei bis vier Ingenieure von Ingenieurschulen. Erst beide Kategorien addiert ergeben das, was in anderen Ländern die höhere Bildung im Bereich der Technik war. Verstanden wurde das allerdings in jener Zeit in beiden deutschen Staaten nicht richtig, wie die seinerzeitigen Diskussionen über die vermeintlichen quantitativen Rückstände in der Ausbildung von Ingenieuren in beiden Staaten zeigten. Das gesamte System wurde im Verlauf der folgenden Jahrzehnte verändert, in der Bundesrepublik an der Wende zu den 70er Jahren, in der DDR in den 60er

---

2 Im letzten Viertel des vorangegangenen Jahrhunderts, dagegen (u.a.) in Frankreich bereits mit dessen Beginn.

und später noch einmal in den 80er Jahren. Dabei wurden verschiedene Wege gegangen, die aber beide zur Aufhebung der unteren Stufe der Ingenieurbildung führen sollten. Prüft man die Effekte dieser Reformen allerdings mit letzter Konsequenz, dann zeigt sich, daß es bis heute in der Ingenieurausbildung zwei Stufen gibt.

2. Die spezielle Situation im Osten Deutschlands nach 1945

In der sowjetischen Besatzungszone war nach 1945 die Hochschulausbildung von Ingenieuren sehr schwach entwickelt. Es gab nur eine Technische Hochschule in Dresden und zwei - alte, ehrwürdige, aber kleine - Einrichtungen in Freiberg (Bergakademie) und Weimar (Bauschule). Dagegen war die Ingenieurausbildung auf Fachschulebene sehr gut entwickelt, vor allem in den stark industrialisierten Gebieten wie Berlin, Sachsen und Sachsen-Anhalt. Die Fachschulingenieure wurden, wie schon früher üblich, an den gleichen Fachschulen ausgebildet wie die Techniker und Meister. Das war die Ausgangssituation.

In der Wirtschaft existierte ein enormer Mangel an technischen Fachkräften, zu dem mehrere Ursachen beitrugen: Die erste war die starke Drosselung der gesamten Bildung, auch der höheren und mittleren beruflichen Bildung, in der Nazizeit; zum Beispiel gab es 1932 in Deutschland an Technischen Hochschulen 22.000 Studenten, 1938 nur noch 9.600. In den Kriegsjahren wurde diese Ausbildung weiter radikal reduziert. Hinzu kamen die Kriegsverluste, die bei mittleren Fachkräften besonders hoch waren, da diese vor allem als Truppenoffiziere dienten. Nach dem Krieg wanderten zudem, ebenso wie andere Fachkräfte, auch Techniker und Ingenieure aus dem Osten Deutschlands ab. Der außerordentliche Mangel an Ingenieuren verlangte daher eine sehr schnelle Entwicklung der Ausbildung.

Hier erwies sich das überkommene System der technischen Bildung, insbesondere das der Ingenieurschulen, als Geschenk. Die Gründe sind einfach:

Zuerst einmal gab es gut vorbereitete potentielle Studenten in Form der nicht kleinen Zahl von Facharbeitern, die trotz der Kriegszeiten traditionell qualifiziert ausgebildet worden waren. Es mußte nur ihre Allgemeinbildung angehoben werden, was in Förderungskursen und Vorkursen an Ingenieurschulen schnell in großem Umfang geschah.

Zudem gab es ein großes Reservoir an überaus motivierten potentiellen Studenten insofern, als viele Jahrgänge von jungen Leuten durch den Krieg von jeder Ausbildung nach der Berufsbildung ausgeschlossen gewesen waren und nun einen großen Nachholbedarf an qualifizierter Bildung hatten. Förderlich war auch die im Vergleich zur technischen Hochschulbildung kürzere Studienzeit der Fachschulebene, in der Regel drei Jahre.

Und schließlich war von großer Bedeutung, daß die gesamte Fachschulausbildung von Ingenieuren hervorragend in die neuen politischen Konzeptionen paßte: Sie war ein klassisches Modell für den Aufstieg des Arbeiters zur höheren Qualifikation und in die Ebenen der leitenden Kader.

Es nimmt nicht wunder, daß infolge aller dieser fördernden Bedingungen die Ingenieurausbildung an Fachschulen sehr stark anstieg. Auch qualitativ waren die Ergebnisse gut; es wurde sehr ernst gearbeitet und auch ernsthaft gefordert. In erheblicher Zahl wurden von den - inzwischen verstaatlichten - Betrieben eigene technische Fachschulen gegründet, die nach staatlich verbindlichen Programmen arbeiteten. Eine große Rolle spielte auch das Fernstudium, das früh eingeführt wurde und schnell in Deutschland bislang unbekannte Dimensionen erreichte. Ein System umfassender Förderung durch die Betriebe in Form von Freistellungen für das Studium und materieller Unterstützung ließ das Fernstudium an den Fachschulen gerade auf dem Gebiet der Ingenieurwissenschaften zu einer beliebten Form der Weiterbildung werden. Bald waren an die 50 % der Technikstudenten auf Fachschulebene Fernstudenten. Die Doppelunterstellung der Ingenieurschulen unter das Hoch- und Fachschulministerium und das jeweilige Industrieministerium förderte diese Entwicklung.

Die Ergebnisse waren eindrucksvoll. Bereits im Jahre 1960 hatte die DDR alle quantitativen Rückstände hinsichtlich der Beschäftigung von Fachschulingenieuren überwunden: In diesem Jahr waren in der BRD je 1.000 Industriebeschäftigte 29 Ingenieure beschäftigt, darunter acht Diplomingenieure. In der DDR waren es im gleichen Jahr bereits 31 Ingenieure, darunter allerdings erst drei Diplomingenieure. Die DDR hatte mit der Fachschulausbildung von Ingenieuren die BRD also bereits "eingeholt und überholt", was auch politisch als Erfolg gewertet wurde. Bei Diplomingenieuren sollte dieses Ziel erst zehn Jahre später erreicht werden; 1970 beschäftigte die DDR dann auf 1.000 Berufstätige der Industrie bereits 13 Diplomingenieure, die BRD neun (Wolter 1987). Die Umwandlung einer Anzahl leistungsfähiger Ingenieurschulen in Technische Hochschulen in der ersten Hälfte der 50er Jahre hatte sich ausgezahlt.[3] Das schnelle Tempo des Aufholens hinsichtlich der Ingenieurbeschäftigung war natürlich nur durch eine starke Erhöhung des Umfangs der Ausbildung möglich gewesen. Im Mittel der Jahre 1961 bis 1965 wurden z.b. in der DDR gut 6 % der in Frage kommenden Jahrgänge zu Ingenieuren einer der beiden Stufen ausgebildet, in der BRD knapp 2 % (ebd.).

Allerdings hatte das Konsequenzen. Wer aufholen will, muß schneller laufen als der, den er aufholt. Gelingt das Aufholen, ist das ein Erfolg, und die Taktik für die weitere Entwicklung muß neu bestimmt werden. Allerdings besteht die Gefahr, daß man in der Zwischenzeit das schnellere Laufen für eine Errungenschaft an sich hält, die unter keinen Umständen aufgegeben werden darf. Dieser Gefahr entging die DDR nicht. Nachdem das strategische Ziel erreicht war, die eigenen Rückstände zu überwinden und damit auch den Stand der BRD bei der Beschäftigung höher qualifizierter technischer Fachkräfte einzuholen, hätte die Strategie der Ausbildung und Beschäftigung von Ingenieuren in der DDR vernünftigerweise neu bestimmt werden müssen. Dies gelang aber nicht - aus politischen Gründen, wie zu zeigen sein wird. Eine Drosselung des Umfangs der Ausbildung von Ingenieuren auf international übliche quantitative Werte, und seien es die Spitzenwerte, wurde nicht vorgenommen. Ein hohes Wachstumstempo hatte politisch einen Eigenwert erhalten.

Die Folgen waren vorhersehbar, ja berechenbar: Die DDR mußte in absehbarer Zukunft im Verhältnis zu den Berufstätigen ein Mehrfaches der Anzahl der Ingenieure beschäftigen als die BRD und andere hochentwickelte Staaten. Tatsächlich gab es in der DDR noch 1990 in absoluten Zahlen ebenso viele Absolventen der Ingenieurbildung wie in der BRD, gerechnet auf 1.000 Beschäftigte der Industrie also gut dreimal so viele.

Diese Entwicklung, ihre widersprüchlichen Rahmenbedingungen und Folgen, die für Gesellschaft und Geschichte der DDR insgesamt aufschlußreich sind, seien im folgenden ausführlicher skizziert.

---

3 Technische Hochschulen in Karl-Marx-Stadt (Chemnitz), Magdeburg, Cottbus, Ilmenau, Hochschule für Verkehr Dresden, Fakultät für Schiffbau an der Universität Rostock.

3. Die Bildungsreform von 1965 und ihre ungeplanten Folgen

Ende der 50er Jahre wurde die Diskussion um die weitere Entwicklung der Bildung auf das Ziel gelenkt, ein sozialistisches Bildungswesen zu schaffen. Kernpunkt dieser Diskussion war die Frage nach Form und Charakter der künftigen allgemeinbildenden Schule. Die folgenden Eckpunkte wurden schließlich festgelegt:

- Die künftige Schule sollte einheitlich zehn Jahre dauern und Schule für alle Kinder sein.

- Die neue Schule sollte das Element der polytechnischen Bildung aufnehmen; nach längeren Diskussionen wurde der Gedanke zurückgewiesen, die polytechnische Bildung direkt zu einer Berufsausbildung, zumindest einer Ausbildung in den Grundlagen eines Berufes, zu entwickeln.

- Damit war auch geklärt, daß die künftige Schule ihren allgemeinbildenden Charakter behalten würde.

Jeder dieser Punkte war zeitweilig umstritten. So wurde beispielsweise in der Diskussion gefordert, die Abiturstufe so stark auszubauen, daß ab Mitte der 60er Jahre alle Studenten an Fachschulen wie die an Hochschulen über das Abitur verfügen würden; ein großer Teil von ihnen sollte das Abitur zusammen mit einer Berufsausbildung zum Facharbeiter erwerben (Girnus 1961). Hier wirkten sich auch die damals in der BRD geführten Diskussionen über die Expansion der Abiturstufe aus, vor allem aber die in der UdSSR geführte Diskussion über die Notwendigkeit, Schulbildung und Berufsbildung miteinander zu verbinden und die allgemeine Schulpflicht auf elf Jahre zu verlängern. Die sachliche Prüfung der unterschiedlichen Konzepte ergab, daß es in der DDR schon aus ökonomischen Gründen unmöglich sein würde, von der achtjährigen zur zehnjährigen Schulpflicht überzugehen und gleichzeitig die Quote der Abiturienten zu verdoppeln; allein das dafür notwendige Schulbauprogramm hätte außerordentlich hohe Investitionen verlangt. Die Entscheidung fiel daher zugunsten der zehnklassigen Oberschule für alle Kinder. Der lange Name des neuen Schultyps - "allgemeinbildende zehnklassige polytechnische Oberschule" - erklärt sich aus all diesen Diskussionen.

Der neue Typ der allgemeinbildenden Schule mußte zwangsläufig weitreichende Konsequenzen für die anderen Bildungsstufen haben (vgl. Abb. 1):

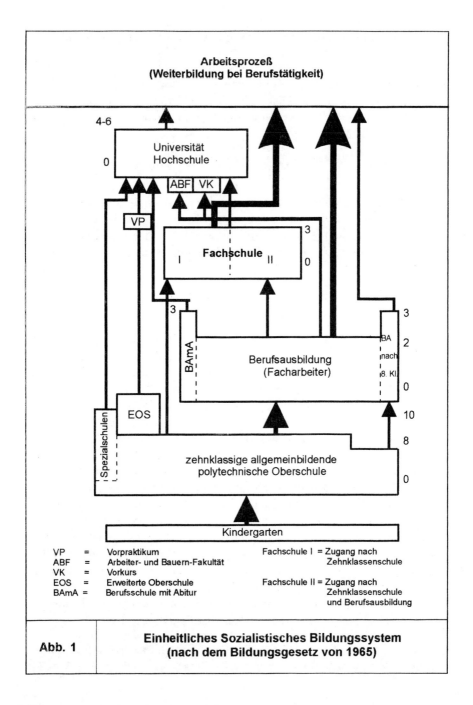

Arbeitsprozeß
(Weiterbildung bei Berufstätigkeit)

VP	= Vorpraktikum
ABF	= Arbeiter- und Bauern-Fakultät
VK	= Vorkurs
EOS	= Erweiterte Oberschule
BAmA	= Berufsschule mit Abitur

Fachschule I = Zugang nach
Zehnklassenschule

Fachschule II = Zugang nach
Zehnklassenschule
und Berufsausbildung

Abb. 1	**Einheitliches Sozialistisches Bildungssystem** **(nach dem Bildungsgesetz von 1965)**

30

Die Berufsausbildung zum Facharbeiter bekam einen höheren Stellenwert: Das Recht und die Pflicht zu einer beruflichen Ausbildung für alle Jugendlichen wurden (neben dem Recht und der Pflicht zum Besuch der Zehnklassenschule) in die Verfassung aufgenommen. Die längere Schulzeit ermöglichte eine Verkürzung der Lehrzeit auf (in der Regel) zwei Jahre und gestattete zugleich die verstärkte Ausbildung in den theoretischen Grundlagen der Berufe.

Die gehobene Fachschulbildung (zum Ingenieur, Ökonomen, Agronomen u.a.) hatte bisher die Mittlere Reife, d.h. ein höheres Bildungsniveau als das der Volksschule, vorausgesetzt; wie erläutert, konnte dieses Bildungsniveau auch durch Vorkurse erreicht werden. Jetzt hatten **alle** Jugendlichen das Eingangsniveau der gehobenen Fachschulbildung, sofern sie die zehnklassige Oberschule erfolgreich durchlaufen und die anschließende Facharbeiterbildung absolviert hatten. Das gab der Fachschulausbildung von Ingenieuren erneut einen starken Auftrieb, nachdem inzwischen der Nachholbedarf aus der unmittelbaren Nachkriegszeit an Wirkung verloren hatte.

In der unteren Stufe der Fachschulbildung war bislang (außer in technischen Disziplinen), also für Krankenschwestern, medizinisch-technische Assistenten, Laboranten, Unterstufenlehrer, Erzieher usw., beim Eingang die Mittlere Reife, also die Zehnklassenbildung, verlangt worden.

Jetzt, mit der Zehnklassenbildung für alle, wurden die Eingangsvoraussetzungen für die normale Berufsausbildung zum Facharbeiter einerseits und für die untere Stufe der Fachschulbildung andererseits gleich. Es schien möglich und zugleich zweckmäßig, diese beiden Stufen in einer neu, jetzt weiter gefaßten Kategorie von Berufsausbildung zusammenzufassen: Die bisherige Fachschulausbildung von Krankenschwestern, Bibliothekaren, Laboranten u.a.m. wurde deshalb ebenso wie die von Technikern und Meistern zu einem Teil der Berufsausbildung von Facharbeitern (Facharbeiter meint hier immer den Abschluß der **Stufe** Berufsausbildung; Krankenschwestern u.a. blieben natürlich Angestellte).

Die Abiturstufe schloß ebenfalls an die neue zehnklassige Schule an. Bis Anfang der 80er Jahre gab es allerdings noch sogenannte Vorbereitungsklassen für die Erweiterte Oberschule (Klassen 9 und 10). Fest in dem System etabliert wurde die Kombination von Berufsausbildung mit Abitur, ein spezifischer Bildungsweg der DDR, der an ausgewählten Betriebsberufsschulen absolviert werden konnte.

Was war das Ergebnis dieser Veränderungen?

Die Zehnklassenschule, die auch eine polytechnische Schule war, hat sich offensichtlich bewährt. Dagegen zeigte sich in der Folgezeit, daß die mit der Bildungsreform vorgenommenen Veränderungen in der bisherigen unteren Stufe der Fachschulbildung voller Probleme steckten. Bereits in den 70er Jahren wurde die Ausbildung von Krankenschwestern und mittleren medizinischen Fachkräften wieder in die Fachschulstufe eingegliedert. Eine nicht unerhebliche Rolle spielte dabei die durch die Einordnung in die normale Berufsausbildung bewirkte Verschlechterung des Sozialprestiges dieser Fachkräfte, die die bestehenden Defizite an mittlerem medizinischem Personal weiter verstärkte.

Die Ausbildung von Meistern und Technikern dagegen war zunächst scheinbar problemlos in die Facharbeiterstufe eingegliedert worden. Die Ausbildung von Meistern war traditionell ohnehin immer weit überwiegend eine Weiterbildung von Facharbeitern. Anders war es bei den Technikern. Praktisch starb dieser Bildungsgang, und zwar aus zwei Gründen:

Der Techniker hatte nur einen Sinn, wenn er mehr lernte als ein Facharbeiter. Wer aber die Zehnklassenschule und die Berufsausbildung absolviert hatte, ging, sofern er weiterlernen und eine technische Richtung einschlagen wollte, gleich zur Ingenieurausbildung. Es gab für ihn keinen Grund, statt der dreijährigen Ingenieurausbildung eine zweijährige Technikerausbildung zu wählen. Bei der überaus großzügigen Förderung der Fernstudenten galt das auch für Praktiker mit gleichen Bildungsvoraussetzungen. Infolgedessen waren seit den späten 50er Jahren die wenigen Personen, die noch als Techniker abschlossen, häufig leistungsschwache Studenten des Ingenieurstudiums.

Dazu kam, daß in der Wirtschaft, speziell in der Industrie, Techniker (die ja vorher Facharbeiter sein mußten) immer Angestellte waren, die nach Gehaltstarifen bezahlt werden mußten. Dagegen wurden Facharbeiter nach dem Leistungslohnsystem bezahlt, das höher lag als die Angestelltentarife und steuerlich wesentlich günstiger behandelt wurde. Das Interesse, sich vom Arbeiter zum Techniker weiterzubilden, war dementsprechend überaus gering.

Infolgedessen wurden seit Mitte der 60er Jahre keine Techniker mehr ausgebildet.[4]

Jedoch verschwand damit natürlich deren sozialökonomische Funktion im Rahmen der Arbeitsteilung nicht! Wer sollte in der Zukunft ihre Aufgaben ausüben? Es ist bemerkenswert, daß diese Frage seinerzeit nicht diskutiert worden ist! Sie wurde "vom Leben beantwortet": Diese Aufgaben übernahmen allmählich Ingenieure.

4. Technische Bildung und ökonomische Entwicklung

4.1 Das ökonomische Aufholprogramm der 60er Jahre und sein Abbruch ...

Ab Mitte der 60er Jahre wurde der Partei- und Staatsführung klar, daß die DDR dabei war, in wissenschaftlich-technischer und damit auch in ökonomischer Hinsicht schnell zurückzufallen. Unter Ulbrichts Initiative und Verantwortung wurde eine Konzeption der ökonomischen Politik entwikkelt, die ein "Aufholen" der DDR auslösen sollte.

Dazu wurde zum einen beschlossen, die Kräfte der Wirtschaft zu konzentrieren. Begriffe wie "strukturbestimmende Industriezweige" gehörten in dieses Konzept, also die Konzentration auf wenige Industriezweige, die dann ihrerseits andere nachziehen sollten; dazu gehörten die Elektronik und die Chemische Industrie. Zum anderen sollte die Wissenschaft nachhaltig gefördert werden, um die Voraussetzungen dafür zu schaffen, das technische Niveau schnell anzuheben. Dafür sollte die Großforschung - eine "sozialistische Wissenschaftsorganisation" - entwickelt werden.

In diese Konzeption gehörten natürlich auch bildungspolitische Maßnahmen. Sie wurden so gut wie ausschließlich auf eine verstärkte Ausbildung von Hochschulabsolventen orientiert. Das war einmal ein Reflex auf bereits eingetretene Effekte der höheren Bildung: Der große zeitliche Vor-

---

4 Die in die Berufsausbildung überführten Ausbildungsgänge zum Techniker reduzierten sich auf spezielle Facharbeiterberufe, etwa für Laboranten in wissenschaftlichen Einrichtungen (sie wurden auch dort ausgebildet), oder führten zum Teil zu Facharbeiterberufen wie "Facharbeiter für Rechentechnik".

sprung der Expansion der Fachschulbildung hatte zunächst den Anteil der Hochschulingenieure in Relation zu den Fachschulingenieuren schrumpfen lassen. Daß aber in der Zwischenzeit in aller Ruhe und Entschiedenheit auch die Hochschulbildung sehr stark ausgebaut worden war - die Ergebnisse dieses Ausbaus kamen gerade in dieser Zeit in Gestalt erster großer Absolventengruppen in die Betriebe - und daß es daher absolut unnötig war, das Tempo naturwissenschaftlich-technischer Hochschulbildung noch einmal zu beschleunigen, wurde übersehen, Warnungen wurden beiseite geschoben.

Man beschloß, die Hochschulbildung so zu entwickeln, daß bis Mitte der 70er Jahre (1975/76) die Zahl der in der Wirtschaft beschäftigten Diplomingenieure und Naturwissenschaftler mit Hochschulabschluß international gesehen Höchstwerte erreichen würde. Das waren seinerzeit die Werte der USA. Dazu wurden entsprechende Maßnahmen festgelegt:

Zum einen wurde das Ingenieurstudium verkürzt. Die Spezialisierung sollte im Studium verringert werden und in der praktischen Tätigkeit erfolgen. Ohnehin konnten Spezialisierungen selten direkt in der praktischen Arbeit umgesetzt werden, da sie im Studium nur in exemplarischer Weise vermittelt werden können.

Zum anderen wurden zehn besonders leistungsfähige Ingenieurschulen in Technische Hochschulen umgewandelt; sie bekamen die Bezeichnung "Ingenieurhochschulen". Das Fernstudium für Fachschulingenieure an Hochschulen wurde von früher sieben auf fünf Jahre verkürzt, und die Studentenzahlen wurden entsprechend erhöht.

Was waren die Resultate dieser Politik?

Mitte der 70er Jahre wurden diese angestrebten Absolventenwerte tatsächlich erreicht - allerdings ohne positiven Effekt. Denn Ende der 60er Jahre war das ökonomische Konzept, das Ulbricht vertreten hatte, gefallen, da es für politisch nicht realisierbar gehalten wurde. Die Umsetzung dieses Konzepts hätte vorausgesetzt, volkswirtschaftlich die Konsumtion einzuschränken, um größere Mittel in die Akkumulation für die Industrie lenken zu können. Als Ulbricht Ende 1970 den entsprechenden Versuch unternahm, der zwangsläufig u.a. ernsthafte Preiserhöhungen für Konsumgüter vorsah, beschloß das Politbüro der SED, das geplante Aufholprogramm abzubrechen. Die Hintergründe: In der Führung der SED war der

17. Juni nicht vergessen, der u.a. durch ähnliche wie die jetzt vorgesehenen Maßnahmen ausgelöst worden war. Außerdem gab es jetzt, zu Beginn der 70er Jahre, in Polen, wo ähnliche Konzepte versucht wurden, bereits politische Unruhen. Die Sowjetunion förderte den wirtschaftspolitischen und damit den politischen Kurswechsel in der DDR. Der neue Kurs sollte zu einer "ständigen Einheit von Wirtschafts- und Sozialpolitik" führen; die Führung wurde Honecker übertragen.

Für die höhere Bildung entstand aus dem plötzlichen Kurswechsel ein Dilemma. Massen von Studenten - besonders der Natur- und technischen Wissenschaften - waren in das Studium aufgenommen worden und würden in wenigen Jahren die Hochschulen verlassen. Die jährliche Zahl der Hochschulabsolventen stieg allein in den Ingenieurwissenschaften von 3.900 in 1969 auf 12.200 in 1975, obwohl die vorgesehenen wissenschaftlich-technischen und ökonomischen Entwicklungsprogramme, für die Ingenieure in so großer Zahl ausgebildet worden waren, inzwischen aufgegeben waren.

Das politische Dilemma: Während man technische Einrichtungen durch einen politischen Beschluß stillegen, wirtschaftliche Planungen ebenso revidieren und dies legitimieren kann, ist es nicht möglich, bereits im Hochschulsystem befindliche - und für diesen Bildungsgang durch frühere politische Planungen mobilisierte - Studenten wieder von der Universität wegzulenken und dies zu legitimieren.

4.2   ... und die Konsequenzen in den Betrieben

Der Abbruch des wissenschaftlich-technischen und ökonomischen Aufholkonzepts Anfang der 70er Jahre hatte elementare Konsequenzen für Beschäftigung und weitere Ausbildung von Fachkräften naturwissenschaftlich-technischer Disziplinen (vgl. auch Abb. 2).

Die Zahl der absolvierenden Diplomingenieure stieg, wie bereits gezeigt, von jährlich im Mittel knapp 4.000 in den 60er Jahren auf einen Spitzenwert von über 12.000 in 1975. Das waren 4,7 % des Altersjahrganges, zu denen weitere 6,5 % aus den Ingenieurschulen kamen. Insgesamt wurde also damals in der DDR gut jeder zehnte Jugendliche eines Geburtsjahrganges zum Ingenieur ausgebildet. (Zum Vergleich: In der BRD waren es zur gleichen Zeit 2,3 % eines Jahrganges, darunter 0,6 % im Rahmen ei-

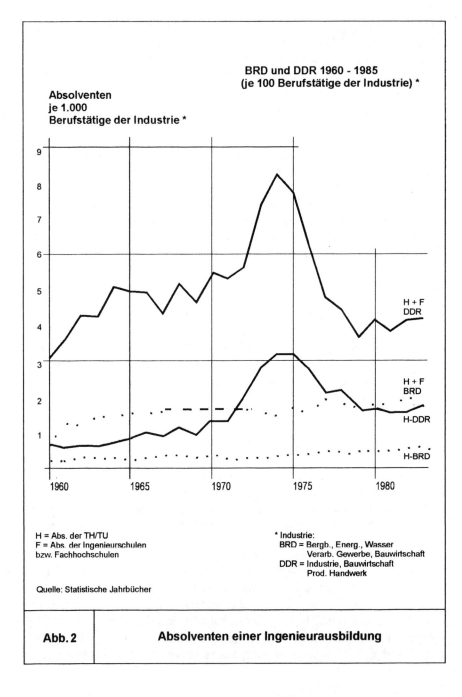

Absolventen
je 1.000
Berufstätige der Industrie *

BRD und DDR 1960 - 1985
(je 100 Berufstätige der Industrie) *

H + F
DDR

H + F
BRD

H-DDR

H-BRD

1960   1965   1970   1975   1980

H = Abs. der TH/TU
F = Abs. der Ingenieurschulen
bzw. Fachhochschulen

Quelle: Statistische Jahrbücher

* Industrie:
  BRD = Bergb., Energ., Wasser
      Verarb. Gewerbe, Bauwirtschaft
  DDR = Industrie, Bauwirtschaft
      Prod. Handwerk

Abb. 2	Absolventen einer Ingenieurausbildung

nes Ingenieurstudiums auf Hochschulebene.) Erst allmählich wurden die Neuaufnahmen in diese Disziplinen wieder gedrosselt, bis die Zahl der Absolventen beider Stufen zusammen Ende der 70er Jahre wieder bei den Werten der 60er Jahre lag. Jedoch war die Proportionalität zwischen den Ingenieuren beider Stufen radikal verändert worden: Hatte früher das Verhältnis von Diplomingenieuren zu Fachschulingenieuren 1 : 4 betragen, so war es jetzt auf 1 : 1,5 gesunken (Wolter 1987).

Da sich aber in der Praxis die Proportionen zwischen den Tätigkeitsbereichen für Ingenieure kaum veränderten - vor allem, weil die Programme für die Ausweitung von Wissenschaft und Forschung ja nicht realisiert worden waren -, mußten Hochschulabsolventen der Ingenieurwissenschaften auch verstärkt im Bereich der direkten Anwendung der technischen Wissenschaft eingesetzt werden.

Der plötzliche starke Zustrom von Absolventen der Ingenieurwissenschaften und der Hochschulen insgesamt in die Wirtschaft brachte das System der Planstellen in eine Krise: Um speziell die Hochschulabsolventen auf Planstellen einsetzen zu können, wurden die Betriebe von staatlicher Seite ermächtigt, bisherige Planstellen für Fachschulabsolventen in solche "für Hoch- **oder** Fachschulabsolventen" umzuwandeln. Die Konsequenz: Während noch 1970 nur 61 % der Planstellen für Hochschulabsolventen mit solchen besetzt waren, 23 % aber mit Fachschulabsolventen (Ludwig, Wahse 1974), konnten bereits 1975 faktisch alle diese Planstellen mit Hochschulabsolventen besetzt werden. Fachschulingenieure wurden dadurch allmählich in großer Zahl auf Plätze für Techniker gedrängt. Das System der Planstellen verlor auf diese Weise seine regulierende Kraft.

Wie erwähnt, veränderten sich um diese Zeit die Proportionen zwischen den verschiedenen Tätigkeitsbereichen von Ingenieuren nicht sehr. Eine Untersuchung dieses Komplexes aus der Mitte der 70er Jahre läßt aber erkennen, daß auch hier große Probleme auftraten:

Die in der nachfolgenden Tabelle erkennbaren Proportionen der Verteilung der Ingenieure nach Tätigkeiten, Bereichen und Bildungsstufen sind charakteristisch und in sich logisch: Es gab keine klare Segmentation von Einsatzbereichen von Fach- und Hochschulingenieuren, sondern unterschiedlich gemischte Situationen, allerdings mit Schwergewichten: Die wissenschaftsorientiert ausgebildeten Diplomingenieure waren stärker in der Forschung, dafür weniger in Anwendungsbereichen wie in der Produktion eingesetzt; die vor allem anwendungsorientiert ausgebildeten Fachschulingenieure stärker in Bereichen wie der Technologie, der Produktion, auch der Projektierung.[5] Diese bestehenden Relationen zwischen beiden Gruppen mußten in der DDR aber zwangsläufig verändert werden, nicht weil man Veränderungen wollte und plante, sondern im Gefolge der quantitativen Entwicklungen der Ausbildung.

Tätigkeitsbereich	eingesetztes Personal (1972)		eingesetztes Personal* (1975)	
	H	F	H	F
Forschung und Entwicklung	29	11	32	12
Konstruktion und Projektierung	24	21	23	23
Technologie	17	19	15	20
Produktion	7	13	7	13
TKO, Absatz, EDV	13	14	15	15
Sonstige	10	22	8	17
	100	100	100	100

* gleicher Personenkreis wie 1972, also nach drei Jahren Berufstätigkeit
Quelle: Diedrich 1976, S. 16
H : Diplomingenieur; F : Fachschulingenieur; TKO: Technische Kontrolle

Tab. 1	**Verteilung der Absolventen der Technischen Wissenschaften auf Tätigkeitsbereiche in Industriebetrieben (in%) 1972/1975**

5   Westdeutsche Untersuchungen wie die von Matthieu u.a. (1962) zeigten sehr ähnliche Proportionen.

Beunruhigende Konsequenzen zeigten sich auch bei den Einkommen der Ingenieure in Abhängigkeit von ihren Tätigkeitsbereichen:

Tätigkeitsbereich	Hochschulingenieur	Fachschulingenieur
Forschung und Entwicklung	908	889
Konstruktion und Projektierung	928	901
Technologie	935	895
Produktion	992	988
TKO, Absatz, EDV	980	930
Sonstige	957	945
Durchschnitt insgesamt	938	920

Quelle: Diedrich 1976, S. 9

Tab. 2	Durchschnittl. monatl. Bruttoeinkommen von Absolventen eines Ingenieurstudiums nach dreijähriger Arbeit nach Tätigkeitsbereich in Mark (1975)

Die den Tabellen 1 und 2 zugrundeliegenden Untersuchungen wurden vor allem im Maschinenbau und in der Elektroindustrie vorgenommen. Hier lagen die Durchschnittseinkommen der Produktionsarbeiter im gleichen Jahr (1975) zwischen 850 und 921 Mark. Berücksichtigt man die Lohnsteuer u.ä., ergeben sich bei der Nettoentlohnung Relationen von etwa 850 Mark für Produktionsarbeiter zu etwa 750 Mark für junge Ingenieure. Damit war es offenkundig finanziell nicht sehr lohnend, sich vom Arbeiter zum Ingenieur zu qualifizieren.

Trotzdem ließ der Andrang zum Studium des Ingenieurwesens an Fachschulen in der DDR niemals nach. Beim Hochschulstudium zum Ingenieur hingegen wurde es allmählich immer schwieriger, die Zulassungspläne zu erfüllen; zudem wuchs die Zahl derer, die bereits ausgesprochene Zulassungen zurückgaben. Ein Blick auf die Einkommen von Fachschulingenieuren und Diplomingenieuren und die skizzierte Aufweichung des Planstellensystems läßt auch verstehen, warum das Fernstudium an Hochschulen seit den 70er Jahren ständig zurückging: Eine Differenz von knapp 20 Mark (vgl. Tab. 2) konnte dem Fachschulingenieur keinen Anreiz bieten, weitere fünf bis sechs Jahre neben der Arbeit zu studieren. Er wäre zwar dann Diplomingenieur geworden, hätte aber evtl. auf derselben Stufe des Stellenplans arbeiten müssen.

Bemerkenswert ist auch die Differenzierung der Gehaltshöhen nach Tätigkeitsbereichen. Die geringsten Einkommen wurden in der Forschung erzielt, die höchsten in der Produktion. Da wenig investiert wurde, konnten zwangsläufig die Ausrüstung und auch das Sortiment nur wenig prinzipiell erneuert werden. Statt dessen mußte immer mehr technisch improvisiert werden, was eine Meisterschaft verlangte, die zu einem charakteristischen Merkmal der Ingenieure in der DDR wurde: Es wurde sehr viel Qualifikation für die ständige Anpassung an neue Bedingungen eingesetzt, die oft Notlösungen waren - wenigstens sollten es gute Notlösungen sein.

Die Absolventen, deren Zahl - wie oben beschrieben - in den 70er Jahren sprunghaft anstieg, erhielten selbstverständlich alle einen Arbeitsplatz. Es galt ja das Verfassungsrecht auf Arbeit, das bereits 30 Jahre vorher festgeschrieben worden war und das immer auch als Recht auf eine Tätigkeit verstanden wurde, die der erworbenen Qualifikation entsprach. Jedoch konnte auch die sorgsamste Beachtung der Verfassungsrechte nicht die entstandenen Widersprüche zwischen dem durch die stagnierende wissenschaftlich-technische und ökonomische Entwicklung zurückgehenden Bedarf an Hochqualifizierten einerseits und dem andererseits stark steigenden Zugang von solchen Fachkräften aufheben.

Zwangsläufig ging das Maß der Nutzung der vermittelten Qualifikation unaufhaltsam zurück. Eine Selbstregulierung über den Markt - etwa durch Arbeitslosigkeit - konnte es in der DDR nicht geben.

Dadurch entstand eine für die DDR charakteristische Situation: Das staatliche System des Absolventeneinsatzes - exakter: diejenigen, die das System zu handhaben hatten - bemühte sich um einen qualifikationsgerechten Einsatz der neu ausgebildeten Fachkräfte. Soweit es sich hierbei um die Fachrichtung handelte, bedeutete dies die Aufgabe, die Betreffenden "fachgerecht", d.h. in den der Studienrichtung entsprechenden Wirtschafts- und Tätigkeitsbereichen einzusetzen. Das war meist auch bei einem großen Angebot an neuen Kräften machbar, zumal die Absolventen der Hoch- und Fachschulen in hohem Maße disponibel ausgebildet waren; disponibel bedeutet hier, daß die jeweilige Fachkraft in einem größeren Bereich verwandter Tätigkeiten erfolgreich tätig sein kann, wenn erforderlich mit Ergänzungen ihrer Qualifikation, worauf bereits im Studium vorbereitet wurde. Infolgedessen wiesen alle soziologischen Untersuchungen ein hohes Maß an fachgerechtem Einsatz aus.

Schwieriger und letztlich unmöglich war es, die "Niveaugerechtheit" der Tätigkeit zu erreichen. Wo es z.B. keine Techniker mehr gab, mußten Ingenieure zunehmend auch deren Arbeit übernehmen; wo Laboranten fehlten, mußten Forscher auch deren Aufgaben erfüllen. Weil andererseits zwar die Anzahl der zur Entwicklung und Forschung befähigten, an Hochschulen wissenschaftlich ausgebildeten Ingenieure stieg, der Umfang anspruchsvoller Forschung aber eher zurückging, wurden Hochqualifizierte auf einfache wissenschaftlich-technische Arbeiten abgedrängt. Das durchschnittliche Anforderungsniveau sank dabei, weil der Anteil der im Vergleich zur eigenen Qualifikation einfachen Aufgaben an der Tätigkeit zunahm. Dieser Prozeß verlief schleichend; die Vorstellungen vom "Normalen" paßten sich dem "Häufigen" an. Die erwähnten soziologischen Untersuchungen wiesen trotzdem eindeutig aus, daß das Maß, in dem die Hoch- und Fachschulabsolventen niveaugerecht eingesetzt waren, sehr viel geringer war als das, in dem sie auf ihrem Studienfach angemessenen Gebieten arbeiteten, also "fachgerecht" eingesetzt waren, und daß dieses Maß sinkende Tendenz hatte.

Auch aus staatlichen Statistiken war diese Entwicklung zu ersehen - bis 1988 ein neues Prinzip der statistischen Meldung geschaffen wurde: Man legte fest, fachgerecht sei, was ein Industriezweig bzw. Betrieb für fachgerecht halte. Dieser Verzicht auf normative Kriterien war ein Ausdruck der Kapitulation vor den Problemen.

5.   Die Reform der Ingenieurausbildung ab 1983

Die wachsenden Widersprüche im System der Ausbildung und Beschäftigung von Ingenieuren führten 1983 zu einem Reformprogramm, in das auch die Ausbildung von Technikern, Ökonomen und Agronomen und damit die gesamte gehobene Fachschulbildung einbezogen wurde. Die folgenden Veränderungen wurden geplant:

Die gesamte Ausbildung von Ingenieuren sollte (ähnlich wie 20 Jahre früher in der BRD) in die Hochschulebene überführt werden. Die Planungen sahen vor, den Umfang der Ausbildung auf Hochschulebene zu erhöhen, jedoch nicht annähernd auf das quantitative Niveau, das sich aus der Summe der bisherigen Fachschulausbildung **und** der Hochschulausbildung von Ingenieuren ergeben hätte. Ein beabsichtigter Effekt war also eine Verringerung des ungewöhnlich großen Umfangs der Ingenieurausbildung. Daher war auch nur mit der Übernahme eines kleinen Teils der Ingenieurschulkapazitäten in die Hochschulebene zu rechnen.

Die Hochschulingenieure sollten künftig in zwei Profilen, einem wissenschafts- und forschungsorientierten Profil (I) und einem anwendungsorientierten Profil (II) ausgebildet werden, beide mit dem Abschluß des Diplomingenieurs. Voraussetzung für den Eintritt in das Studium sollten die Hochschulreife und mindestens ein Jahr Vorpraktikum sein. Der Zugang für Arbeiter sollte weiterhin offen bleiben, das System der Vorkurse zum Erwerb der Hochschulreife für Facharbeiter stark erweitert werden.

Auf der Fachschulebene sollten wieder Techniker ausgebildet werden. Jedoch war selbstverständlich ein direktes Zurück zur alten Form dieser Ausbildung, in die Facharbeiter mit Achtklassenabschluß gegangen waren, nicht möglich - jetzt standen hierfür ja nur Zehnklassenabgänger zur Verfügung. Dies führte in eine Zwickmühle: Man konnte entweder wie früher Facharbeiter zu Technikern weiterbilden, was praktisch kaum anders als in Fern- und Abendkursen möglich gewesen wäre; dann hätte es jedoch an den bisherigen Fachschulen keine Direktstudenten mehr gegeben, und man hätte einen großen Teil dieser Schulen schließen müssen - eine Maßnahme, die für viele Orte den Verlust der einzigen oder wichtigsten wirtschaftlich-kulturellen Einrichtung bedeutet hätte. Die Alternative dazu bestand darin, Abgänger der Zehnklassenschule direkt (d.h. ohne Berufsausbildung zum Facharbeiter) zum Techniker auszubilden. Formal wäre die Technikerausbildung dann allerdings nicht von der von Facharbeitern zu unterscheiden gewesen; vor allem hätte diese Variante den größten Vorteil der früheren Technikerausbildung aufgegeben: die Möglichkeit zur Auswahl und Gewinnung der Geeignetsten aus den Reihen der berufserfahrenen Facharbeiter.

Schließlich wurde ein Nebeneinander dieser beiden Varianten beschlossen, die zweite Variante aber so gut wie nicht realisiert (vgl. dazu auch den Beitrag von Giessmann u.a. in diesem Band, S. 91 ff.).

Das gesamte Konzept der Reform steckte also voller (zum Teil sehr starker) Widersprüche, die sich im Zuge der Realisierung noch verstärken mußten. So wollten die Technischen Hochschulen möglichst keine Studenten im anwendungsorientierten Profil II ausbilden - eigentlich aber sollten die Studenten dieses Profils zwei Drittel aller Hochschulstudenten ausmachen. Der Grund für die Aversion des Lehrkörpers gegen diese Ausbildung war ein zweifacher: Einerseits hatten die Lehrkräfte selbst nur geringe praktische Erfahrungen; zum anderen befürchteten sie, durch eine Konzentration auf dieses Profil selbst degradiert zu werden.[6]

Die Reform verlief schleppend und gegen zähe Widerstände. Eine große Rolle spielte, daß die Industriekombinate an Veränderungen des Systems der technischen Bildung wenig interessiert waren. Wie oben gezeigt, waren sie finanziell kaum zu Änderungen gezwungen. Mit der Reform der Ingenieurausbildung hätten sie jedoch an Einfluß auf diese verloren, der durch die bisherige Doppelunterstellung der Ingenieurschulen groß war; zudem hätten sie die nach wie vor konzeptionell widersprüchliche Technikerausbildung realisieren müssen.

Zur Zeit der Wende Ende der 80er Jahre war die Reform noch im Anfang der Realisierung. Ihre Konzepte wurden nach 1989 nicht weiter verfolgt; auf der Tagesordnung stand jetzt die Durchsetzung des bundesdeutschen Systems der technischen Bildung auch im Osten Deutschlands.

---

6 Der Vergleich mit dem westdeutschen System von wissenschaftlichen Hochschulen einerseits und Fachhochschulen andererseits spielte dafür eine große Rolle, wenn er auch nie öffentlich diskutiert wurde.

Literatur

Diedrich, E.: Forschungsbericht Nr. 20, Institut für Hochschulbildung, Berlin 1976.

Girnus, W.: Die nächsten Aufgaben der Fachschulen der DDR. In: Die Fachschule, Heft 7/8, Berlin 1961.

Ludwig, U.; Wahse, I.: Forschungsbericht "Planstellen", Akademie der Wissenschaften der DDR, Berlin 1974.

Matthieu, J.; Schnadt, A.; Schönfeld, H.: Beschäftigung und Ausbildung technischer Führungskräfte, Forschungsbericht des Landes Nordrhein-Westfalen Nr. 1112, Köln/Opladen 1962.

Steinmetz, M.: Geschichte der deutschen Universitäten, Berlin 1987.

Wolter, W.: Ingenieurausbildung in der DDR und der BRD, Komplexinformation, Zentralinstitut für Hochschulbildung, Berlin 1987.

Eva-Maria Langen

Der Fachschulingenieur in den Restrukturierungsprozessen der ostdeutschen Betriebe - rationellere Nutzung seines Potentials und partielle Aufwertung

1. Die Ausgangssituation

2. Die Entwicklung nach der Wende

3. Das Modell Fachschulingenieur - zwischen letzter Bewährung und absehbarer Marginalisierung

Der Fachschulingenieur war ein in vieler Hinsicht besonders bemerkenswerter Qualifikationstyp der DDR-Gesellschaft, in mancher Hinsicht auch Ausdruck ihrer Charakteristika, ihrer Stärken und Schwächen. Dies gilt sowohl für das Bildungs- und Berufsverlaufsmuster, das zum Fachschulingenieur führte, als auch für seine Funktion und Stellung im Betrieb und in der Gesellschaft (vgl. den Beitrag von Wolter in diesem Band, S. 23 ff.).

Nach der Wende wurde der Bildungsgang, der mit dem Fachschuldiplom abschließt, in kürzester Zeit und übergangslos abgeschafft. Damit ist die Reproduktion dieses Qualifikationstyps abgeschnitten. Zugleich begannen für die Arbeitskräfte mit diesem Abschluß ganz unterschiedliche "Transformationskarrieren" (vgl. den Beitrag von Giessmann in diesem Band, S. 63 ff.), d.h. unterschiedliche biographische Verläufe des Übergangs in eine neue Lebenssituation unter marktwirtschaftlichen Bedingungen.

Wie verhielten sich die ostdeutschen Betriebe nach der Wende dem Fachschulingenieur gegenüber? Wie veränderten sie im Übergang zur Marktwirtschaft seine Funktion, seine Stellung und sein Qualifikationsprofil? Hat der Transformationsprozeß diese Qualifikationsgruppe in ihren wesentlichen Konstitutionsmomenten unverändert gelassen, vollständig gegenüber früher verändert oder aber - in welchen Formen zwischen diesen beiden Extremen - "transformiert"? Und welche Konsequenzen erwachsen aus diesen durch die Restrukturierung von Bildungssystem und Betrieb in den ersten Jahren nach der Wende bedingten Veränderungen für die mittel- und längerfristige Zukunft des praxisnahen Ingenieurs in ostdeutschen Betrieben?

Diese Fragen will dieser Aufsatz beantworten. Dazu ist zunächst eine Beschreibung der Ausgangssituation des Fachschulingenieurs in den Betrieben der DDR notwendig: Informationen zur großen quantitativen Bedeutung dieser Gruppe in den Industriebetrieben der DDR und zu den Bestimmungsgründen dieser Ausgangssituation; und Informationen zum Einsatz, zum Funktionsprofil und zur Stellung der Fachschulingenieure in diesen Betrieben (Abschnitt 1). Auf der Grundlage dieser Informationen wird dann nachgezeichnet, wie die ostdeutschen Betriebe nach der Wende die Qualifikation des Fachschulingenieurs bewerteten, welche Veränderungen seines Qualifikationsprofils sie für notwendig erachteten und in Gang setzten und wie sich seine Funktion und Stellung im Betrieb entwickelte (Abschnitt 2). Vor diesem Hintergrund können abschließend einige Tendenzen benannt werden, die sich schon heute als absehbare Folgen des Transformationsprozesses für die Zukunft des praxisnahen Ingenieurs in ostdeutschen Betrieben abzeichnen (Abschnitt 3).

Empirische Basis der folgenden Darstellung ist eine in den Jahren 1991 bis 1994 durchgeführte größere Untersuchung zur Restrukturierung der ostdeutschen Betriebe und des Weiterbildungssystems in den neuen Bundesländern (Drexel u.a. 1996). Diese Untersuchung umfaßte unter anderem Fallstudien in 16 Betrieben, in denen Situation und Entwicklung der mittleren Qualifikationsgruppen während der DDR-Gesellschaft und die Veränderung ihrer Situation nach der Wende ausführlich untersucht wurden. Diese Materialgrundlage erlaubt eine Innensicht aus betrieblicher Perspektive, die die gesamtgesellschaftliche und historische Perspektive ergänzen, konkretisieren und für die untersuchten Branchen in spezifischer Weise akzentuieren kann. Die Untersuchungsbetriebe gehören dem Maschinenbau, der Chemischen, der Elektrotechnischen und der Stahlindustrie an und waren vor der Wende durchweg große und renommierte Industriebetriebe.

1. Die Ausgangssituation

Die untersuchten Betriebe - wie die DDR-Betriebe generell - gingen 1989 in den Transformationsprozeß mit einem großen Bestand an Fachschulingenieuren, der in sich, entsprechend den unterschiedlichen Varianten der

Ausbildung zum Fachschulingenieur und im Gefolge verschiedener Veränderungen in Ausbildung und Einsatz über die Jahre hinweg, relativ heterogen war.

1.1 Ein großer Bestand an Fachschulingenieuren ...

Wie kam es zu den hohen (nach verschiedenen Aussagen deutlich über die Vergleichswerte westdeutscher Betriebe hinausgehenden) Anteilen der Fachschulingenieure an den betrieblichen Belegschaften? Drei ineinandergreifende Sachverhalte sind nach den Ergebnissen unserer Fallstudien zur Erklärung heranzuziehen: der Bedarf der Betriebe, die für sie bestehenden guten Chancen, sich durch Delegierung ihrer Beschäftigten zur Fachschule Ingenieurnachwuchs in großem Umfang zu beschaffen, und die Interessen der Arbeitskräfte an dieser Ausbildung.

Im einzelnen:

(1) In einer Reihe der untersuchten Betriebe hatte sich der **Bedarf an Fachschulabsolventen** generell und insbesondere an Fachschulingenieuren aus verschiedenen Gründen im Laufe der Jahre stark erhöht. Dies stand häufig im Zusammenhang mit der Beschaffung von komplizierten und teuren Importanlagen, die zu einer Umdefinition von früheren Meister- bzw. Schichtleiterpositionen, z.T. sogar von Anlagenfahrerpositionen, in Ingenieurpositionen führte. Ferner konnte in der Produktion der gewünschte Ingenieurbesatz aufgrund der innerbetrieblichen Fluktuation selten oder nie erreicht werden, auch daraus ergab sich ein sich ständig erneuernder Bedarf an Ingenieuren; Hintergrund dieser Fluktuation war die mangelnde Attraktivität von Ingenieurpositionen in der Produktion angesichts einer Entlohnung, die der großen Verantwortung der Inhaber dieser Positionen nicht entsprach.

Manches spricht dafür, daß es sich bei diesem von den Betrieben definierten Bedarf an Fachschulingenieuren zu einem gewissen Teil um einen "Scheinbedarf" gehandelt hat; insbesondere das Anschwellen der Absolventen der Fachschulausbildung, die von den sie delegierenden Betrieben ja wieder aufgenommen und eingesetzt werden mußten, legt die Vermutung einer angebotsinduzierten schleichenden Verschiebung in der Definition von Fachschulingenieurpositionen und -bedarf nahe. Gegen diese Annahme eines "Scheinbedarfs" sprechen jedoch zwei Sachverhalte:

Zum einen zeigten eigene Untersuchungen und Berechnungen aus der Mitte der 80er Jahre (Langen 1986) auf der Basis der Statistiken der Industrieministerien, daß zumindest in der ersten Hälfte der 80er Jahre die Fachschulabsolventen diejenige Qualifikationsgruppe waren, deren Qualifikation im Vergleich zu anderen Gruppen den deutlich höchsten Anteil an qualifikationsgerechtem Einsatz aufwies: 80 % bis 82 % dieser Absolventen waren qualifikationsgerecht eingesetzt, gegenüber 76 % bis 81 % der Hochschulingenieure und nur 57 % bis 58 % der Meister; zudem wurden damals ca. 15 % der Fachschulabsolventen oberhalb des Niveaus einer Fachschulkader-Position und nur ca. 3 % unterhalb dieses Niveaus eingesetzt. Soweit diese Zahlen, die neben den Fachschulingenieuren auch die Fachschulökonomen mit ihren z.T. ganz anderen Einsatzverhältnissen beinhalteten, für die Gruppe der Fachschulingenieure aussagekräftig sind, sprechen sie gegen das Argument, der Bedarf der Betriebe sei in größerem Umfang fiktiv gewesen.

Zum anderen konnten die Stellenpläne und die Ausweisung bestimmter Stellen als Positionen für Fachschul- oder Hochschulkader von den Betrieben nicht beliebig gehandhabt werden. Die Stellenplanverordnung von 1964 legte fest, daß vom jeweiligen Industrieminister - in Übereinstimmung mit dem Finanzminister - Rahmenbestimmungen für die Stellenplangestaltung der Kombinate in Form von Rahmen- und Typenstellenplänen bzw. Planstellennormativen herausgegeben wurden. Diese stellten die Grundlage für die Ausarbeitung der Stellenpläne in den Kombinaten und den Kombinatsbetrieben dar. Die ausgearbeiteten Stellenpläne bedurften der Bestätigung durch den Minister (für die Kombinate) bzw. durch den Generaldirektor (für die Kombinatsbetriebe). Das Finanzministerium war laut Stellenplanverordnung für die Kontrolle der Durchführung der Grundsätze auf dem Gebiet der Struktur- und Stellenpläne verantwortlich. Auch diese Regelung dürfte bis zu einem gewissen Grad verhindert haben, daß die Betriebe Stellen höher definierten, als dies die Anforderungen tatsächlich verlangten; genau ist dies im nachhinein aber natürlich nicht mehr zu klären. Festzuhalten ist allerdings, daß der hohe Angebotsdruck von Fachschul- und Hochschulabsolventen ab Mitte der 80er Jahre dazu führte, daß in den Betrieben zunächst gleitend, dann mit staatlicher Autorisierung die Unterscheidung zwischen Fachschul- und Hochschulkader-Positionen aufgegeben wurde (vgl. Wolter in diesem Band).

(2) Unabhängig davon, ob nun "Scheinbedarf" durch Höherstufung von mittleren Führungs- und Spezialistenpositionen eine Rolle gespielt hat oder nicht, in welchem Umfang dies ggf. der Fall war und vor allem, ab wann - es gab natürlich laufend einen Bedarf an Fachschulingenieuren. Dieser veranlaßte die Betriebe zur nachdrücklichen Werbung unter ihren Beschäftigten, ein Fachschulstudium aufzunehmen, und zu ihrer "**Delegierung**", d.h. dem sehr DDR-spezifischen Weg der Beschaffung von Fachschulingenieuren: Der Ingenieurnachwuchs der Betriebe wurde vorrangig (in einigen Betrieben etwa zu 80 %) gesichert dadurch, daß jüngere Arbeitskräfte aus der Belegschaft mit Wissen und Wollen des Betriebs eine Fachschule besuchten; nur etwa 10 % bis 20 % kamen über die Absolventenvermittlung "von außen".[1] Mit einer Delegierung waren für die Beschäftigten finanzielle Beihilfen, Anrechnung der Studienzeit auf die Betriebszugehörigkeit und weitere Vergünstigungen verbunden; allerdings auch die vertragliche Bindung an den Betrieb, die nur aus familiären und ähnlichen Gründen gelöst werden konnte.[2]

Delegierungen zum Fachschulstudium erfolgten im Rahmen der sogenannten Kaderentwicklungspläne der Betriebe, in denen gezielt langfristige Bildungsmaßnahmen festgelegt waren. Die Maßnahmen wurden im Bedarfsfall vom jeweiligen Leiter veranlaßt, jedoch konnten auch die Arbeitskräfte selbst hierauf Einfluß nehmen, d.h. sich um eine Delegierung bewerben; im letzteren Fall war die Zustimmung des unmittelbaren Vorgesetzten Voraussetzung für eine positive Entscheidung. Diese Delegierungen orientierten sich also in der Regel am betrieblichen Bedarf (definiert durch die Vorgesetzten). Jedoch konnte sich der Betrieb dem begründeten Antrag eines Beschäftigten auf Delegierung praktisch nicht verweigern - ein Sachverhalt, der zur Ausbildung "auf Vorrat" führte. Nur bei Studienwünschen in Fachrichtungen, die dem betrieblichen Profil nicht entsprachen, wurde lange keine Delegierung ausgesprochen; auch diese Einschränkung fiel jedoch ab etwa Mitte der 80er Jahre flach.

---

1 Die sogenannte Absolventenbörse vermittelte diejenigen Studienabsolventen, die ohne Delegierung durch einen Betrieb ein Studium aufgenommen hatten, und diejenigen, die aus familiären oder ähnlichen Gründen nach dem Studium nicht zum delegierenden Betrieb zurückkehrten.

2 Aber auch ohne Delegierung konnte man sich um ein Studium bewerben, hatte dann allerdings nicht die Vorteile einer Delegierung; vor allem wurden Delegierungsfälle bei der Zulassung zum Studium vorrangig behandelt.

(3) Mit dieser Funktionsweise von Delegierungen kommt auch den **Interessen der Beschäftigten am Fachschulstudium** eine große Bedeutung für die Entstehung der hohen Fachschulingenieurbestände zu. Trotz geringer Lohndifferentiale (ja zum Teil negativer Differentiale zu Beginn des Einsatzes auf Fachschulingenieurpositionen) und trotz vier- bis fünfjähriger Dauer der Ausbildung in der hauptsächlich genutzten Studienform eines Abendstudiums war nach den Aussagen der befragten Betriebsvertreter die Motivation der Beschäftigten für dieses Fachschulstudium i.d.R. groß.[3]

Sie war unterschiedlich begründet: In der Chemischen Industrie bestand selbst bei Schichtarbeit ein relativ hohes Interesse an dieser Ausbildung. So war es etwa in einem der untersuchten Chemiebetriebe (2.300 Beschäftigte) nie ein Problem, eine Ingenieur-Abendklasse mit 20 Teilnehmern zustande zu bekommen; Motiv waren hier vor allem die besseren Arbeitsbedingungen von Ingenieuren und deren langfristig bessere Entwicklungschancen. In der Elektrobranche bestand ab Beginn der 80er Jahre ein Anreiz durch die neue Tarifverordnung, da sie entsprechende Abschlüsse zur Voraussetzung für höhere Gehaltsstufen machte; der Erwerb des Fachschulabschlusses diente hier also der Absicherung der bisherigen oder auch der Durchsetzung einer höheren Entlohnung. Neben diesen Gesichtspunkten spielten auch Statusfragen und das Interesse an Bildung an sich eine Rolle. In einzelnen Betrieben gab es Arbeitskräfte, die das Fachschulstudium nur aus Interesse an der Qualifizierung aufnahmen, dann aber eine entsprechende Tätigkeit nicht übernehmen wollten.

Im Gefolge dieser verschiedenen ineinandergreifenden Interessen und Mechanismen gab es kontinuierlich einen breiten Strom aus der Arbeiterschaft (z.T. auch aus der Gruppe der Meister) zum Fachschulstudium. Diese Beschäftigten mußten nach Abschluß ihres Studiums, einen entsprechenden Wunsch ihrerseits vorausgesetzt, von den Betrieben wieder beschäftigt werden. Dieser Sachverhalt erklärt - zusammen mit der Tatsache, daß es wenig Abwanderungsmöglichkeiten für Ingenieure gab - den hohen Bestand an Fachschulingenieuren im Moment der Wende.

---

3 Allerdings mußte z.T. - insbesondere unter leistungsstarken Facharbeitern - aufgrund der Lohndifferenz zwischen einer anspruchsvollen Facharbeiterposition und einer Fachschulposition sehr intensiv für die Teilnahme an einem Fachschulstudium geworben werden. Manche Facharbeiter waren nach den Informationen aus den untersuchten Betrieben nur dann zum Studium bereit, wenn ihnen von vornherein im Kaderentwicklungsplan für später die Position eines Abteilungsleiters zugesichert wurde.

1.2 ... aber heterogene Bildungs- und Berufsverlaufsmuster und Qualifikationen

Die reale Qualifikation der Fachschulingenieure war nach den Aussagen der befragten Betriebsvertreter sehr heterogen. Verschiedene Ursachen wurden dafür genannt:

Zum einen gab es offenbar wesentliche qualitative Unterschiede zwischen dem Direktstudium, dem Fernstudium an der Fachschule und der Fachschulausbildung in Form eines Abendstudiums an einer Außenstelle einer Fachschule in der Betriebsakademie. Das Qualifikationsgefälle zwischen diesen verschiedenen Formen des Fachschulstudiums wurde von einem Interviewpartner als "dreistufige Hierarchie" von Ingenieuren aus dem Direktstudium, aus dem Fernstudium an der Fachschule und aus dem Abendstudium an der Betriebsakademie bezeichnet; ein anderer Vertreter eines Betriebs sprach im Zusammenhang mit dem Abendstudium von einer "Schnellbesohlung". Zum anderen gab es offenbar deutliche Unterschiede zwischen einzelnen Fachschulen - bestimmte Fachschulen hatten einen besonders guten, andere einen eher schlechten Ruf. Dazu kommen zum dritten Unterschiede, die durch unterschiedliche Bildungs- und Berufsverläufe und die dadurch bedingten unterschiedlichen praktischen Kenntnisse und Berufserfahrungen verursacht waren; so wurden z.T. Fachschulingenieure, die den Weg über die Meisterqualifikation genommen haben, als besonders qualifiziert bezeichnet. Und schließlich gibt es natürlich Unterschiede, die durch Persönlichkeitsmerkmale beeinflußt wurden.

Diese mehrfache innere Heterogenität der Gruppe der Fachschulingenieure wurde durch spätere Weiterbildungsmaßnahmen kaum reduziert, im Gegenteil: Die Weiterbildungsmöglichkeiten für Fachschulingenieure waren in den untersuchten Betrieben sowohl vom Umfang als auch von den Inhalten und der Qualität her sehr unterschiedlich. Ein einheitliches Weiterbildungssystem, das zur inneren Angleichung dieser Qualifikationsgruppe beigetragen hätte, gab es nicht.

Und auch die Einsatzmuster für Fachschulingenieure waren, wie im folgenden zu zeigen ist, wenig dazu angetan, das Qualifikationsprofil dieser Gruppe zu vereinheitlichen.

1.3 Einsatz und Stellung der Fachschulingenieure in den DDR-Betrieben

Die Stellung der Fachschulingenieure in den Industriebetrieben der DDR war zunächst generell dadurch charakterisiert, daß sie in den oberen Qualifikationsbereich eingeordnet waren: Die Grenzen zwischen den Einsatzgebieten von Fachschul- und Hochschulingenieuren waren fließend - ein Sachverhalt, dem auch die relativ geringen durchschnittlichen Entlohnungsdifferenzen zwischen diesen beiden Qualifikationsstufen entsprachen.

Die konkreten Einsatzgebiete der Fachschulingenieure waren vielfältig; typische Bereiche waren der Einsatz als Fachspezialisten, als Meister und als Führungskraft auf höheren Leitungebenen:

Als **Fachspezialisten**, d.h. als Arbeitskräfte mit hohen fachlichen Kompetenzen, aber ohne Leitungsaufgaben, waren Fachschulingenieure insbesondere in fertigungsnahen oder produktionsvorbereitenden Abteilungen und Bereichen tätig: in der Konstruktion, in der Technologie, in der Fertigungsplanung und -lenkung, in Arbeits- und Produktionsvorbereitung, in der Datenverarbeitung und Logistik, in den Rationalisierungs- und Investitionsabteilungen sowie in der Instandhaltung.

So waren z.B. in einem der untersuchten Elektrobetriebe in der Abteilung Gerätefertigung, Einrichtung und Instandhaltung nicht weniger als 60 % der Mitarbeiter Ingenieure, überwiegend Fachschulingenieure. Der hohe Ingenieuranteil in dieser Abteilung ergab sich z.T. daraus, daß diese Beschäftigten vorwiegend auf Baustellen arbeiteten und hier die Produkte "vor Ort" nochmals prüfen, übergeben und die Abnehmer einweisen mußten.

Aber auch innerhalb des Fertigungsbereiches waren Fachschulingenieure als Spezialisten tätig, z.T. als Assistenten der jeweiligen Leiter.

In einem der untersuchten Chemiebetriebe waren sie z.B. als sogenannte Betriebsingenieure eingesetzt mit der Funktion, zwischen der Produktionsanlage und der Instandhaltung zu vermitteln, technische Mängel in den Anlagen zu feststellen, zu analysieren und in Form von Arbeitsaufträgen an die Werkstätten weiterzuleiten und die Ausführung zu kontrollieren.

Ein weiteres Einsatzgebiet für Fachschulingenieure war die Qualitätssicherung (Labors, Materialeingangsprüfung, Prozeß- und Produktkontrolle). Und auch der Vertrieb wurde als zunehmend wichtig werdender Einsatzbereich für Ingenieure genannt.

Fachschulingenieure auf Meisterpositionen gab es zwar nicht nur im Ausnahmefall, doch war dieses Einsatzmuster auch nicht unbedingt typisch.

In sechs von 16 untersuchten Betrieben wurden neben Meistern auch Fachschulingenieure auf Meisterpositionen eingesetzt; in all diesen sechs Betrieben war dies in hochautomatisierten Fertigungsbereichen an modernsten, importierten und sehr teuren technischen Anlagen der Fall. Zur Begründung dieses Einsatzmusters wurde angeführt, zum Anfahren neuer Anlagen sei Ingenieurwissen erforderlich, der hohe Ingenieurbesatz diene auch als Not- und Havariebesetzung, um die aus dem westlichen Ausland importierten Anlagen im Störfall schnellstens wieder einsatzfähig machen zu können, und/oder es habe im Stellenplan aus produktionstechnischen Gründen entsprechende bindende Vorschriften gegeben.

Schließlich waren Fachschulingenieure auch als **Leiter und Leiter-Stellvertreter** in den genannten Einsatzbereichen (in den fertigungsnahen und -vorbereitenden Abteilungen ebenso wie in der Fertigung) eingesetzt. In der Instandhaltung fungierten sie oft als Werkstattleiter, in der Produktion und Produktionsvorbereitung als Bereichs- oder Abteilungsleiter, auch als Gruppenleiter, in Montagebereichen als Bauleiter.

2. Die Entwicklung nach der Wende

2.1 Kontinuität in Bewertung und Honorierung der Fachschulqualifikation im Restrukturierungsprozeß ...

Ein personalpolitischer Grundkonsens der untersuchten Betriebe bestand im "Festhalten von Ingenieurwissen" im Restrukturierungsprozeß soweit als irgend möglich. Diese Option war durchgängig in allen Untersuchungsbetrieben zu registrieren. Sie zeigte sich in verschiedenen personalpolitischen Entscheidungen:

-   in einem unterdurchschnittlichen Personalabbau von Hoch- und Fachschulingenieuren und

-   in der Bewertung der DDR-Fachschulabschlüsse als vollwertige Ingenieurabschlüsse unabhängig von einer offiziellen Bescheinigung der Gleichwertigkeit dieses Abschlusses mit westdeutschen Ingenieurabschlüssen.

Diese personalpolitischen Entscheidungen, die im folgenden ausführlicher dargestellt werden, haben in ihrer Gesamtheit die Situation der in den Unternehmen verbliebenen Fachschulingenieure relativ positiv beeinflußt.[4]

Im einzelnen:

(1) Der **unterdurchschnittliche Personalabbau** bei den Beschäftigten mit Fachschulabschluß führte zu einer Erhöhung ihres Anteils an den Belegschaften zu Lasten der unteren Qualifikationsgruppen. In den untersuchten Betrieben stieg der Anteil der Beschäftigten mit Fachschulabschluß zwischen 1989/90 und 1991/93 (unterschiedliche Erhebungszeitpunkte) in den untersuchten Betrieben der Chemischen Industrie z.B. von 13 % auf 16 % bzw. von 15 % auf 17 %; in den untersuchten Betrieben der Elektrotechnischen Industrie z.B. von 15 % auf 16 % bzw. von 16 % auf 18 % und im Maschinenbau z.B. von 16 % auf 21 % und von 11 % auf 15 %. Diese Zahlen beziehen allerdings auch die Fachschulabsolventen mit ökonomischer Fachrichtung ein.

Die von den befragten Betriebsvertretern formulierte Strategie bestand darin, möglichst viele Ingenieure sozusagen in einer "Warteschleife" zu halten, um bei weiteren Umstrukturierungen oder möglichen künftigen Produktionsausweitungen im Zusammenhang mit der Privatisierung über ein ausreichendes Reservoir an qualifiziertem Produktionspersonal zu verfügen. Diese Strategie ging verschiedentlich zu Lasten der Meister, deren Aufgaben von Ingenieuren, die bislang keine Führungsfunktionen wahrgenommen hatten, zusätzlich übernommen werden mußten. Im Verhältnis zu den Hochschulingenieuren war die Gruppe der Fachschulingenieure dadurch relativ begünstigt, daß sie durch die Schließung der z.T. sehr umfangreichen Forschungs- und Entwicklungsabteilungen deutlich weniger betroffen waren, da diese Bereiche ja sehr viel stärker mit Hochschulabsolventen besetzt gewesen waren.

(2) Die **Bewertung des Fachschulingenieurs durch die Betriebe** wurde, das zeigt sich in diesen Strategien sehr deutlich, durch die Wende und die dadurch ausgelösten Entwicklungen im Bildungssystem (Abschaffung der

---

4 Große Probleme ergaben sich hingegen für die entlassenen Fachschulingenieure, deren Abschlüsse auf dem Arbeitsmarkt nicht ohne weiteres anerkannt wurden und deren berufliche Perspektiven aufgrund der allgemeinen Arbeitsmarktlage ebenso beeinträchtigt sind wie ihre finanzielle Situation (ausführlicher dazu im Beitrag von Giessmann in diesem Band, S. 63 ff.).

Fachschule) nicht verändert. In allen untersuchten Betrieben wurde der Ingenieurabschluß intern auch weiterhin als vollwertiger Abschluß akzeptiert und diese Ingenieurqualifikation hoch geschätzt. In verschiedenen betriebsinternen Statistiken taucht dieser Qualifikationsabschluß im übrigen nicht mehr auf; er wurde umdefiniert in einen **Fachhoch**schulabschluß. Daß trotzdem viele Personalleitungen den Fachschulingenieuren empfahlen, die offizielle Anerkennung der Gleichwertigkeit ihres Abschlusses zu beantragen, sollte zum einen ihrer Absicherung für den Fall von Arbeitslosigkeit dienen, zum anderen bei Fachschulingenieuren, die im Außendienst oder in bestimmten Bereichen der Pharmazie tätig sind, den Nachweis der für bestimmte Attestierungen und das Ansehen erforderlichen Abschlüsse erbringen. Innerhalb des Betriebs jedoch dominierte Kontinuität in der Orientierung des Einsatzes an der tatsächlichen fachlichen Eignung, am bisher gezeigten Können und Wissen.

Allerdings wurden durchaus auch bestimmte Veränderungen des Qualifikationsprofils der Fachschulingenieure für notwendig erachtet und in Gang gesetzt.

2.2 ... aber Modifikation des Ingenieurprofils

(1) Die skizzierte Wertschätzung der Fachschulqualifikation schloß nicht aus, daß die befragten Vertreter der untersuchten Betriebe (und zwar gerade auch die ostdeutschen Betriebsvertreter) bei den Fachschulingenieuren eine Reihe von **Qualifikationsdefiziten** sahen. Unmittelbar fachspezifische Wissensdefizite gab es nach diesen Einschätzungen nicht; ein Sachverhalt, der damit begründet wurde, daß die fachliche Ingenieurausbildung gut gewesen sei, aber auch damit, daß im Untersuchungszeitraum (1991 bis 1994) noch keine gravierenden Veränderungen im Produktionsprofil und in der technischen Ausrüstung eingetreten waren, die einen größeren fachlichen Weiterbildungsbedarf hervorgerufen hätten.

Hingegen wurden durchgängig Qualifikationsdefizite benannt, die durch den Vereinigungsprozeß bedingt waren: Dabei ging es zum einen um Lücken in bezug auf bestimmte, nun relevant gewordene fachbezogene Informationen, insbesondere im Bereich von PC-Kenntnissen, gesetzlichen Rahmenbedingungen, Betriebswirtschaft und Sprachen. Unter die zu erwerbenden Kenntnisse über die neuen gesetzlichen Rahmenbedingungen fallen insbesondere: sichere Kenntnis der übernommenen bundesdeutschen Gesetze (Arbeitsrecht, Arbeits- und Umweltschutz, Qualitätssicherung, Vertragsrecht) sowie Verordnungen, Richtlinien, Vorschriften, Standards und Normen (insbesondere die Umstellung von TGL auf DIN). Soweit die untersuchten Betriebe von bundesdeutschen Konzernen übernommen worden sind, kommen dazu die Kenntnisse der konzerninternen Organisationsanweisungen, Arbeitsrichtlinien etc. Bei den notwendigen betriebswirtschaftlichen Kenntnissen ging es neben dem Abbau von Wissensdefiziten in den Grundbegriffen der Betriebswirtschaft auch darum, bei den Ingenieuren stärkeres Kostendenken und -bewußtsein zu entwickeln.

Zum anderen und wichtigeren aber ging es um Erfahrungs- und Verhaltensdefizite auf dem Gebiet des marktwirtschaftsgerechten Denkens und Vorgehens. Als solche Defizite wurden insbesondere angeführt: unzureichende Kenntnisse der Anforderungen, die aus der Führung eines marktwirtschaftlich orientierten Unternehmens mit veränderten Ablauf- und Organisationsprinzipien resultieren, also Probleme mit Selbständigkeit, Verantwortungsbereitschaft, Durchsetzungsvermögen, aber auch mit der Fähigkeit, Verantwortung an die Mitarbeiter zu delegieren.

Das größte Defizit auf allen Führungsebenen, so eine Fertigungsleiterin eines Elektrounternehmens, bestehe in der richtigen Nutzung und Verwaltung (Delegierung und Kontrolle) von Kompetenzen. Das Neue sei die Delegierung der Verantwortung auf die Mitarbeiter. Hier seien die Defizite bei den Leitern oft größer als bei den Mitarbeitern. Die Leiter hätten kein Zutrauen in die Fähigkeit der Mitarbeiter und Angst, Verantwortung an Unterstellte zu delegieren.

Dazu kamen das Fehlen von Erfahrung mit marktwirtschaftlichen Bedingungen und eine dementsprechende Unsicherheit im Geschäftsgebaren: Aus dem unmittelbar gewordenen Kontakt mit Anbietern und Kunden und bei der Akquisition ergab sich nun auch für Ingenieure die Notwendigkeit, kaufmännische Fähigkeiten zu erwerben und Wendigkeit und Übersicht sowie Verhandlungstaktik im Umgang mit Kunden zu erlernen.

(2) Die **Deckung dieses Qualifikationsbedarfs** wurde sowohl von den Betrieben als auch von den Ingenieuren selbst sehr schnell und sehr nachdrücklich in Angriff genommen: Obwohl man allgemein die Ansicht vertritt, daß insbesondere die vereinigungsbedingten Qualifikationsdefizite schwergewichtig nur im Arbeitsprozeß selbst zu beheben sind, wurde doch

von vornherein relativ stark auch auf formalisierte Weiterbildung gesetzt. Die betriebliche Weiterbildungspolitik war - wie die Personalpolitik - stark auf das Ingenieurpotential der Betriebe ausgerichtet. Die Fachschulingenieure gehörten, ebenso wie die Hochschulingenieure, zu den bevorzugten Zielgruppen der ersten betrieblichen Weiterbildungsaktivitäten: Zum einen wurden sie z.T. bei den ersten Weiterbildungsveranstaltungen bzw. Managementschulungen der Führungskräfte miterfaßt, bei denen auch ausgewählte Fachkräfte einbezogen und zunächst in Überblicksveranstaltungen, dann systematischer (z.T. sogar in Veranstaltungsreihen) zu Themen von Marktwirtschaft und Marketing, Management und speziellen Rechtsfragen informiert wurden. Zum anderen waren Fachschulingenieure die Hauptadressaten eines Weiterbildungsschwerpunkts aller Unternehmen, nämlich der Schulungsmaßnahmen auf dem Gebiet von Computer- und Informationstechnik im weitesten Sinn; auch dies Weiterbildungsmaßnahmen, die sehr schnell nach der Wende organisiert wurden. Und schließlich gehörten die Fachschulingenieure zu dem Kreis von Beschäftigten, die vorrangig zu kürzeren oder längeren Speziallehrgängen delegiert wurden; dies im übrigen auch deshalb, weil sie von ihrem Qualifikationsprofil her in der Lage waren, als Multiplikatoren für einen breiteren Personenkreis im Betrieb tätig zu werden und damit Bildungskosten einsparen zu helfen.

Mit Hilfe dieser verschiedenen Maßnahmen wurden nach Aussagen der befragten Betriebsvertreter bestehende Wissensdefizite zu einem guten Teil relativ schnell abgebaut. Darüber hinaus wurde jedoch von den Fachschulingenieuren erwartet, daß sie nach solchen Starthilfen weiteren Bildungsbedarf in erster Linie autodidaktisch - durch Literaturstudium und Fachgespräche - abdecken. Soweit hier Informationen zu erfragen waren, geht man von einer Relation von 30 : 70 zwischen formalisierten Lehrgängen und Selbststudium bzw. Lernen im Arbeitsprozeß aus.

Die genannten Formen der Deckung von Qualifikationsbedarf wurden in denjenigen Unternehmen, die inzwischen in westdeutsche Konzerne integriert sind, in Einzelfällen ergänzt durch mehr oder minder lange Delegierungen zum Einsatz im westdeutschen Mutterbetrieb. Darüber hinaus gibt es insbesondere für junge Ingenieure erste Ansätze der Personalentwicklung, z.B. einen "Ingenieurkreis" auf Konzernebene. Interessanterweise aber gibt es auch nach wie vor Kontakte zu ehemaligen Partner-Ingenieurschulen; auch wenn diese mittlerweile ihren Status verändert haben, d.h.

keine Fachschulen mehr sind, führen sie heute noch einzelne Schulungsmaßnahmen im Betrieb oder in ihren Einrichtungen durch.

Perspektivisch angelegte Weiterbildung von Ingenieuren war allerdings nur in einem der untersuchten Betriebe festzustellen, der - wie früher schon - Diplomingenieure zum postgradualen Studium an eine Technische Universität delegiert. In der überwiegenden Mehrzahl der untersuchten Betriebe gab es aufgrund des Kampfes um das wirtschaftliche Überleben keine derartigen Formen einer systematischen Weiterbildung.

2.3   Einsatz und betriebliche Stellung des Fachschulingenieurs heute

(1) Die augenfälligste Veränderung im Einsatz vieler Fachschulingenieure bestand nach den Ergebnissen der Untersuchung in der **Ausweitung ihrer Arbeits- und Verantwortungsgebiete.** Diese Entwicklung war im Grunde eine logische Konsequenz aus dem skizzierten Personalabbau bei gleichzeitiger Erhöhung des Anteils der Ingenieure: Die betrieblichen Aufgaben mußten auf die wesentlich reduzierte, aber im Schnitt höherqualifizierte Belegschaft umverteilt werden.

Diese Ausweitung der Aufgabengebiete erfolgte sowohl durch die Übertragung von zusätzlichen Aufgaben, die der Qualifikation des Fachschulingenieurs entsprachen, als auch durch die Übertragung von Aufgaben, die bislang von niedriger qualifizierten Beschäftigten ausgeführt worden waren. Bezogen auf die Fachschulingenieure konnte dies bedeuten

- für die schon zu DDR-Zeiten als Meister eingesetzten Ingenieure, daß sie im Zusammenhang mit der Vergrößerung der Meisterbereiche (bis auf das Doppelte der unterstellten Arbeitskräfte!) einen zweiten Meisterbereich mitübernehmen mußten;

- für die früher als Spezialisten tätigen Fachschulingenieure, daß sie zusätzlich zu ihren fachlichen Aufgaben Leitungsaufgaben zu übernehmen hatten,

- und für die früher bereits als Führungskräfte tätigen Ingenieure, daß ihr Verantwortungsbereich vertikal oder horizontal erweitert wurde.

In allen Fällen wurden damit früher bestehende Arbeitsplätze von Mitarbeitern mit gleichem, zumeist aber mit niedrigerem Qualifikationsniveau gestrichen und diese Mitarbeiter freigesetzt. Dessen ungeachtet wurde von den befragten Betriebsvertretern betont, daß es sich hierbei in der Regel nicht um eine direkte und bewußte Verdrängung gehandelt habe. Hintergrund für diese Sichtweise ist die Tatsache, daß es bei den skizzierten Prozessen in der Regel zu einer Veränderung der Arbeitsplatzstrukturen kam: Alle Funktionsbereiche wurden neu definiert und profiliert, die neuen Stellen wurden ausgeschrieben und neu besetzt.

Immer noch war zumindest in einigen der untersuchten Betriebe der Ingenieurbesatz der Anlagen höher als an vergleichbaren Anlagen in westdeutschen Betrieben. Die Begründung, die dafür in einem der Chemiebetriebe gegeben wurde, aber ähnlich auch aus anderen Betrieben stammen könnte, ist aufschlußreich: "Es werden immer noch relativ viele Ingenieure, die in der Regel schon sehr lange im Bereich arbeiten, benötigt; sie müssen den Mangel an Erfahrungswissen im Bereich ausgleichen, der mit dem Weggang der älteren Facharbeiter und Erfahrungsträger eingetreten ist. Der hohe Einsatz von Ingenieuren ist als Überbrückungslösung gedacht, bis die Facharbeiter eingearbeitet sind." Hinzu kommt, daß "die Schichtleiterbereiche sich vergrößert haben und der Schichtleiter über Kenntnisse einer größeren Anzahl von unterschiedlichen Anlagen verfügen muß, also zweckmäßigerweise Ingenieur sein sollte."

Durch die veränderte Bündelung der Arbeit konnten viele Arbeitsabläufe und -prozesse **rationeller gestaltet** werden. Insbesondere mit der Ingenieurkapazität wird rationeller umgegangen als früher.

Ein Beispiel aus einem Stahlbetrieb: "Aus der DDR-Zeit, in der es ein Zurückdrängen der Verantwortung der Meister gab, rührt die Tatsache, daß im Werk Ingenieurpersonal in Schichten tätig ist, wo es im bundesdeutschen Unternehmen keinen Ingenieur gibt. Gegenwärtig wird von diesen Ingenieuren noch viel vergleichende Analytik zur vorangegangenen Schicht durchgeführt. Um rationeller mit den Ingenieurkapazitäten umzugehen und sie für ihre eigentlichen Ingenieurtätigkeiten zu entlasten, sollen diese Arbeiten künftig reduziert und dann von Schichtmeistern übernommen werden."

Mit dieser rationellen Gestaltung der Arbeitsprozesse hat sich die Arbeitsintensität für den einzelnen Beschäftigten zwar erhöht, aber nicht in jedem Fall in gleichem Umfang, wie sich sein Aufgabenfeld erweiterte: "Die neue Strukturphilosophie folgt eigentlich einem ganz einfachen Grundsatz: Im Unternehmen wird jede Aufgabe nur einmal an einer Stelle gemacht und damit haben Sie unser Abbaupotential" - so ein Vertreter eines Chemiebetriebs.

(2) Eine Reihe dieser Veränderungen im Einsatz der Fachschulingenieure, die im wesentlichen auf betriebliche Rationalisierungsstrategien zurückgeführt werden können, haben zu einer **Aufwertung der Stellung des Fachschulingenieurs** im Betrieb geführt. Fast alle interviewten Betriebsvertreter sahen eine Anhebung des Status des Fachschulingenieurs. Als wichtigste Faktoren dafür führten sie die klarere Abgrenzung seiner Aufgaben, Zuständigkeiten und Verantwortlichkeiten in Verbindung mit der Erweiterung seiner Entscheidungskompetenzen an. Ein weiterer Faktor der Aufwertung des Fachschulingenieurs ist die wesentlich stärkere Differenzierung in der Entlohnung, insbesondere der wachsende Abstand gegenüber den Facharbeiterlöhnen; so wurde in einem Betrieb berichtet, Ingenieure verdienten heute das Doppelte wie Facharbeiter - eine Spreizung, die gegenüber früher noch einmal größer wird dadurch, daß die in der DDR bestehende egalisierende Ausgestaltung der Lohnsteuer (Arbeiter 5 %, Angestellte 20 %) aufgehoben wurde. Allerdings scheinen nicht alle Erwartungen der Ingenieure realisiert worden zu sein - es wurde auch von "sehr harten Kämpfen" mit denjenigen Ingenieuren berichtet, die sich als Spezialisten sahen, aber ähnliche Tätigkeiten ausübten wie westdeutsche Techniker und deshalb entsprechend eingestuft wurden.

Ein dritter Faktor für die Anhebung des Ingenieurstatus ist der rationellere Umgang mit der Ingenieurqualifikation, soweit dies zum Wegfall von unterwertigen Funktionen und Tätigkeitselementen führt. Auch die ersatzlose Streichung von Ingenieurpositionen, die früher unterqualifizierte Tätigkeiten beinhaltet hatten, bzw. die Übertragung dieser Tätigkeiten auf Meister kann als Statusaufwertung für die Qualifikationsgruppe der Fachschulingenieure angesehen werden.

Eine Statusaufwertung besonderer Art erfuhren die Ingenieure eines Elektrounternehmens, als anläßlich eines Audits ihres Mutterunternehmens (eines Weltkonzerns) die Kenntnisse des ingenieurtechnischen Personals geprüft und bewertet wurden: Trotz einer als veraltet eingeschätzten Technik wurden das Engineering als sehr gut, die Fachkenntnisse des ingenieurtechnischen Personals als gut bewertet.

Faßt man diese Informationen zu den Veränderungen von Einsatz und betrieblicher Stellung des Fachschulingenieurs zusammen, läßt sich festhalten, daß sich diejenigen - in der Regel eher die qualifizierteren und erfahreren - Fachschulingenieure, die nicht entlassen wurden, auch und gerade in den dramatischen Prozessen des Übergangs zur Marktwirtschaft und der damit verbundenen Restrukturierung der ostdeutschen Betriebe "bewährt" haben. In gewisser Weise haben sie in diesen Prozessen sogar gewonnen - an Kompetenz und Verantwortlichkeit, an Status und nicht zuletzt an materiellem Einkommen. Diesen Gewinnen stehen jedoch vielfältige Prozesse der Intensivierung ihrer Arbeit (einschließlich der selbst zu leistenden Lernarbeit im Selbststudium) und natürlich wachsende Risiken eines Arbeitsplatzverlusts gegenüber.

Soweit die Bilanz in bezug auf diejenigen Fachschulingenieure, die ihren Arbeitsplatz im Betrieb - wenn auch mit den skizzierten Modifikationen - behalten haben. Wie sieht das Ergebnis des Transformationsprozesses für die Zukunft dieser Qualifikationsgruppe aus?

3. Das Modell Fachschulingenieur - zwischen letzter Bewährung und absehbarer Marginalisierung

Paradoxerweise hat der Fachschulingenieur der DDR unter marktwirtschaftlichen Verhältnissen - in der Notsituation der Restrukturierung, in der sowohl sein Erfahrungswissen als auch seine Ingenieurkompetenz gefordert waren - bestimmte Momente seines Potentials erst voll zeigen können. Durch die Abschaffung der Fachschule in Ostdeutschland aber wird der klassische deutsche Fachschulingenieur, dessen Verschwinden Ende der 60er Jahre die westdeutsche Industrie z.T. heute immer noch beklagt, endgültig zum Auslaufmodell.

Diese Entwicklung ist nicht nur in bildungspolitischer Perspektive paradox. Sie hat auch absehbare problematische Konsequenzen für die Zukunft von "praxisnahen" Ingenieuren in Ostdeutschland und für die ostdeutschen Betriebe selbst.

Absehbar ist eine Überalterung der Fachschulingenieure in den ostdeutschen Betrieben in etwa fünf Jahren. Denn schon jetzt überwiegt aufgrund der skizzierten personalpolitischen Strategien der ostdeutschen Betriebe unter den Ingenieuren der Anteil von "Erfahrungsträgern", d.h. also von Fachschulingenieuren mittleren und höheren Alters. Sie werden in den Betrieben ab der Jahrtausendwende relativ rasch quantitativ und qualitativ an Gewicht verlieren, zu einer marginalen Gruppe werden und aus den Betrieben verschwinden - nur wenige Jahre nach ihren "Gewinnen" im Transformationsprozeß.

Da junge Fachschulingenieure nicht mehr nachwachsen, müssen sich zum anderen die ostdeutschen Betriebe, soweit sie überhaupt Ingenieure einstellen, auf den Fachhochschulingenieur umorientieren, der - ob nun besser oder schlechter - auf jeden Fall anders qualifiziert ist als der Fachschulingenieur und andere Erfahrungen und Verhaltensweisen mitbringt. Damit aber "paßt" er nicht mehr in die bestehenden Arbeitsteilungsstrukturen. Abzusehen sind Friktionen aus nicht erfüllbaren - weil am Qualifikations- und Leistungspotential des Fachschulingenieurs orientierten - Erwartungen von Betriebsleitungen und Beschäftigten mit DDR-Vergangenheit an die künftigen Fachhochschulingenieure. Absehbar ist im Gefolge dieser Friktionen auch ein nachgängiger Bedarf an einer Neudefinition von Ingenieurarbeitsplätzen und -tätigkeiten und an der Neubestimmung von Arbeitsteilungsgrenzen zwischen Fachhochschulingenieuren und anderen Arbeitskräftegruppen.

Der Qualifikationstyp Fachschulingenieur wird also, auch wenn Fachschulingenieure zunehmend marginalisiert und aus den Betrieben verschwunden sind, vielleicht noch lange - ähnlich wie nach 1969 in der BRD - in den Betrieben präsent sein: als unsichtbare Orientierungsgröße und als Maßstab für die Bewertung des Leistungspotentials und der Verhaltensweisen seines historischen Nachfolgers von der Fachhochschule.

Literatur

Drexel, I.; Langen, E.M.; Müller-Bauer, A.; Pfefferkorn, F., Welskopf, R.: Von der Betriebsakademie zum Weiterbildungsmarkt - ein neues Weiterbildungssystem entsteht. In: QUEM (Hrsg.): Der Umbruch des Weiterbildungssystems in den neuen Bundesländern, Band 6, Münster/New York 1996, S. 187-305.

Langen, E.M.: Analyse der Qualifikationsnutzung des gesellschaftlichen Arbeitsvermögens nach der Qualifikationsstruktur, unveröffentl. Studie des ZIW der AdW 1986 (eigene Berechnungen auf Basis der Berichterstattung der SZS über Qualifikation, qualifikationsgerechten Einsatz sowie Aus- und Weiterbildung für die Jahre 1976, 1980, 1982 und 1984).

Barbara Giessmann

Ostdeutsche Ingenieure im Transformationsprozeß
- zwischen Kontinuität und Bruch

1. Einleitung und Problemstellung

2. Das Qualifikations- und Sozialprofil des ostdeutschen Fachschulingenieurs

3. Transformationskarrieren ostdeutscher Fachschulingenieure

4. Resümee und Ausblick

1. Einleitung und Problemstellung

Von den Prozessen der Umstrukturierung der Wirtschaft und des gesellschaftlichen Wandels in den neuen Bundesländern sind alle Berufsgruppen betroffen, jedoch in unterschiedlicher Art und Weise und mit unterschiedlichen Effekten. Eine der Berufsgruppen, die in besonderer Weise
tangiert ist, ist die der Fachschulingenieure, d.h. jener Ingenieure, die in
der DDR ihr Studium - auf den Erfahrungen von Facharbeiterausbildung
und -tätigkeit aufbauend - an einer Ingenieurschule absolvierten. Ihr Berufsabschluß hatte im Bildungssystem der BRD keine Entsprechung; denn
bereits seit Ende der 60er Jahre findet die Ingenieurausbildung in der
BRD ausschließlich im Fachhochschul- und Universitätsbereich statt.

Was wird aus dieser Berufsgruppe im Transformationsprozeß?

Diese Frage betrifft immerhin ca. 370.000 Berufstätige; in dieser Größen-
ordnung wird die Zahl derjenigen Ingenieure angegeben, die 1989 in der
DDR arbeiteten und über den Abschluß einer Ingenieurschule verfügten.[1]

---

1 Insgesamt stellten die Fachschulingenieure etwa zwei Drittel der Gesamtgruppe der Ingenieure der DDR. Das restliche Drittel waren diplomierte und
Hochschulingenieure.

Doch nicht allein die Größe der Gruppe ist es, die das sozialwissenschaftliche Interesse an diesem Qualifikationstyp hervorruft. Der Fachschulingenieur der DDR verkörperte auch einen ganz besonderen Qualifikations- und Sozialtyp: Als Aufsteiger aus der Arbeiterschaft vereinigte er handwerkliches Können mit ingenieurwissenschaftlichem Sachverstand, sachlich-fachliche Fähigkeiten und Kenntnisse mit der Befähigung zur Kooperation, zur Kommunikation mit und zur Anleitung von Facharbeitern, Freude an Technik und technischer Entwicklung mit Fortschrittsoptimismus. Und sein Berufsverlaufsmuster galt unter den politisch-gesellschaftlichen Verhältnissen der DDR als "sozialismustypisch": als Übergang aus der Arbeiterklasse in die Intelligenz.

In den Betrieben der DDR war der Fachschulingenieur anerkannt und geschätzt. Er stand aber in einem widerspruchsvollen Spannungsverhältnis. Der Anerkennung der Potenzen seines Qualifikationsprofils standen all jene Phänomene gegenüber, die Manfred Lötsch unter dem Begriff der "Hofierung der Arbeiterklasse" (Lötsch 1990) zusammenfaßte: eine Absenkung seines Status durch nivellierende Gesellschaftspolitik, durch nivellierende Lohnpolitik sowie durch bestimmte innerbetriebliche und gesellschaftliche Praktiken und Politiken der Entscheidungsfindung.[2] Welchen Einfluß hat dieses Spannungsverhältnis auf das Schicksal des Fachschulingenieurs im Transformationsprozeß?

Auch im gegenwärtigen "Transformationsprozeß" ist die Situation des Fachschulingenieurs nicht ohne Spannungen: Einerseits wird seine Rolle als Träger technisch-technologischer Entwicklung in den Betrieben betont und durch neue Entlohnungsregeln anerkannt. Andererseits ist diese Gruppe nicht nur - wie alle anderen auch - von Arbeitslosigkeit betroffen, sondern muß sich darüber hinaus um eine Neudefinition, um die Anerkennung der Gleichwertigkeit des Ingenieurschulabschlusses mit den in der Bundesrepublik gültigen Abschlüssen bemühen. Und vor allem: Die Quellen der Reproduktion dieser Gruppe über das Ausbildungssystem sind versiegt.

---

2 Weitere Momente dieses Spannungsverhältnisses, die über die "Hofierung der Arbeiterklasse" hinausgehen, wie etwa die große Anzahl an Ingenieuren und das Fehlen der Technikerstufe, zeigt der Beitrag von Wolter in diesem Band, S. 23 ff.

Welche Entwicklung nimmt das Qualifikations- und Sozialprofil der Fachschulingenieure im Transformationsprozeß, der für die Fachschulingenieure bisher widerspruchsvoll und problemhaft verlief? Wie wird das erlebt und wie schlagen sich dieses Erleben und die Prägung der Vergangenheit in den heutigen Denk- und Sichtweisen der Ingenieure nieder?

Zur Beantwortung solcher Fragen soll dieser Aufsatz beitragen. Im Mittelpunkt stehen die "Transformationskarrieren" ostdeutscher Fachschulingenieure. Unter Transformationskarrieren werden die typischen beruflichen Entwicklungen verstanden, die ehemalige "Werktätige" der DDR im Prozeß der wirtschaftlichen, politischen und kulturellen Umstrukturierung der ostdeutschen Gesellschaft durchlaufen. Diese Transformationskarrieren sind damit zugleich Folge und Bedingung der gesellschaftlichen "Transformation", also an wirtschaftliche und institutionelle Entwicklungen gebunden, aber auch von den Individuen selbst gestaltete Prozesse, in die historisch erworbene typische Deutungs- und Handlungsmuster eingehen und zugleich Veränderung erfahren. Der Zugang über das Konzept der Transformationskarriere erlaubt es, zugleich das Schicksal dieses Qualifikationstyps insgesamt und die Differenziertheit der dabei auftretenden Problemlagen zumindest ausschnitthaft zu zeigen. Der Blick auf diese "Karrieren" ermöglicht zugleich, wirtschaftliche und institutionelle Prozesse in die Untersuchungen einzubeziehen. Letztlich soll damit die Frage beantwortet werden, ob das spezifische Qualifikations- und Sozialprofil des ostdeutschen Fachschulingenieurs in den gegenwärtigen Umgestaltungsprozessen Bestand hat.[3]

Im ersten Teil des Aufsatzes wird zunächst der theoretische Ausgangspunkt der Untersuchungen diskutiert (2.1). Auf dieser Basis wird der Frage nachgegangen, durch welche charakteristischen Merkmale und Eigenheiten der Qualifikations- und Sozialtyp des Fachschulingenieurs der DDR (vgl. dazu auch Wolter in diesem Band sowie Giessmann 1995a; 1995) gekennzeichnet ist (2.2). Im dritten und zentralen Teil (3.) werden

---

3 Die den Erörterungen zugrundeliegenden Erhebungen wurden im Rahmen des SFB 333 der Universität München durchgeführt.
Im Zentrum dieser Erhebungen standen 30 berufsbiographische narrative Interviews mit Fachschulingenieuren. Darüber hinaus wurden Experten in Bildungseinrichtungen und Ministerien befragt und unveröffentlichte Studien, Berichte und andere wissenschaftliche Arbeiten von DDR-Institutionen ausgewertet.

dann empirisch festgestellte typische Transformationskarrieren des Fachschulingenieurs konkret nachgezeichnet: zunächst kurz die strukturellen Rahmenbedingungen dieser Karrieren (3.1), dann diese selbst (3.2 bis 3.5). In einem Resümee wird den Brüchen und Kontinuitäten in den Karrieren der Fachschulingenieure und der Frage nach Stabilität oder Erosion dieses Qualifikations- und Sozialtyps nachgegangen (4.).

2. Das Qualifikations- und Sozialprofil des ostdeutschen Fachschulingenieurs

Die Untersuchungen zum Qualifikations- und Sozialprofil des Fachschulingenieurs und seinem aktuellen Schicksal im Transformationsprozeß lehnen sich an ein am ISF München ausgearbeitetes theoretisches Konzept von Qualifikation und gesellschaftlichen Qualifikationstypen an (vgl. u.a. Lutz, Kammerer 1975; Drexel 1989; 1994; Fischer 1993).

Im folgenden wird zunächst auf der Grundlage dieses Konzepts der Begriff des Qualifikations- und Sozialprofils von Berufsgruppen erklärt und operationalisiert, um ihn dann auf die Gruppe der Fachschulingenieure der DDR konkret anzuwenden.

2.1 Das Qualifikations- und Sozialprofil von Berufsgruppen als Einheit objektiver und subjektiver Momente

Das von Drexel entwickelte und ausführlich begründete Konzept der Arbeitskräftestrukturierung in gesellschaftliche Qualifikationstypen (Drexel 1994) stellt für die Untersuchung des Qualifikations- und Sozialprofils von Berufsgruppen eine wichtige Basis dar. Es fragt nicht allein nach den konkreten Inhalten von jeweils spezifisch zugeschnittenen Qualifikationssyndromen als Grundlage gesellschaftlicher Qualifikations- und Sozialtypen, sondern auch nach deren gesellschaftlichen Konstituierungs-, Entstehungs- und Entwicklungsbedingungen.

Diese Herangehensweise wird im folgenden auch auf die Frage nach dem Qualifikations- und Sozialprofil einer Berufsgruppe angewandt. Darunter sollen die charakteristischen Eigenheiten dieser Gruppe hinsichtlich ihrer fachlich-sachlichen, sozialen und politischen Qualifikation sowie typischer Denk- und Verhaltensmuster verstanden werden.

Diese Qualifikationen und Muster entwickeln sich im Zusammenspiel mehrerer Prozesse, deren Analyse Voraussetzung für ihre konkrete Beschreibung ist. Dazu gehören:

-   die Stellung und Funktion der Berufsgruppe in der innerbetrieblichen Arbeitsteilung und die typischen Bildungs- und Berufsverlaufsmuster, die in diese Gruppe führen;

-   die gesellschaftlichen Verhältnisse, unter denen sich die Berufsgruppe entwickelt: Sie beeinflussen Ausbildungsinhalte, die Stellung der spezifischen Ausbildungsstätten im Bildungssystem als Ganzes, vor allem aber den Status der Gruppe innerhalb der Gesellschaft und in den Betrieben; zugleich bringen sie gesellschaftliche Selektionsmechanismen hervor und überformen die historisch überkommenen Berufsprofile;

-   die aktive Konstruktionsleistung der Subjekte, die einer Berufsgruppe angehören: Denn aus einer gegebenen Palette möglicher beruflicher und gesellschaftlicher Entscheidungen (z.B. den konkreten Berufsverlauf betreffend) wählen die Subjekte bewußt aus und gewinnen so auch Gruppenidentität; sie antizipieren fachliche und soziale Standards der Berufsgruppe, was letztlich handlungsorientierend wirkt. Das schließt zugleich Momente der Abgrenzung zu anderen Gruppen ein und kann zur Artikulation und Vertretung gruppenspezifischer Interessen führen. Insgesamt festigen sich in diesen Prozessen Routinen, die den Individuen "Vertrauen und Seinsgewißheit" (Giddens 1988, S. 36) geben.

Somit gehen in das Qualifikations- und Sozialprofil von Berufsgruppen stets objektive und subjektive Momente ein. Es läßt sich als Gruppeneigenheit auf vier Ebenen konkret beschreiben:

-   auf der Ebene der Gestalt und des (relativ standardisierten) Inhalts an Fähigkeits-, Wissens- und Könnenspotentialen;

-   auf der Ebene charakteristischer Deutungs- und Interpretationsmuster für berufliche, fachliche und gesellschaftliche Probleme;

- auf der Ebene typischer Kommunikations- und Kooperationsformen und darauf insgesamt aufbauend

- auf der Ebene eines für die Gruppe charakteristischen Tätigkeits- und Verhaltensprofils (Aktivitätsmuster).

2.2 Zwischen Tradition und gesellschaftlicher Spezifik - das Profil des ostdeutschen Fachschulingenieurs

Das Qualifikations- und Sozialprofil der Gruppe der Fachschulingenieure läßt sich zusammenfassend in fünf wesentlichen Punkten charakterisieren:[4]

Erstens erzeugte das "Aufsteigen" aus dem Facharbeiterberuf eine starke, durch die Ingenieure auch in der beruflichen Praxis gestaltete Verbindung von handwerklichem Können und ingenieurwissenschaftlicher konzeptueller Tätigkeit. Diese Verbindung schloß die Anerkennung von Facharbeit und ein sich darauf gründendes aufgeschlossenes Verhältnis zu den Facharbeitern ebenso ein wie die Fähigkeit, sich mit Facharbeitern meist ohne Probleme zu verständigen. Zugleich bedingte der in der Regel selbstbestimmte Aufstieg eine relativ starke und konsistente Identifikation mit dem Beruf.

Zweitens wurde das Qualifikations- und Sozialprofil des Fachschulingenieurs mitgeprägt durch die institutionellen Besonderheiten der Ausbildung an Ingenieurschulen und deren betrieblichen Außenstellen. Die Ausbildung an diesen Einrichtungen orientierte sich sehr stark an betrieblichen Gegebenheiten und Spezifika; sie war zum Teil direkt in produktive Prozesse integriert. Durch die Ausstattung der meisten Ingenieurschulen mit modernen Labors und Geräten hatte sie ein relativ hohes Niveau.

Drittens wurde das Profil der Gruppe auch durch das Einsatzfeld der Fachschulingenieure an der Nahtstelle von Wissenschaft und Produktion geprägt. Die Funktion dieser Gruppe bestimmte sich vor allem durch das "Auffinden der durch strategische Anwendungsbedürfnisse bestimmten

---

4 Vgl. dazu auch Lötsch u.a. 1988; Giessmann 1995; 1995a. Auf einige Aspekte des Berufsverlaufsmusters des Fachschulingenieurs wird in Abschnitt 3. am Beispiel typischer Transformationskarrieren nochmals kurz eingegangen.

Fragestellungen (und der aus ihnen hervorgehenden Forschungsstrategien)" sowie durch konkrete Beiträge zur Erarbeitung grundlegender Lösungswege für diese Probleme (Lötsch u.a. 1988, S. 15). Das bedeutete auch, die entwickelte Lösung stets in Zusammenhang mit ihren Wirkungen auf andere Produktionsbereiche und den Betrieb als Ganzes zu sehen. Zugleich waren die Ingenieure damit mit den Problemen der Mangelwirtschaft der DDR konfrontiert, mit zwei sehr unterschiedlichen Effekten: Zum einen wurden die Lösungen technischer und technologischer Aufgabenstellungen durch fast permanente Engpässe in der Versorgung mit Material und Werkzeugen eingeengt. Zum anderen waren die Entwicklung von Improvisationsgeschick und das Denken in Varianten und Alternativen erforderlich; gerade auch Fachschulingenieure entwickelten hier besondere Qualifikationen.

Insgesamt wurde an der Nahtstelle von Wissenschaft und Produktion die in Ausbildung und Berufsweg vermittelte Kombination von Theorie und Praxis reproduziert; allerdings muß man hier auch die (nicht ganz seltenen) Fälle eines nicht qualifikationsgerechten, d.h. unterwertigen Einsatzes berücksichtigen (vgl. dazu den Beitrag von Wolter in diesem Band, S. 23 ff.). Diese Einsatzbereiche erforderten Kooperation und Kommunikation mit Facharbeitern; die Fähigkeiten dazu prägten die professionellen Muster der Fachschulingenieure in besonderem Maße.

Viertens schätzten sich Fachschulingenieure selbst und besonders ihre Fähigkeiten sehr hoch ein. Sie sahen sich als dem Hochschulingenieur gleichwertig; nur in der Profilierung der beiden Ingenieurgruppen bestanden ihrer Meinung nach Unterschiede, die zur Erfüllung differenzierter Funktionen in gemeinsamer Arbeit befähigten. Diese das Qualifikations- und Sozialprofil des Fachschulingenieurs mitbestimmende Selbstbewertung stützte sich vor allem auf eine hohe Anerkennung in den Betrieben, sowohl bei den Facharbeitern als auch bei den Leitungskräften. Dazu trug das hohe Niveau der Ausbildung an den Ingenieurschulen,[5] aber auch die oben angesprochene enge Kopplung der Ausbildung von Fachschulingenieuren an den Betrieb bei. Dies hielt die Adaptionszeit gering und führte

---

5 Dieses hohe Niveau wurde den Ingenieurschulen retrospektiv sowohl vom Wissenschaftsrat als auch von den aus den alten Bundesländern stammenden Gründungsrektoren und auch von jenen Arbeitgebern aus den alten Bundesländern bescheinigt, die Fachschulingenieure der ehemaligen DDR beschäftigen.

in der Konsequenz zu einer auf konkrete Produktionsprozesse bezogenen Profilierung der Ingenieurqualifikation.

Fünftens erhielt das Qualifikations- und Sozialprofil des Fachschulingenieurs seinen charakteristischen Zuschnitt auch durch die politisch-gesellschaftlichen Verhältnisse der DDR und deren Widersprüche. Der relativ hohen Anerkennung dieses Typs in den Betrieben stand ein Mangel an Anerkennung der Ingenieure in der Gesellschaft entgegen. Hier wirkte ein Widerspruch zwischen der Rolle und Bedeutung der Tätigkeit von Ingenieuren für die wirtschaftliche und gesellschaftliche Entwicklung einerseits und der ungenügenden Anerkennung dieser Rolle durch die Gesellschaft andererseits. Dies zeigte sich in nivellierenden Lohn- und Gehaltsregelungen, aber auch in gesellschaftlichen Selektionsmechanismen, verbalen Formen der Leistungsbewertung etc. Der damit für den Einzelnen verbundene Konflikt wurde individuell auf der Ebene des "Ideals", also einer sehr starken Identifikation mit der Profession, durch hohe Motivation und fachliches Engagement gelöst, aber auch durch die Fähigkeit und Bereitschaft zu Kompromissen. In der Tendenz wurde die gesellschaftlich-politisch legitimierte Nivellierung von den Fachschulingenieuren akzeptiert.

Insgesamt bewegten sich die Fachschulingenieure stets im Spannungsfeld von historisch tradiertem ingenieurwissenschaftlichem Anspruch und dem daraus resultierenden Technik- und Fortschrittsoptimismus auf der einen Seite und den die Realisierung dieses Anspruchs einengenden wirtschaftlichen und gesellschaftlich-politischen Bedingungen auf der anderen Seite. Der Kompromiß im "Planerfüllungspakt" (Voskamp, Wittke 1991) gehörte unter diesen Bedingungen zu einem wichtigen Handlungsmuster des Fachschulingenieurs.

Dieser Ingenieurtyp wurde also in hohem Maße durch die gesellschaftlich-politischen Verhältnisse der DDR geprägt. Zugleich sind in ihm aber auch wesentliche Momente des traditionsreichen deutschen "Ingenieurschul-Ingenieurs" aufgehoben, der in der Wirtschaft der Bundesrepublik Anerkennung fand und zum Teil noch heute findet, hier jedoch durch die Transformation der Fachschule in eine Fachhochschule mit anderen Zugangsvoraussetzungen, anderer Klientel, anderen Lehrinhalten etc. bereits vor 20 Jahren abgeschafft worden war. Damit hatte der Fachschulingenieur der DDR im aktuellen Bildungssystem der Bundesrepublik keine Entsprechung mehr.

Er stand deshalb mit der deutschen Vereinigung vor der Aufgabe, sich im Qualifikationssystem und der Sozialstruktur der BRD neu zu verorten. Diese Prozesse sind noch nicht abgeschlossen. Sie haben jedoch erste entscheidende - und die Gesamtgruppe differenzierende - Weichenstellungen mit den typischen "Transformationskarrieren" genommen, die im folgenden ausführlicher dargestellt werden.

3. Transformationskarrieren ostdeutscher Fachschulingenieure

Die Transformationskarrieren der ostdeutschen Fachschulingenieure vollziehen sich unter bestimmten strukturellen Rahmenbedingungen. Diese haben ebenso Einfluß auf den Verlauf der Karriere wie die das Qualifikations- und Sozialprofil des Fachschulingenieurs prägenden Denk- und Verhaltensmuster. Im folgenden Teil des Beitrages sollen zunächst diese strukturellen Rahmenbedingungen kurz umrissen werden, bevor dann anhand einzelner Transformationskarrieren der Frage nachgegangen wird, ob der Qualifikations- und Sozialtyp Fachschulingenieur mit seinen typischen Denk- und Deutungsmustern sowie Handlungspräferenzen heute noch Bestand hat.

Insgesamt kristallisieren sich bei den befragten Ingenieuren vier Transformationskarrieren heraus: die Transformationskarriere der im alten Betrieb weiter arbeitenden Ingenieure; die der Ingenieure, die sich selbständig gemacht haben; die der Arbeitslosen und Vorruheständler; und schließlich eine Karriere, in der verschiedene Formen des Lernens zur dominierenden Tätigkeit werden, die man als Weiterbildungs- und Umschulungskarriere bezeichnen kann.[6]

3.1 Fachschulingenieure: im Bildungssystem ein auslaufendes Modell, im Tarifsystem nicht vorgesehen

(1) Das seit 1990 auch für die neuen Bundesländer gültige Bildungssystem der Bundesrepublik sieht keine Ingenieurschulen mehr vor; Ingenieure

---

6 Dazu kommt ein fünftes, gewissermaßen dazu querliegendes spezifisches Karrieremuster: das der Frauen. Auf dieses Muster wird hier nicht näher eingegangen.

werden nur im Hochschulbereich, also an Fachhochschulen und Universitäten, ausgebildet. Dies machte es für die in Ostdeutschland bestehenden Ingenieurschulen erforderlich, sich neu zu definieren und zu profilieren. Den eigenständigen Versuchen der Ingenieurschulen, dies zu tun, standen jedoch zum Teil die Planungen und Möglichkeiten der Länder konträr entgegen.

1990 hatten wohl die meisten Ingenieurschulen die Illusion, sie könnten sich zu Fachhochschulen entwickeln. Die Idee war nicht neu. Bereits im Zusammenhang einer in der Mitte der 80er Jahre eingeleiteten Ingenieurreform hatten einige von ihnen diesen Wunsch gehegt (Giessmann 1994). Er wurde nun u.a. auch dadurch genährt, daß die Ingenieurschulen sehr schnell Kontakte zu Partnereinrichtungen in der BRD suchten und sich mit diesen verglichen. Er wurde zusätzlich gestützt durch das Schicksal einzelner Fachschulingenieure, die vor 1990 in die BRD gegangen waren und denen das Fachhochschul-Diplom relativ schnell zuerkannt wurde; diese Schicksale wurden sehr genau registriert. Das Ergebnis dieser Zielsetzungen: "Ohne hinreichende personelle und apparative Voraussetzungen und ohne tragfähige Studienkonzeptionen haben einige Fachschulen (Ingenieurschulen - B.G.) überwiegend ohne Wissen und Genehmigung der zuständigen Landesministerien bereits mit einer Fachhochschulausbildung begonnen, um damit dem Ziel der Umwandlung in eine Fachhochschule näher zu kommen" (Wissenschaftsrat 1991, S. 24).

Im Sommer 1991 erfolgte dann jedoch eine Evaluation durch den Wissenschaftsrat. Seine Empfehlungen brachten auf seiten der Ingenieurschulen vielfach Ernüchterung und den Planern in den Ländern stärkere Gewißheit. In der Folge haben sich die Ingenieurschulen je nach dem Bedarf der einzelnen Länder[7] umprofiliert und damit als Ingenieurschulen aufgelöst. Nur wenige von ihnen wurden zu Standorten der Neugründung von (technischen) Fachhochschulen. Meist sind die Ingenieurschulen heute Teile von Oberstufenzentren, wo das Potential ihrer Lehrer für die Ausbildung von Technikern genutzt wird. Die ehemaligen Fachschulen haben also nicht einmal mehr den Status selbständiger Einrichtungen. Das Personal wurde drastisch reduziert.

---

7 Der war z.B. im Land Sachsen mit etwa 40 % der Ingenieurausbildungsstätten der ehemaligen DDR im Hoch- und Ingenieurschulbereich recht gering.

Bezüglich des Status ihrer Nachfolge-Institutionen überwiegen Abwertungstendenzen. Gemessen an der relativen Stärke der Ingenieurschulen in der DDR und ihrer Bedeutung in den jeweiligen Territorien ist der Statusabfall hoch. Dies wird sowohl von den Lehrern als auch den ehemaligen Studenten so bewertet und als Vergeudung von Potential gesehen.

(2) Diese Entwicklungen und der Zerfall der Einrichtungen tragen zur Abwertung des Qualifikationstyps Fachschulingenieur bei und verschlechtern tendenziell seine Lage auf dem Arbeitsmarkt. Wie sieht es mit der Anerkennung der Abschlüsse dieser Einrichtungen aus? Dazu bestimmte die Kultusministerkonferenz ausgehend vom Einigungsvertrag (KMK 1991): Der Fachschulingenieur-Abschluß behält in den neuen Bundesländern weiterhin seine Gültigkeit. Gleiche Berechtigung wie ein Ingenieurabschluß der Bundesrepublik verleiht er jedoch nur dann, wenn seine Gleichwertigkeit mit diesem festgestellt worden ist. Dazu wurde festgelegt, daß nach einer mehr als dreijährigen beruflichen Tätigkeit und einer mindestens einjährigen Facharbeitertätigkeit der Titel Diplomingenieur FH zuerkannt wird. In allen anderen Fällen muß versucht werden, entweder durch Aufbaustudiengänge oder durch Fernstudien-Brückenkurse eine Nachdiplomierung zu erhalten. Da jedoch die Anerkennung der Gleichwertigkeit des Abschlusses auf der Basis der genannten Voraussetzungen nur ein formaler Akt ist, wird auch den dazu berechtigten Ingenieuren empfohlen, trotzdem ein weiterführendes Studium zu absolvieren.

Diese Regelungen wurden erst nach einer Reihe von Interventionen und einer Diskussion um den Status des Fachschulingenieurs geschaffen, in der sich besonders der (ostdeutsche) Ingenieurtechnische Verband KDT e.V., aber auch ostdeutsche Bildungsforscher engagierten. Das brachte dieser Gruppe eine gewisse bildungspolitische Aufmerksamkeit, die in der Tendenz auch Berufsidentifikation förderte. Der damit einhergehenden Aufwertung standen allerdings die konkreten Praktiken der Anerkennung der Gleichwertigkeit, besonders die aufwendigen bürokratischen Mechanismen zu ihrer Feststellung entgegen: Jeder Abschluß und jede Tätigkeit müssen notariell beglaubigt werden, der Antrag wird individuell in dem jeweiligen Land entschieden, auf dessen Territorium die besuchte Ingenieurschule lag. Diese Mechanismen, die von den Fachschulingenieuren als überflüssig, meist als diskriminierend empfunden werden, werten zugleich den Status der Ingenieurschulen weiter ab. Sie weichen auch deutlich von Verfahren ab, die 1969/70 angewandt wurden, als die Reform der

Ingenieurausbildung in der Bundesrepublik zur Abschaffung der Ingenieurschule führte. Und sie stehen im Widerspruch zu dem Verfahren, welches bis 1990 angewandt wurde, wenn Fachschulingenieure aus der DDR in die BRD gingen; unbürokratisch und schnell wurde damals das Fachhochschul-Diplom zuerkannt.

Die Feststellung der Gleichwertigkeit mit einem traditionellen Abschluß der Bundesrepublik erweist sich aus tarifrechtlichen Gründen für die Ingenieure, die noch im Berufsleben stehen, als unumgänglich: Das bundesdeutsche Tarifsystem sieht eine Ingenieurqualifikation unterhalb des Fachhochschulingenieurs nicht (mehr) vor.

Insgesamt wirken der Zerfall der traditionellen Ausbildungsstätten und die Umqualifizierung des Fachschulingenieurs zum Fachhochschulingenieur auf institutioneller und bildungspolitischer Ebene in Richtung einer Auflösung der Berufsgruppe der Fachschulingenieure: zum einen dadurch, daß diese Qualifikationsgruppe keinen Nachwuchs mehr erhält, vor allem aber dadurch, daß die Bedingungen des Arbeitsmarktes einschließlich der tarifrechtlichen Strukturen die Fachschulingenieure dazu zwingen, sich um die Nachdiplomierung zu bemühen. Sie werden somit - zunächst auf der Ebene der Zertifikate - selbst zu Promotoren der Auflösung ihrer Gruppe.

Ob das auch hinsichtlich ihres Qualifikations- und Sozialprofils der Fall ist, wird im folgenden anhand der Aussagen aus 30 Intensivinterviews mit Fachschulingenieuren diskutiert.

3.2   Transformationskarriere 1: das gleiche und doch nicht dasselbe - Arbeit im alten Betrieb

Nach den großen Entlassungswellen der letzten Jahre haben sich die Fachschulingenieure in den noch verbliebenen Betrieben offenbar relativ gut behaupten können (vgl. dazu auch Steinhöfel u.a. 1993; Wahse u.a. 1993). Die Ursachen dafür liegen wohl darin, daß sie an den Schnittstellen von Ingenieurwissenschaft und Produktion tätig sind und Konstruktions- und Entwicklungsaufgaben in der Produktionsvorbereitung lösen. Diese Aufgaben bleiben auch bei starker Schrumpfung der Unternehmen, selbst in den sogenannten verlängerten Werkbänken, bestehen.

Einer der befragten Ingenieure bringt das auf den Punkt: "Das heißt jetzt nur anders, aber von der Aufgabenstruktur her ist das nichts anderes, ist das eigentlich vom Aufgabengebiet her dasselbe."

Zeigen sich nun bei den im "alten" Betrieb verbliebenen Ingenieuren dennoch neue Entwicklungen ihres Qualifikations- und Sozialprofils?

Ja und nein.

Erstens: Die Ingenieure halten das Gespräch mit dem Facharbeiter und die gemeinsame Arbeit bei der Lösung technisch-technologischer Probleme weiter für wichtig und versuchen, diese Herangehensweise auch unter den veränderten Rahmenbedingungen zu pflegen und zu profilieren. "Dünkel" von Ingenieuren lehnen sie ebenso ab wie den mit einer größeren Distanz zwischen Arbeitern und Ingenieuren ihrer Meinung nach einhergehenden "Verlust des Kollegialen".

Zweitens: Von der konkreten Arbeitssituation gehen offensichtlich recht widersprüchliche Wirkungen aus: Die Ingenieure sprechen von einem "neuen Glücksgefühl" und zugleich von "Restriktionen". Was meinen sie damit?

"Das Studium hat sich jetzt erst richtig gelohnt. Frei von Sorgen um Material können wir jetzt richtig loslegen und werden auch noch danach bezahlt" - so begründet ein Ingenieur sein positives Erleben der Veränderung. Zudem werden die im Verhältnis zu den Zuständen vor der Privatisierung zunehmende Ordnung und Übersichtlichkeit begrüßt; ebenso das Wegfallen der früheren Praxis des Beschönigens, die den Prinzipien der Ingenieurtätigkeit zuwiderlaufe. Dieses Glücksgefühl hängt sicherlich mit den Fragen des Status eng zusammen, betrifft aber eben auch den Wegfall spezifischer Restriktionen der DDR-Wirtschaft. Mit viel Engagement berichten die Ingenieure von neuen technischen Ideen, freuen sich, "jetzt endlich Ingenieur sein" zu können.

In diesen Schilderungen beziehen sich die Ingenieure meist auf den Betrieb als Ganzes: Für ihn werden Nischen im Markt gesucht, um sein Überleben und seine Entwicklung geht es letztlich. Das Denken in komplexeren Zusammenhängen, das auch den Verkauf und die Akquisition von Aufträgen einbezieht, sowie die Kombination von konzeptueller ingenieurwissenschaftlicher mit praktischer Tätigkeit werden fortgesetzt und entfaltet.

Allerdings reflektieren die Ingenieure gerade in Zusammenhang mit dem Überleben der Betriebe neue Restriktionen, die ihre Arbeit zugleich wieder einengen. Diese ergeben sich ihrer Meinung nach aus den engen finanziellen Spielräumen der Betriebe, sind aber auch Resultat von Anpassungsprozessen an die veränderten Rahmenbedingungen im Hinblick auf sowohl betriebliche Strukturen als auch auf das Verhalten der Kollegen. So wird vom Zurückhalten von Informationen durch Kollegen berichtet, das die Arbeitsfähigkeit ebenso einschränke wie das "übermäßige" Ressortdenken, das von den neuen Betriebsleitungen gefordert wird. Und zudem werden neue Praktiken des Managements, die die Mitsprachemöglichkeiten der Ingenieure im Verhältnis zur früher geübten Praxis einschränken, und ein zunehmendes Konkurrenzklima in den Arbeitsgruppen kritisiert. Als restriktive Bedingung für ihre eigene Tätigkeit sahen die Ingenieure jedoch vor allem die Gefahr der Arbeitslosigkeit.

In ihren individuellen Deutungen dieser ihre Tätigkeit einschränkenden und erschwerenden Bedingungen gehen die Ingenieure so weit, daß sie den Kompromiß als zu jeder Arbeit gehörende Praxis charakterisieren - man erinnere sich, daß der Kompromiß bereits früher viel geübte Praxis war und zu den stabilen professionellen Mustern in den Betrieben der DDR gehörte. Es sei immer eine Frage der Einstellung, wie weit man mitgehe. In der Mehrzahl werden die einschränkenden Bedingungen akzeptiert und mit Rationalitätsgründen erklärt. Dem sich ändernden Betriebsklima allerdings steht man meist eher hilflos gegenüber.

Drittens: Hinsichtlich bestimmter Inhalte ihres Wissens erkennen die Ingenieure selbst Unterschiede und Defizite. Das ist für sie ein Problem, das gelöst werden muß. Ihre Strategie dazu ist vor allem die individuell initiierte und z.T. auch finanzierte Weiterbildung, wobei sie zum großen Teil auf traditionelle Netzwerke zurückgreifen.[8] Die Felder der notwendigen Wissenserweiterung wurden offensichtlich schnell ausgemacht. Zu Berei-

---

8   Das betrifft die Weiterbildungseinrichtungen der KDT, Bildungszentren, die aus ehemaligen Betriebsakademien hervorgegangen sind, oder auch informelle Beziehungen zu Verwandten und Bekannten. Partiell werden die statusaufwertenden Möglichkeiten der Brückenkurse genutzt; hierbei findet der Kurs Wirtschaftsingenieurwesen überproportionalen Zuspruch.

chen wie BWL, Sprachen, Logistik etc., die als "normal", weil der Wende geschuldet, angesehen wurden, kamen neue hinzu, für die es in der DDR kaum Möglichkeiten gab und die jetzt mit viel Interesse angenommen werden: Ökologie, Umwelttechnik, Technikfolgenabschätzung.

Viertens: Die Ingenieure reflektieren differenziert die widersprüchlichen Veränderungen ihres Status. Auf die Frage, ob er wieder Ingenieur werden würde, meinte ein Ingenieur: "Ja, weil die Perspektiven besser sind, entschieden besser. Denn sie (die Ingenieure - B.G.) überholen nicht nur qualitativ, sondern auch finanziell die ganze Gruppe, die sie bisher nicht überholten. Die Ingenieure jetzt haben also - Tatsache! - einen anderen Status. Keinen Dünkel, aber einen anderen Status." Hier wie auch in anderen Interviews wird deutlich, daß die Statuserhöhung akzeptiert und als Normalität in Betrieb und Gesellschaft anerkannt wird. Sie wird aber nach Meinung der Ingenieure in den ostdeutschen Betrieben nicht in neue Distanzen zwischen Arbeitern und Ingenieuren umgesetzt. Daß das eines Tages der Fall sein kann, wird angenommen, denn "in den westdeutschen Betrieben ist das so".

Andererseits sehen die Ingenieure aber ihren neuen Status auch wieder bedroht. Das drückt sich für sie in den Verfahren zur Nachdiplomierung oder auch im Zerfall der Ingenieurschulen aus. Einige Ingenieure berichten auch von unterwertigem Einsatz von Kollegen. Das für sie größte Gefühl der Abwertung ergibt sich jedoch aus der Tatsache des Zerfalls der ostdeutschen Industrie, der durch die Gehaltsunterschiede in Ost- und Westdeutschland vorgenommenen niedrigeren Einstufung ihrer Leistungen und der Rentenregelungen. In den Interviews weisen die Ingenieure diese Abwertung zurück. Sie tun das vor allem, indem sie ihre Leistungsfähigkeit, ihr Wissen und Können mit dem der westdeutschen Ingenieure vergleichen.

Dieser Vergleich ist mit Selbstbewertung, ja Selbstbehauptung verbunden. Bezogen auf die fachliche Ingenieurarbeit und deren Ergebnisse wird konstatiert, daß kaum Unterschiede bestehen, im Gegenteil, die Gewöhnung an fortgeschrittene Technik habe bei den westdeutschen Ingenieuren Grundfertigkeiten verkümmern lassen. Diese Selbstbehauptung bezieht sich vor allem auf die Qualität der eigenen Ausbildung. Das Studium wird immer positiv bewertet, ja, sogar die zu DDR-Zeiten kritisierten Elemente der Kontrolle und des Zwanges bekommen retrospektiv eine positive Deutung: Sie hatten die Studenten gezwungen, sich tatsächlich ernsthaft mit der Ingenieurwissenschaft zu beschäftigen und insgesamt den Wissenserwerb verdichtet.

Um diese erste Transformationskarriere kurz **zusammenzufassen**: Obwohl die Ingenieure ihren alten Betrieb nicht verlassen haben und meist die konkreten technisch-funktionalen Grundprinzipien und Abläufe der Tätigkeit beibehalten wurden, änderten sich jedoch ihr Status, die Bedingungen der Arbeit im Betrieb sowie der Inhalt der Arbeit. Diese Entwicklungen sind meist widersprüchlich; von ihnen gehen entsprechend auch widersprüchliche Impulse für charakteristische Deutungen und Interpretationen der beruflichen Situation aus.

So wird die Statusaufwertung gegenüber dem Arbeiter sofort in Relation zur Abwertung gegenüber dem westdeutschen Ingenieur gestellt, werden die sich erweiternden Möglichkeiten und Inhalte der Ingenieurtätigkeit in Relation zu neuen Zwängen und Einengungen diskutiert. Deutlich wird, daß die aktuelle Situation von den Ingenieuren immer im Reflex auf die Vergangenheit betrachtet wird und daß sich die beschriebenen Bewältigungsmuster an bereits Angeeignetes anlehnen, wie etwa die Orientierung am notwendigen Kompromiß zeigt. Deutlich wird auch ein immer wieder begründetes starkes Gefühl der eigenen Leistungsfähigkeit, die man versucht, zu erhalten und auszubauen.

3.3 Transformationskarriere 2: Fachschulingenieure als Neue Selbständige

Vor allem jüngere Fachschulingenieure standen mit der Restrukturierung des Betriebes und dem Übergang in die Marktwirtschaft auch vor der Frage, ob sie den Weg eines selbständigen Ingenieurs (allein oder in einer Gruppe) wagen sollten. Nicht wenige sind diesen Weg gegangen. Für sie hat sich die Arbeitssituation in sehr starkem Maße gewandelt. Aus der Stabilität und relativen Gleichförmigkeit der Einbettung in die Strukturen eines DDR-Betriebes wurde ein Prozeß des Suchens und Besetzens von Marktlücken, also eine instabile und weitestgehend offene Situation. Auch damit sind Tendenzen zur Veränderung des Qualifikations- und Sozialprofils verbunden:

Erstens haben sich die Tätigkeitsfelder der nun selbständigen Ingenieure erweitert, und die zu lösenden Aufgaben haben insgesamt einen wesentlich komplexeren Charakter. Nach einer Phase des Ausprobierens und Sondierens der eigenen Möglichkeiten und der Optionen des Marktes wurden die "Nischen" ausgemacht, in denen man aktiv werden kann. Ausgangspunkt war dabei, den Ingenieurberuf nicht aufzugeben, sondern seine Potenzen umzusetzen. Die starke Identifikation mit dem Beruf wirkte also fort. Sie leitete den Prozeß des Findens eines Platzes in der Gruppe der Selbständigen.

Die Ingenieure sehen dabei ihre komplexen Kenntnisse und die Fähigkeit, "über den eigenen Tellerrand zu sehen", als einen ihrer Vorzüge. "Man muß jetzt viele Sachen machen, aber auch machen können." Dazu gehört auch die selbstbestimmte und -initiierte, meist auch im Selbststudium absolvierte Weiterbildung. Dies schloß ein, Voraussetzungen dafür zu schaffen, daß die von der starken Erweiterung der Palette von Materialien und Werkstoffen ausgehende Faszination der Technik und technischen Möglichkeiten in zu vermarktende Produkte umgesetzt werden konnte.

Dieses "viele Sachen machen" schließt aber ausdrücklich auch die Kombination von Theorie und Praxis ein: "Etwas am Reißbrett zu entwerfen, geht schnell. Das kostet wenig Zeit. Aber ehe ein fertiges Produkt daraus wird, können schon zwei Jahre vergehen ... Das gehört aber dazu." Hier wird deutlich Bezug genommen auf die Einheit von konzeptueller technikwissenschaflicher und handwerklich-praktischer Tätigkeit, die das Qualifikationsprofil des Fachschulingenieurs charakterisierte; diese Einheit wird gerade auch von selbständigen Ingenieuren als eine Notwendigkeit beschrieben. Diese Spezifik des Qualifikations- und Sozialprofils wird somit reproduziert, sie wird aber zugleich mit neuen Elementen verknüpft: mit Fragen der Wirtschaftlichkeit und Marktfähigkeit, mit der Fähigkeit zu Einkauf und Verkauf, zur Repräsentation sowie mit dem permanenten Aneignen neuer Erkenntnisse über Materialien und Herstellungsverfahren.

Zweitens bewerten diese Ingenieure als sehr wichtig für sich ihre im Umgang mit Facharbeitern und Betriebsleitungen erworbenen Fähigkeiten zur Kommunikation und Kooperation. Sie wenden diese Fähigkeiten vor allem beim Versuch an, traditionelle Netzwerke zu revitalisieren und neue zu knüpfen. Sie sind ihnen aber auch für das Klima in ihren oft sehr kleinen Betrieben wichtig.

Für das Knüpfen solcher Netzwerke hatten die Ingenieure "viel Laufarbeit" zu leisten und viel Zeit aufzubringen. Die eigene Bildungs- und Berufsbiographie wurde durchforscht, auch Kontakte über die (ehemalige) Ingenieurschule geknüpft und Beziehungen zu ehemaligen, jetzt ebenfalls selbständigen Kollegen aufgebaut. Deutlich zeigen sich Versuche, sich mit dem eigenen Unternehmen an (vermeintlich) stabile Strukturen "anzudocken", so z.B. an den Öffentlichen Dienst. Jedoch wurde auch hier die Erfahrung der Unzuverlässigkeit gemacht, findet gerade hinsichtlich der Zeitvorgaben für Projekte der Aufwand ingenieurwissenschaftlicher Forschung keine richtige Bewertung.

Drittens spüren auch die selbständigen Ingenieure Tendenzen ihrer Abwertung. Das hat aber nichts mit den Fragen ihrer Anerkennung als Diplomingenieur FH zu tun: "Wir fragen nicht danach. Für uns zählt nur, was einer kann". Derselbe Ingenieur fährt fort: "Und Sie brauchen auch den versierten Mechaniker, der den Prozeß und den Werkstoff aus dem 'Effeff' kennt ...". An der Wertschätzung für Facharbeit und Facharbeiter hat sich offenkundig nichts geändert.

Aber im Verhältnis des Ingenieurs zu anderen Berufsgruppen hat sich durch die neuen gesellschaftlichen Mechanismen, durch neue Differenzierungen etwas geändert. So sehen sich die selbständigen Ingenieure gegenüber jenen Ingenieuren abgewertet, die noch in der Industrie arbeiten, regelmäßig hohen Lohn erhalten, in einem überschaubaren Zeitregime tätig sind und auch im Betrieb eine bessere Stellung genießen, vor allem aber gegenüber "Finanzleuten", deren Status ihrer Meinung nach im Verhältnis zu anderen Gruppen überproportional aufgewertet wurde. Dahinter verbirgt sich zugleich eine Kritik an der Gesellschaft, in der "das Geld über allem steht" und ihrer Meinung nach Innovationen nicht genug gefördert werden. Zum Teil werden auch die geringe Nachfrage nach den Produkten des Ingenieurbetriebes und die "ewige Suche nach der Nische" sowie der zunehmende "Bürokratiekram" als statussenkend gewertet.

Die damit individuell verbundenen Probleme lösen die Ingenieure - wie bereits in der DDR - auf der Ebene des Ideals: "Wir schaffen reale und nützliche Sachen. Die Arbeit an sich befriedigt uns und macht auch in unserer kleinen Gruppe richtig Spaß." Es wird die Zuversicht ausgesprochen, daß eines Tages auch die Anerkennung dieser Leistung adäquat sein wird.

Viertens sehen die selbständigen Ingenieure aber auch eine Aufwertung. Sie spüren in den Verhandlungen mit den verschiedenen Partnern das gewachsene Ansehen des Ingenieurberufes, das sich u.a. in höheren Bezahlungsangeboten für Ingenieurarbeit zeigt. Sie gewinnen das Gefühl einer Aufwertung auch aus dem Vergleich mit westdeutschen Ingenieuren. In den Interviews beziehen sie stets einen solchen Vergleich mit ein; ein Bezug auf dieses Problem gehört offensichtlich dazu, wenn man über berufliche Entwicklungen nach 1990 spricht. Deutlich ist ein gewachsenes Selbstbewußtsein, aber auch die Selbstbestätigung zu spüren. "Die kochen doch auch nur mit Wasser", ist ein oft zu hörendes Urteil. Hinsichtlich der fachlichen Leistungen stehe man den westdeutschen Ingenieuren in nichts nach. Das wird durch die Behauptung untermauert, daß der ostdeutsche Ingenieur durch sein in der Zeit der Mangelwirtschaft angeeignetes Improvisationsgeschick Qualitäten habe, die ihm Vorteile verschaffen. Das, was der westdeutsche Ingenieur an rhetorischem und verkäuferischem Geschick voraus habe, sei zu lernen.

Insgesamt zeichnet sich bei den selbständigen Ingenieuren in Ingenieurbüros so etwas wie ein "ganzheitlicher Zugriff" auf ihre Qualifikation ab, der mit einer starken Autonomie in den Entscheidungen gekoppelt ist. Die berufliche Alltagssituation dieser Ingenieure hat sich sehr stark geändert. In ihrer Tätigkeit greifen diese Ingenieure in besonderer Weise auf ihre kommunikativen und sozialen Kompetenzen zurück: Sie vermitteln zwischen unterschiedlichen Interessen und agieren in selbstgeknüpften Netzwerken. Diese Selbständigkeit ist dabei eine neue Qualität gegenüber der früher - durch den Ablauf des Produktionsprozesses und die Arbeitsteilung - diktierten Kooperation und Kommunikation.

Zugleich werden in diese neuen Formen die "Gesetze des Marktes" integriert. Es geht um das Finden solcher Beziehungen, die das Überleben der Kooperationspartner und hohe Effektivität sichern. Aus dem Effizienzdenken der Vergangenheit, das sich zum Teil auch in Opposition zu den Verhältnissen der DDR herausbildete, erwächst heute Kritik an "Überbürokratisierung" und uneffektiver Verteilung von öffentlichen Fördermitteln.

Die Ingenieure reflektieren immer auch die Gesellschaft als Ganzes, als zum Teil einengende Rahmenbedingung und als Chance für ihre Existenz als Selbständige. Sie reagieren dabei sehr sensibel auf Verschiebungen im Statusgefüge.

3.4   Transformationskarriere 3: "Altes Eisen und nichts mehr"?

"Mehr und mehr Menschen sehen in der Arbeitslosigkeit nicht nur eine unwillkommene Unterbrechung ihres normalen Lebens, sondern einen irreparablen Biographiebruch" (Lepenies 1993). Das gilt auch und in besonderem Maße für die Menschen in den neuen Bundesländern, die aus ihrer Vergangenheit keinerlei Erfahrung mit Arbeitslosigkeit haben.

Wie gehen arbeitslose Fachschulingenieure mit diesem Problem um? In den Interviews zeigte sich, daß jüngere Ingenieure dies eher selbstverständlich tun und ihre aktiven Bemühungen um eine Arbeit auch mit Anforderungen an gesellschaftliche Gestaltungspolitik verbinden, während sich die älteren Ingenieure ohne Chance sehen.

(1) Der Einfluß der Arbeitslosigkeit auf das Qualifikations- und Sozialprofil des Fachschulingenieurs soll zunächst für die **jüngeren Ingenieure** beschrieben werden:

Erstens wird der Anspruch, Ingenieur zu sein, nicht aufgegeben, die eingangs betonte Identifikation mit dem Beruf setzt sich fort. Um diesen Anspruch zu verwirklichen, wird versucht, einerseits die Lücken im eigenen Wissen auszumachen, Einseitigkeiten zu identifizieren und in entsprechender Weiterbildung Veränderungen zu erreichen. Andererseits werden die "Nischen" auf dem Arbeitsmarkt gesucht, in denen sowohl das ursprünglich Erlernte als auch das Neue Anwendung finden können. Dabei werden Ortsveränderungen durchaus in Betracht gezogen; oft wird aber die Hoffnung ausgedrückt, bei einem wirtschaftlichen Aufschwung wieder "nach Hause" zu kommen.

Nur "im Notfall" - wie ein Ingenieur das nannte - wird vorgesehen, nicht mehr als Ingenieur, sondern als Facharbeiter zu arbeiten. Diese Betonung des Notfalls zeigt den starken Bezug zum Ingenieurberuf, es wird aber auch das spezifisches Verhältnis des Ingenieurs zur Facharbeit deutlich: Die Arbeit als Facharbeiter bedeutet für die Fachschulingenieure zwar einen "Notfall" und einen Statusabfall; sie wird aber doch als Möglichkeit akzeptiert. Das hat natürlich für den einzelnen auch eine Beruhigungsfunktion: Die Chance, als Facharbeiter arbeiten zu können, bleibt immer noch.

Zweitens kann man bei den jüngeren arbeitslosen Ingenieuren auch Tendenzen der Resignation feststellen. "Wir werden gar nicht gebraucht. Haben doch eine ganz solide Ausbildung, haben in den letzten Jahren was geleistet, zum Teil etwas aufgebaut, mit Rechentechnik und so, das war alles umsonst ...". Für diese Ingenieure entwertet die Arbeitslosigkeit also nicht allein ihren Status; im nachhinein werden so auch noch ihre Leistungen umgedeutet und abgewertet, erscheint die eigene Arbeit als sinnlos. Das ist angesichts der Tatsache der hohen Selbsteinschätzung und des Wertes der Tätigkeit von Fachschulingenieuren in den Betrieben der DDR eine nicht leicht zu verkraftende Erfahrung.

Bei den arbeitslosen jüngeren Ingenieuren ist drittens die Betonung einer guten und soliden Ausbildung besonders stark. Sie fühlen sich darin auch durch Ergebnisse absolvierter Weiterbildungen bestätigt. Vor allem hat aber diese Betonung den Zweck einer Fundierung und Stabilisierung des Selbstwertgefühls.

Insgesamt deuten die jüngeren Ingenieure die Arbeitslosigkeit als ein allgemeines und nicht selbst verschuldetes Phänomen. Ihre Strategien, sie zu bewältigen, richten sich an eigenen Möglichkeiten aus, beinhalten aber immer auch einen Anspruch an Wirtschaft und Gesellschaft, auf das innovative und kreative Potential nicht zu verzichten.

Noch halten die befragten jüngeren arbeitslosen Ingenieure ihren Biographiebruch nicht für irreparabel. Sie setzen auf die Bedeutung der Ingenieurarbeit in der Gesellschaft. Allerdings beginnen sie auch, sich darauf einzustellen, den Ingenieurberuf aufgeben und sehen die Gefahr eines irreparablen Bruches hinsichtlich ihres Berufes. Es scheint so, als ob sie die unter den gegenwärtigen Bedingungen damit verbundenen Nivellierungen weniger akzeptieren als in der Zeit ihrer beruflichen Tätigkeit in der DDR.

(2) **Ältere arbeitslose** Ingenieure und diejenigen, die Vorruhestandsregelungen angenommen hatten, mußten diesen Bruch mit ihrem Leben als Ingenieur akzeptieren lernen. "Ich habe gern gearbeitet, und wir waren ein gutes Kollektiv. Und nun bist du plötzlich unbrauchbar." Dennoch berichten sie über ihre Entlassung sachlich. Der sozialverträgliche Charakter des Arbeitsplatzabbaus in den Betrieben, der zu ihren Lasten ging, wird, wenn auch nicht begrüßt, so doch rational verstanden.

Für die Gruppe der älteren Arbeitslosen und Vorruheständler ist charakteristisch, daß sie ihre eigene Rolle in der Vergangenheit und Gegenwart hinterfragen, daß sie trotz des ihnen zugewiesenen Schicksals versuchen, sinnvolle und gesellschaftlich nützliche Arbeit zu leisten und daß sie auch resignieren:

Erstens versuchen die befragten älteren Ingenieure, sich trotz ihrer Arbeitslosigkeit nicht in das Private zurückzuziehen. Für die Gesellschaft noch nützlich zu sein, ist ein wichtiges Motiv für Aktivitäten und wird als ein Anspruch gesehen. Ein Ingenieur kleidet das in die Worte: "Ich will nicht einfach nur mein Geld nehmen."

Um diesen Anspruch zu verwirklichen, arbeiten die Ingenieure zum einen in demokratischen Gremien und Institutionen mit, zum anderen geben sie auch die Bemühungen um eine sinnvolle, gesellschaftlich bewertete und anerkannte Arbeit nicht auf. Die Akzeptanz nicht qualifikationsgerechter Arbeit wird dabei zu einem wichtigen Muster. Hier erhält der Kompromiß, der Nivellierungen akzeptiert, wieder seine Bedeutung.

Zweitens sind in der Gruppe der Vorruheständler und Arbeitslosen natürlich insgesamt die meisten resignativen Tendenzen zu verzeichnen; sie erlangten bei den befragten Ingenieuren aber keine Dominanz. "Ich habe manchmal den Eindruck, die Betriebe wollen nur einen Mann einstellen, der Berufserfahrung hat, möglichst 20 Jahre. Aber der darf auch nur 20 Jahre alt sein. Na, und das haut natürlich nicht hin."

So kann man bei den älteren Arbeitslosen und Vorruheständlern **zusammenfassen**: In der Tendenz verzichten sie eher als arbeitslose junge Ingenieure auf eine Arbeit im Ingenieurberuf (übrigens auch auf die Anerkennung der Gleichwertigkeit). Das ist für den einzelnen aber ein schmerzlicher Prozeß, der durch die wirtschaftliche Situation in Gegenwart und Vergangenheit sowie durch das Prinzip der Sozialverträglichkeit begründet und so auch angenommen wird. Diese Ingenieure versuchen dennoch, sinnvolle, gesellschaftlich nützliche und anerkannte Tätigkeiten zu finden; Beschäftigungstherapie lehnen sie ab.

Insgesamt wird bei den arbeitslosen Ingenieuren die Ablösung vom Ingenieurberuf deutlich sichtbar. Sie wird widerstrebend akzeptiert. Die Ingenieure haben das Gefühl, nicht mehr gebraucht zu werden. Dennoch versuchen sie, durch verschiedene Aktivitäten und durch die Erarbeitung spezifischer Begründungszusammenhänge nicht in Resignation zu verharren. Diese Begründungen beziehen sich auf die Gesellschaft als Ganzes und auf "Fehler" der Wirtschaftspolitik. Sie haben zugleich einen besonders starken Bezug zur eigenen beruflichen Vergangenheit: Sie versuchen, den Nachweis der eigenen Leistungsfähigkeit und des Erfolges und Niveaus des Ingenieurstudiums zu erbringen. Arbeitslose Ingenieure begreifen sich nicht als Arbeitslose schlechthin, sondern als unbeschäftigte hochqualifizierte und motivierte Fachkräfte.

3.5 Transformationskarriere 4: lernen, lernen, nochmals lernen - wofür?

Die besonders bei jüngeren Fachschulingenieuren anzutreffende "Weiterbildungskarriere" ist dadurch gekennzeichnet, daß mehrere Formen der Fortbildung und Umschulung gleichzeitig und in verschiedenen Finanzierungsvarianten durchlaufen werden. Das ist zwar letztlich durch den gesellschaftlichen Umbruch, besonders die Umstrukturierung der ostdeutschen Wirtschaft, bedingt. Die starke Orientierung auf Bildung und Schulung wird aber zugleich von den Ingenieuren bewußt gewählt und koordiniert.

Auch von dieser Karriere gehen widersprüchliche Wirkungen für die berufliche Entwicklung und die Sichtweisen und Deutungsmuster der Ingenieure aus:

Erstens ist die Weiterbildung offensichtlich (auch) für Fachschulingenieure eine wichtige Form, Arbeitslosigkeit zu überbrücken. Die Arbeitslosigkeit selbst wird als strukturell verursacht und unabhängig vom eigenen Wollen und Vermögen gesehen. Zugleich werden jedoch die Lösungen, um aus ihr herauszukommen, ausschließlich auf individueller Ebene gesucht. Während dieses "Parkens" versuchen sie, eine Arbeit für sich zu finden und stellen zugleich vielfältige Kontakte her, die ihnen bei der Arbeitssuche nützlich sein könnten.

Zweitens erwarten die Ingenieure von den Fortbildungen und den Umschulungen nur in begrenztem Maße eine Verbesserung ihrer Chancen auf dem Arbeitsmarkt. Zwar versuchen sie durch diese Maßnahmen, die eigene Qualifikation marktspezifisch zuzuschneiden, der Erfolg wird jedoch bezweifelt: Zum einen sei die Qualität der Seminare und Vorträge nur gering, gehe nicht über das, was man bereits weiß, hinaus. Zum anderen gehe es letztlich doch nur darum, "ein Papier in der Hand zu halten. Nur mit dem Papier bist du wer und hast du Chancen" - so ein Ingenieur; die Inhalte sind nach Einschätzung der Ingenieure relativ unwichtig. Und drittens schließlich haben die Ingenieure die Erfahrung gemacht, daß die Vermittlungsquote auch nach dem Absolvieren der Maßnahme gering ist.

Das hat insgesamt zur Folge, daß das eigene Studium, das meist noch nicht sehr lange zurückliegt, überbewertet wird, mindestens aber kritiklos als sehr effektiv beschrieben wird.

Drittens sind die Zeiten der Schulungen und des Studiums mit starken persönlichen Einschränkungen verbunden. So wird der Aufbau einer eigenen Familie auf die ferne Zukunft verschoben,[9] und das Zeitregime ist dem Bildungsrhythmus total angepaßt. Jedoch wird auf die Kommunikation mit Freunden und in der Herkunftsfamilie nicht verzichtet.[10]

Viertens sehen diese Fachschulingenieure ihre Zukunft als offen an. Das ist zum Teil mit Unsicherheit gepaart, führt aber vor allem zu einem "auf vielen Hochzeiten zugleich Tanzen". "Man kann nie wissen, was kommt und welches berufliche Profil gebraucht wird. Ich kann mich immerhin in zwei Berufen bewerben: als Ingenieur für Wirtschaftsinformatik und als Ingenieur für Maschinenbau."

Diese "Weiterbildungskarriere" knüpft also in hohem Maße an die Erfahrungen des Studiums an, nicht an die Tätigkeit als Ingenieur. Diese Ingenieure greifen auf studentische Verhaltensweisen und Interpretationsmuster zurück und akzeptieren die Offenheit ihrer Situation. Ingenieur zu sein wird in Freizeittätigkeiten gelebt (Wohnung umgestalten, Fahrzeuge selbst reparieren, Konstruktionen mit Hilfe des PC simulieren u.a.). Der Beruf des Ingenieurs hat aber insgesamt für diese Ingenieure den Charakter einer Zukunftsvision.

---

9 Der damit verbundene Wandel wird deutlich, wenn man sich vergegenwärtigt, daß in der DDR das durchschnittliche Eheschließungsalter bei 20 und 23 Jahren (Frauen) und 25 Jahren (Männer) lag (Winkler 1990, S. 105).

10 Es gibt sogar Tendenzen, die darauf hinweisen, daß der Herkunftsfamilie (besonders den Eltern) wieder größere Bedeutung zukommt.

4. Resümee und Ausblick

(1) Das Schicksal des Fachschulingenieurs im Transformationsprozeß ist vor allem durch **Brüche**, aber auch durch **Kontinuitäten** gekennzeichnet. Beides spiegelt sich in den spezifischen Deutungen der den verschiedenen Teilgruppen des Fachschulingenieurs zugewiesenen Transformationskarrieren wider:

So ist im ersten Fall die Weiterarbeit im alten Betrieb an sich nicht als Bruch zu charakterisieren; auch die Anreicherung der Tätigkeit mit neuen Elementen wie Verkauf oder Repräsentation wird nicht als Bruch interpretiert. Als Brüche werden dagegen der relative Statusanstieg des Ingenieurs und der zunehmende Verlust an Kollegialität in den Arbeitsgruppen empfunden.

Die völlige Lösung aus den bisherigen Arbeitszusammenhängen und der risikoreiche Neuanfang der selbständigen Ingenieure wird von ihnen als Bruch erlebt. Dennoch knüpfen sie an ihre bisherigen Denk- und Verhaltensmuster an und entfalten die im Qualifikations- und Sozialprofil des Fachschulingenieurs angelegten komplexen Handlungskompetenzen. Sie werden zugleich selbstbestimmt und aktiv weiter ausgestaltet.

Arbeitslose Ingenieure empfinden ihre Biographie insgesamt als gebrochen. Sie setzen jedoch in einer spezifischen Art und Weise und in neuen Feldern bisherige berufliche Grundmuster fort, indem sie versuchen, für die Gesellschaft nützliche und auch gesellschaftlich bewertete Tätigkeiten zu finden, die meist an ihre Fähigkeiten zu praktischer Tätigkeit anknüpfen. Das Umgestalten ihrer eigenen Wohnumwelt reicht ihnen nicht. Insofern kann man hier von Kontinuitäten sprechen.

In der Weiterbildungs- und Umschulungskarriere sind deutliche Erosionstendenzen des Typs sichtbar. Es erfolgt ein Rückgriff auf Denk- und Handlungsmuster aus dem Studium. Obwohl verbal am Ingenieurberuf festgehalten wird, ist die weitere Entwicklung ungewiß und wird von den Ingenieuren auch bewußt offen gehalten.

(2) Allgemein entwickeln die Ingenieure eine hohe Sensibilität für **Statusfragen**, sowohl retrospektiv als auch die aktuellen Entwicklungen betreffend. Nicht selten werden dabei die in der DDR herrschenden Praktiken

durch den Vergleich mit der Gegenwart relativiert, kommt es zu einer Umbewertung. Das ist besonders bei Fragen der Einschätzung des Studiums der Fall. Der Vergleich wird jedoch vor allem benutzt, um die nach Meinung der Ingenieure heute existierenden Ungerechtigkeiten in der Wertung ihrer Leistung abzuwehren. Ein Ausdruck dafür ist die Kritik am Verfahren zur Anerkennung der Gleichwertigkeit ihrer Abschlüsse.

(3) Wenn auch die äußeren Bedingungen insgesamt eher auf Brüche hindeuten, so haben doch spezifische Eigenschaften, die das **Qualifikations- und Sozialprofil des Fachschulingenieurs** der DDR prägten, auch heute noch **Bestand**. Dazu zählen:

- das Festhalten am Ingenieurberuf - die starke Identifikation mit diesem Beruf besteht fort;

- die Konsistenz beruflicher Muster - begründet darin, daß inhaltliche und funktionale Elemente der Ingenieurtätigkeit auch unter veränderten gesellschaftlichen Bedingungen etwa gleich bleiben;

- der Kompromiß als Handlungsstrategie - ja seine Überhöhung zu einer allgemeinen Gesetzmäßigkeit und damit seine retrospektive Entschuldigung, die Akzeptanz von unterwertigem Einsatz und Nivellierung;

- die Fähigkeit zur und Wertschätzung von Kommunikation und Kooperation mit Facharbeitern - wichtige Bedingung für erfolgreiches Arbeiten und für selbständige Ingenieure von existentieller Bedeutung;

- das Denken in gesellschaftlichen Zusammenhängen - nun in neuen Formen.

Insofern beantworten und bewältigen die Fachschulingenieure die neuen Handlungsanforderungen im Kontext ihrer bisherigen beruflichen Sozialisation. Tradierte berufliche Handlungsmuster erweisen sich als resistent - das widerspiegelt sich sowohl in den charakteristischen Deutungsmustern und Interpretationen beruflicher Standards als auch in den geschilderten Strategien zur Bewältigung aktueller Problemkonstellationen. Besonders in der Transformationskarriere der neuen Selbständigen und der "Weiterbildungskarriere" wird deutlich, daß diese keinesfalls nur vorgegebene Reaktionen auf sich ändernde Bedingungen sind. Sie beinhalten immer auch eine Gestaltungsleistung der Ingenieure, in der sie neue Elemente beruflicher Handlungsmuster, Interpretationen und Deutungen aufnehmen und mit bisher Gelebtem kombinieren. So verbinden die Ingenieure z.b. ihren Technikoptimismus zunehmend mit einer neuen Sensibilität für bisher ausgeblendete Fragen wie Technikfolgenabschätzung u.ä.

Zugleich antizipieren die Ingenieure auch bestimmte westliche Standards: die Distanz ohne Dünkel, den Anspruch an Niveau und Leistung, an Rationalität von Abläufen und Möglichkeiten der Kritik, aber auch die Gleichartigkeit der Grundfunktionen des Ingenieurhandelns.

Das Qualifikations- und Sozialprofil des Fachschulingenieurs hat also - um die eingangs gestellte Frage zu beantworten - in der gegenwärtigen Etappe der Transformation der ostdeutschen Gesellschaft durchaus noch Bestand, obwohl die institutionellen Rahmenbedingungen auf die Auflösung dieser Gruppe drängen. Es zeigen sich aber bereits deutliche Erosionstendenzen, so daß wohl nicht nur das Zertifikat "Fachschulingenieur" verschwindet.

Literatur

Drexel, I.: Der schwierige Weg zu einem neuen gesellschaftlichen Qualifikationstyp - Theoretische Grundlagen, empirische Indikatoren und das Beispiel neuer Technikerkategorien in Frankreich. In: Journal für Sozialforschung, Heft 3, 29. Jg., 1989, S. 301-326.

Drexel, I.: Gesellschaftliche Qualifikationstypen - Historisches Relikt oder notwendige Struktur? In: I. Drexel (Hrsg.): Jenseits von Individualisierung und Angleichung, Frankfurt/New York 1994, S. 33-71.

Eichener, V.; Voelzkow, H.: Behauptung einer ostdeutschen Altorganisation gegen die Konkurrenz aus dem Westen - Berufsständische Organisationen der Ingenieure. In: V. Eichener u.a. (Hrsg.): Probleme der Einheit, Bd. 12.1: Organisierte Interessen in Ostdeutschland, Marburg 1992, S. 249-266.

Fischer, J.: Der Meister - Ein Arbeitskrafttypus zwischen Erosion und Stabilisierung, Frankfurt/New York 1993.

Winkler, G. (Hrsg.): Frauenreport '90, Berlin 1990.

Giddens, A.: Die Konstitution der Gesellschaft - Grundzüge einer Theorie der Strukturierung, Frankfurt/New York 1988.

Giessmann, B.: Die Re-Konstitution des Technikers in der DDR - Politische Planung und gesellschaftliche Realisierung. In: I. Drexel (Hrsg.): Jenseits von Individualisierung und Angleichung, Frankfurt/New York 1994, S. 195-236.

Giessmann, B.: Der Fachschulingenieur im Transformationsprozeß: Eine Berufsgruppe verschwindet. In: B. Lutz; H. Schröder (Hrsg.): Entwicklungsperspektiven von Arbeit im Transformationsprozeß, München/Mehring 1995, S. 139-178.

Giessmann, B.: Berufliche Handlungsmuster ostdeutscher Fachschulingenieure an der Nahtstelle von Wissenschaft und Produktion - Potential im Transformationsprozeß? In: H. Lange (Hrsg.): "Man konnte und man mußte sich verändern! Münster/Hamburg 1995a, S. 125-144.

KMK (Kultusministerkonferenz): Beschluß zur Feststellung der Gleichwertigkeit von Bildungsabschlüssen (Hochschulabschlüsse, Abschlüsse kirchlicher Ausbildungseinrichtungen, Fach- und Ingenieurschulabschlüsse) im Sinne des Artikel 37 des Einigungsvertrages vom 10./11. Oktober 1991. Hrsg. v. Sekretariat der Ständigen Konfernz der Kultusminister der Länder in der Bundesrepublik Deutschland, Bonn 1991.

Koch, T.; Thomas, M.: Transformationspassagen - Vom sozialistischen Ingenieur und Manager zum kapitalistischen Unternehmer. In: Deutschland Archiv, Heft 2, 1994, S. 141-155.

Lepenies, W.: Weniger kann mehr Wert sein. In: Die Zeit, Nr. 45, 5.11.1993, S. 19.

Lindig, D.: Datenreport: Selbständige im Transformationsprozeß. In: BISS-public, Heft 4, 1991, S. 123-127.

Lötsch, M. u.a.: Ingenieure in der DDR, Berlin 1988.

Lötsch, M.: Die Hofierung der Arbeiterklasse war nicht wirkungslos - Ein Rückblick auf die Sozialstrukturforschung in der ehemaligen DDR. In: Frankfurter Rundschau, 14.11.1990, S. 28.

Lutz, B.; Kammerer, G.: Das Ende des graduierten Ingenieurs? - Eine empirische Analyse unerwarteter Nebenfolgen der Bildungsexpansion, Frankfurt/Köln 1975.

Mayntz, R.: Die deutsche Vereinigung als Prüfstein für die Leistungsfähigkeit der Sozialwissenschaften. In: BISS-public, Heft 13, 1994, S. 21-25.

Steinhöfel, M.; Stieler, B.; Tügel, A.: Veränderungen der betrieblichen Personalstrukturen im Transformationsprozeß, Kurzstudie im Auftrag der KSPW, Nr. 101, Berlin 1993.

Voskamp, U.; Wittke, V.: Aus Modernisierungsblockaden werden Abwärtsspiralen - zur Reorganisation von Betrieben und Kombinaten der ehemaligen DDR. In: Berliner Journal für Soziologie, Heft 1, 1991, S. 17-40.

Wahse, J.; Bernien, M.; Schiemann, F.: Betriebliche Weiterbildung im Kontext der Restrukturierung ostdeutscher Unternehmen, QUEM-Report, Nr. 11, Berlin 1993.

Wissenschaftsrat: Empfehlungen zur Errichtung von Fachhochschulen in den neuen Ländern, Düsseldorf 1991.

Barbara Giessmann, Ingrid Drexel, Friedrich Pfefferkorn

Der Techniker - Austrocknung und Wiederbelebungsversuche in der DDR, problematische Neu-Etablierung in der Marktwirtschaft

1. Zur Einführung

2. Die Abschaffung des Technikers in den 50er und 60er Jahren

3. Die Wiederbelebung der Technikerausbildung in den 80er Jahren

4. Der Transformationsprozeß und die Versuche zur Neu-Etablierung des Technikers

5. Resümee und Ausblick

1. Zur Einführung

Einer der für die Qualifikationsstruktur deutscher Betriebe und für das Arbeitspotential der deutschen Gesellschaft insgesamt charakteristischen mittleren Qualifikationstypen ist der Techniker. Wie schon im Deutschen Reich und dann im Dritten Reich existierte er zunächst auch im Bildungssystem und im Beschäftigungssystem der sowjetischen Besatzungszone und dann der DDR. Ja, die Ausbildung zum Techniker blühte zunächst auf, da mit dem Auf- und Ausbau der Industrie der Bedarf an qualifizierten technischen Fachkräften insgesamt deutlich anstieg (Schneider o.J.).

Die Technikerausbildung schloß an die bestehenden deutschen Traditionen an: Träger waren Fach- bzw. Ingenieurschulen, später auch Außenstellen von Ingenieurschulen in Betriebsakademien, die vor allem die nebenberufliche Weiterbildung zum Techniker erleichterten. Die Ausbildung erfolgte im Direktstudium und später zunehmend auch im Abend- und Fernstudium. Voraussetzung für den Zugang zu dieser Weiterbildung waren eine abgeschlossene Facharbeiterausbildung in der entsprechenden technischen Fachrichtung sowie einige Jahre Berufserfahrung. Die Ausbildung dauerte zwei Jahre im Direktstudium bzw. drei Jahre im Abendstudium. Sie schloß ab mit einer schriftlichen und/oder mündlichen Prüfung in ausgewählten Fächern sowie einer schriftlichen "Technikerarbeit" (ebd.).

Wie in den westlichen Besatzungszonen und der Bundesrepublik hatte das Qualifikationsprofil des Technikers in der Industrie der DDR eine wichtige "Scharnierfunktion" zwischen der Facharbeiter- und der Ingenieurqualifikation. Zugleich gab es - die Kehrseite dieser Medaille - mit diesen Qualifikationstypen der vor- und nachgelagerten Bildungsstufen, insbes. mit der des Fachschulingenieurs, zum Teil deutliche Überlappungen im Einsatz; diese konnten sich auch auf Inhalt, Umfang und Art der Technikerausbildung als einer "reduzierten Ingenieurausbildung" stützen (ebd.).

Im weiteren Verlauf der Entwicklung der DDR hatte der Techniker eine insgesamt sehr wechselvolle Geschichte. Deren markanteste Punkte waren die Abschaffung der Technikerausbildung in den 60er und ihre Wiedereinführung in den 80er Jahren; da diese Versuche wenig erfolgreich waren, gab es zur Zeit der Wende kaum Techniker. Nach 1989 wurde und wird versucht, diesen Qualifikationstyp, in Anlehnung an das westdeutsche Vorbild, auch in Ostdeutschland zu reetablieren, nunmehr unter den neuen Rahmenbedingungen der Marktwirtschaft.

Die Prozesse dieser ungewöhnlich wechselvollen Geschichte eines Qualifikationstyps, die im folgenden Beitrag[1] nachgezeichnet werden, zeigen zugleich Allgemeineres: sowohl in bezug auf die Gesellschaft der DDR, insbesondere das Verhältnis von Bildungs- und Beschäftigungssystem, als auch in bezug auf den sogenannten Transformationsprozeß.

---

1 Die dem Beitrag zugrundeliegenden Informationen stammen aus sehr unterschiedlichen Quellen: aus einer Dissertation von B. Giessmann zu einem Teilstück der Geschichte des Technikers der DDR (Giessmann 1989; 1994); aus Expertengesprächen mit Verantwortlichen von Bildungsministerien und Bildungseinrichtungen sowie aus Befragungen von früheren und heutigen Technikerschülern, die im Projekt "Die Entstehung neuer Qualifikationstypen, neue Konkurrenzen und politische Folgen" (SFB 333 der Universität München) durchgeführt wurden; aus Beschlüssen und Verlautbarungen von DDR- bzw. bundesdeutschen Bildungsministerien, Statistiken, Grauen Materialien und der wenigen vorhandenen Literatur, die im Rahmen dieses SFB-Projekts ausgewertet wurden, sowie aus Betriebsfallstudien, die im Rahmen des Projekts "Qualifizierung und Restrukturierung im mittleren Qualifikationssegment ostdeutscher Betriebe: Systemtransfer, Steuerungsprobleme und die Rolle von statusbezogener Weiterbildung" durchgeführt wurden.

Im Mittelpunkt dieses Beitrages steht die Klärung der folgenden Fragen:

- Welche wirtschaftlichen und bildungspolitischen Bedingungen und Prozesse führten in den 60er Jahren zum Verschwinden des Technikers? (Abschnitt 2)

- Warum wurde der Techniker in den 80er Jahren wiederbelebt und mit welchen Folgen? (Abschnitt 3)

- Welche Chancen und welche Probleme bestehen für die Reetablierung des Technikers in den neuen Bundesländern nach 1989? (Abschnitt 4)

- Und: Welche allgemeineren Erkenntnisse kann man aus der Geschichte des Technikers in bezug auf den Prozeß der Transformation von gesellschaftlichen Qualifikationstypen und Sozialstrukturen ziehen? (Abschnitt 5)

2. Die Abschaffung des Technikers in den 50er und 60er Jahren

Zunächst ist festzustellen, daß der Begriff "Abschaffung" zur Beschreibung des Verschwindens der Technikerqualifikation in der DDR nicht ganz korrekt ist. Denn es handelte sich nicht um einen einmaligen Akt, der durch einen zentralen Beschluß oder eine gesetzliche Regelung in Gang gesetzt wurde, sondern um einen allmählichen Prozeß. Eher leise und zunächst weitgehend unbemerkt verschwand die Qualifikation des Technikers aus der Arbeitskräfte- und Qualifikationsstruktur der Betriebe.

Zu diesem Prozeß trugen sowohl bildungspolitische als auch ideologische und wirtschaftliche Entwicklungen bei:

(1) Erstens rückte die sukzessive Ausdehnung der Pflichtschule von acht auf zehn Jahre die Technikerausbildung, die ja eine volle Berufsausbildung und mehrjährige Berufserfahrung voraussetzte, allzu nahe an die Ingenieurausbildung an der Fachschule heran, die die gleichen Voraussetzungen hatte. Dies bedeutete für die Technikerausbildung eine erhebliche **Konkurrenz in den Bildungswahl-Entscheidungen** der Arbeitskräfte. Warum sollte man seine Ausbildung nach zwei Jahren mit dem Technikerab-

schluß beenden, wenn ein Ausbildungsjahr mehr für den Erwerb des Ingenieurabschlusses ausreichte? Der Technikerabschluß war zunehmend nur noch eine Perspektive für diejenigen, die die Ingenieurausbildung nicht ganz schafften - "Techniker" wurde in den Betrieben zum Synonym für "abgebrochener Ingenieur".

Gleichzeitig beförderten (zweitens) die allgemeine Bildungseuphorie und die Einführung des polytechnischen Unterrichts bildungspolitische Vorstellungen vom "**berufslosen Menschen im Kommunismus**", der - aufbauend auf allgemeiner und polytechnischer Bildung - schnell für die jeweils anfallenden Tätigkeiten angelernt werden kann. Diese Vorstellung wurde gestützt durch die etwa gleichzeitig einsetzenden Taylorisierungsprozesse mit ihrer Normierung, Standardisierung und Typisierung von Tätigkeiten, in deren Extrapolation man einerseits den berufslosen Arbeiter und andererseits eine wachsende Zahl von Ingenieuren erwartete.

Deshalb wurde (drittens) die Ausbildung von Ingenieuren durch den Auf- und Ausbau von neuen Ingenieurschulen deutlich erweitert. Damit begann ungewollt der Aufbau eines wachsenden künftigen **Konkurrenzpotentials** für den Techniker (vgl. dazu auch den Beitrag von Wolter in diesem Band, S. 23 ff.).

Im Kontext dieser Phase der Bildungseuphorie und Bildungsreformen wurde (viertens) eine Reihe von nur kurzzeitig existierenden **Bildungsexperimenten** im Spannungsfeld alter deutscher und neuer sozialistischer Bildungstraditionen sowie sowjetischer Einflüsse geschaffen - Experimente, die alle den Weg zum Techniker in der einen oder anderen Weise destabilisierten:

-   ein Versuch, Ingenieure sofort nach dem Abschluß der zehnten Klasse einer Polytechnischen Oberschule auszubilden (1954 bis 1960);

-   die Einführung des "Systems der abschnittsweisen Qualifizierung" in den Betriebsakademien, in dessen Zentrum die Vertiefung der Allgemeinbildung und die Erhöhung der Bildungsmobilität standen und zu dessen letzten Abschnitten die Meister-, Techniker- und Ingenieurausbildung gehörten, die direkt aufeinander aufbauten, so daß ein eigenständiges Profil der einzelnen Abschnitte nicht zu gewährleisten war (1960 bis 1965);

- die generelle Festlegung, daß mit dem Abitur immer auch eine Berufsausbildung abzuschließen war (1963 bis 1967),

- und die Verlagerung der beruflichen Grundausbildung in die allgemeinbildenden Schulen (1963 bis 1968).

Schließlich wurde - in Revision der These vom berufslosen Menschen - Ende der 50er und Anfang der 60er Jahre die **Berufsausbildung für Facharbeiter erneuert und angehoben.** In Orientierung auf die neuen Eingangsvoraussetzungen der Absolventen der zehnklassigen Polytechnischen Oberschule wurden neue, besonders anspruchsvolle Ausbildungsberufe eingeführt, die zum Teil auch den Begriff "...techniker" in der Bezeichnung führten - auch dies eine Konkurrenz für den Techniker.

(2) Bei vielen dieser Bemühungen, zukunftsweisende Strukturen zu schaffen, wurden im engeren Sinn **(bildungs-)ökonomische Gesichtspunkte vernachlässigt.**[2] Fest umrissene Arbeitsgebiete für den Techniker gab es immer weniger, die Substitutionsbereiche mit den - zunehmend qualifizierter ausgebildeten - Facharbeitern einerseits und den - in zunehmenden Quanten verfügbaren - Fachschulingenieuren andererseits waren groß und wuchsen.

Gleichermaßen Ausdruck dieses Sachverhalts wie gesellschaftliche Bedingung, die die Diffusität der Einsatzbereiche des Technikers verstärkte, war die Tatsache, daß er keinen spezifischen Platz in der Lohnhierarchie hatte und daß seine Berufsbezeichnung nicht gesetzlich geschützt war. Ansatzpunkte für eine Stärkung seiner Position im Bildungssystem und Betrieb - oder auch nur für deren Verteidigung - gab es nicht, im Gegenteil: Generell fehlte in der DDR aus politisch-gesellschaftlichen Gründen eine "Lobby für die Mitte" oder auch für einzelne Qualifikationsgruppen. Das politische und planerische Denken war an einem dichotomischen Modell der Arbeitskräftestrukturierung und der Klassenlage - Arbeiterklasse einerseits, Intelligenz andererseits - ausgerichtet, dazwischen gab es nichts.

---

2 In diesem Kontext hat wohl auch die Tatsache Bedeutung, daß die DDR-Soziologie offiziell erst 1964 gegründet wurde. Sie befaßte sich dann relativ schnell mit den Veränderungen der Qualifikationsstruktur der Arbeiterklasse und der sozialistischen Intelligenz, problematisierte jedoch erst sehr viel später die Effektivität der bestehenden Qualifikationsstrukturen (Ettrich, Lohr 1993).

In den Betrieben kam diese Problematik darin zum Ausdruck, daß Anforderungscharakteristiken für Arbeitsplätze wenig und nicht in qualifizierter Weise erstellt wurden. In der Konsequenz wurden Technikerfunktionen einerseits von hochqualifizierten Facharbeitern wahrgenommen, andererseits von Fachschulingenieuren, die in wachsendem Umfang zur Verfügung standen, aufgrund der politischen Bedingungen der DDR beschäftigt werden mußten und aufgrund ihres Bildungs- und Berufswegs ja auch Facharbeiterausbildung und -erfahrung hatten.

(3) Zu den Folgen des Fehlens von Steuerungsmechanismen für effiziente Qualifikationsstrukturen kamen zunehmend Tendenzen einer wechselseitigen **Abschottung der politischen Entscheidungsinstanzen der DDR**: Die Zuständigkeiten für die verschiedenen Bildungsgänge waren segmentiert, diese konnten zunehmend weniger in ihrer Gesamtheit zusammengedacht und beeinflußt werden.

Alle diese Prozesse führten dazu, daß der Zufluß zur Technikerausbildung allmählich austrocknete und daß damit, mit einer gewissen Zeitverzögerung, der Techniker aus den Arbeitskräftestrukturen der Betriebe zunehmend verschwand: zu einem für eine Planwirtschaft, in der das Bildungssystem zentralen Stellenwert hatte, eigentlich außerordentlich erstaunlichen **ungelenkten Prozeß** also. Erst 1965, mit dem Gesetz über das einheitliche sozialistische Bildungssystem, wurde die Technikerausbildung explizit aufgehoben, die bereits seit langem in Gang befindliche Erosion dieses Qualifikationstyps also formell nachvollzogen und auf Dauer gesetzt.

So schien es zumindest.

3.   **Die Wiederbelebung der Technikerausbildung in den 80er Jahren**

Wie ein Phönix aus der Asche tauchte 1983 der mittlerweile weitgehend vergessene Techniker wieder auf. Durch einen Beschluß des Politbüros des ZK der SED vom 28. Juni 1983 und die im Juli des gleichen Jahres vom Ministerrat der DDR beschlossene "Konzeption für die Gestaltung der Aus- und Weiterbildung der Ingenieure und Ökonomen in der DDR" wurde die Technikerausbildung neuerlich eingeführt. Anders also als beim Verschwinden des Technikers stand nun ein expliziter politischer Beschluß am Anfang des Prozesses.

(1) Hintergrund für die Wiedereinführung dieses Bildungsgangs war die geplante **Reform der Ingenieurausbildung**: Zur Lösung einer Reihe von Problemen, die sich im Laufe der Jahre akkumuliert hatten, und in Anlehnung an internationale Standards sollte ab 1985 die Ausbildung von Ingenieuren nicht mehr an Fachschulen, sonderns sukzessive nur noch an Hochschulen und Universitäten möglich sein. Die wichtigsten Ziele, die mit dieser Reform der Ingenieurausbildung verfolgt wurden, waren einerseits die Reduktion der Zahl der jährlich ausgebildeten Ingenieure, die in den 70er Jahren massiv angestiegen war, was vielfach zu unterwertigem Einsatz dieser Arbeitskräfte geführt hatte, andererseits die Angleichung von Inhalten und Dauer der Ingenieurausbildung an internationale Standards im Hinblick auf die erwartete technische Entwicklung und die Anerkennung der in der DDR ausgebildeten Ingenieure aus der Dritten Welt.[3]

Die Wiederbelebung der Technikerausbildung war Nebenprodukt dieser Reformplanungen. Sie war im wesentlichen konzipiert zur Bewältigung von zwei absehbaren Folgeproblemen der Neugestaltung der Ingenieurausbildung: Zum einen sollte die Technikerausbildung die sich abzeichnende (vermutete) Qualifikationslücke zwischen Facharbeitern und Hochschulingenieuren füllen. Zum anderen sollte sie eine sinnvolle Nutzung der freiwerdenden personellen und materiellen Kapazitäten der bisherigen Ingenieurfachschulen, die man ja nicht einfach schließen konnte, ermöglichen. Mit einiger Mühe nur wurde daneben, zur Legitimation dieser Entscheidung, ein eigenständiger betrieblicher Bedarf an Technikerqualifikationen konstruiert: "Für bestimmte Tätigkeiten in der Produktionsvorbereitung und -durchführung ist ein Qualifikationsniveau erforderlich, das teilweise über dem des Facharbeiters liegt. Das erwächst z.B. aus einer zunehmend mechanisierten und automatisierten Produktion, einer qualitativ neuen Arbeitsweise in Konstruktionsbüros und technologischen Abteilungen, neuen Betriebssystemen des Transport- und Nachrichtenwesens, der Rationalisierung in den Produktions- und Dienstleistungsbereichen und aus der Notwendigkeit, die wissenschaftlich gebildeten Kader in Wissenschaft, Technik und Produktion von technisch-organisatorischen und Routinearbeiten zu entlasten" (Konzeption 1983). Im letzten Halbsatz dieser Begründung klingt vorsichtig auch das Problem des unterwertigen

---

3 Für eine ausführliche Darstellung vgl. den Beitrag von Wolter in diesem Band, S. 23 ff.

Einsatzes von Ingenieuren und der damit verbundenen mangelnden Effektivität des Arbeitskräfteeinsatzes an.

(2) Die **neue Technikerausbildung** wurde in **zwei Formen** geschaffen, der Zugang sollte auf zwei Wegen erfolgen: Der sogenannte "Weg 1" sah - ein radikaler Bruch mit der deutschen Tradition der Technikerausbildung als einer Fortbildung nach mehrjähriger beruflicher Tätigkeit! - die Aufnahme der Ausbildung unmittelbar nach Abschluß der zehnklassigen allgemeinbildenden Oberschule vor und sollte im "Direktstudium" drei Jahre dauern. Der sogenannte "Weg 2" orientierte sich dagegen an der genannten Tradition und sah die Aufnahme der Technikerausbildung nach Abschluß der Facharbeiterausbildung und einer in der Regel mehrjährigen praktischen Tätigkeit im Ausbildungsberuf vor; bei diesem Weg sollte das "Direktstudium" zwei Jahre dauern. Daneben gab es noch das Fern- und das Abendstudium mit entsprechend längerer Dauer.

Immer war für die Technikerausbildung die Delegierung durch einen Betrieb erforderlich; das sicherte u.a. für die Teilnehmer des Bildungswegs 1 einen Arbeitsplatz im delegierenden Betrieb auch bei Abbruch der Ausbildung.

Mit dieser Wiederbelebung der Technikerausbildung war einerseits der Aufstiegsweg für Facharbeiter zum Techniker revitalisiert, andererseits aber historisch erstmalig ein "Seiteneinstieg" in mittlere Positionen geschaffen. Beide Wege sollten gleichwertig sein, von den Bildungsplanern war ein einheitliches Technikerprofil vorgesehen.

(3) Obwohl die Schaffung der Technikerausbildung im Kontext der Reform der Ingenieurausbildung vielfältige Probleme zu lösen versprach, blieb sie bis zur Wende 1989 stark umstritten. Es gab sogar einen gewissen passiven und aktiven **Widerstand gegen diese Reform**, durch den ihre Durchsetzung stark verzögert war. Das von Politbüro und Ministerrat geplante Auslaufen der Ausbildung von Fachschulingenieuren bis 1990 und der kontinuierliche Anstieg der Technikerausbildung in bestimmten Quanten wurden nicht erreicht.

Der Widerstand gegen die Reform hatte **mehrere Gründe** und wurde **von verschiedenen sozialen Akteuren** getragen:

Zum einen war der Beschluß zur Reform nicht Produkt von öffentlichen Diskussionen, vielmehr kam die Initiative völlig unvermutet "von ganz oben", d.h. vom Politbüro. Nicht zuletzt aufgrund dieser einsamen Entscheidung, in direkt und indirekt betroffenen Instanzen und Gruppen nicht einbezogen waren, war die Reform in verschiedenen Aspekten inhaltlich ungenügend durchdacht und vorbereitet, wie zu zeigen ist. Total überrascht wurden sowohl die Industrieministerien als auch das Staatssekretariat für Berufsbildung wie auch die Mitarbeiter der Forschungs- und der Weiterbildungseinrichtungen dieser Institutionen.

So sahen sich insbesondere die Mitarbeiter des Staatssekretariats für Berufsbildung und seines Forschungsinstituts brüskiert, da sie seit Beginn der 80er Jahre begonnen hatten, neue Konzepte zur Aus- und Weiterbildung bestimmter Gruppen von Industriefacharbeitern zu erarbeiten; diese sollten durch die Aufnahme von Informationstechnologien und Automatisierungstechnik in die Lehrpläne in differenzierter Weise auf die zu erwartenden neuen und sich sukzessiv verändernden Produktionsverfahren vorbereitet werden. Der Beschluß zur Wiederbelebung der Technikerausbildung schien inkompatibel mit diesen Planungen, die erwarteten technisch-organisatorischen Entwicklungen durch eine Anhebung bestimmter Teilgruppen der Facharbeiterschaft zu bewältigen.

Zum anderen wurde die Reform auch von den Vertretern der Hochschulen und Universitäten abgelehnt. Sie gingen nicht davon aus, daß eine Erhöhung des Qualifikationsniveaus in den produktiven Bereichen auch generell eine höhere akademische Qualifikation der Leitungskräfte verlange, wie dies das Reformkonzept unterstellte. Darin fanden sie auch Unterstützung von seiten der Bildungsökonomie und der Sozialwissenschaft: Eine akademische Ausbildung durfte, so deren Position, nicht den Charakter einer Berufsausbildung annehmen, wie bei der Realisierung der beschlossenen Konzeption zu erwarten. Zudem fürchteten die Hochschullehrer wohl auch um ihr Prestige, wenn sie nun (u.a.) in nur drei Jahren Betriebsingenieure ausbilden sollten, die den bisherigen Fachschulingenieuren ähnelten.

Ähnliche Motive für Kritik und Widerstand gegen die Reform hatten naturgemäß die Fachschuldozenten. Sie befürchteten einen starken Prestigeverlust, da sie statt bislang Ingenieure nur noch Techniker und zudem - im Fall des Wegs 1 - statt Erwachsene jugendliche Schulabgänger ausbilden sollten. Das (auch) sozialpolitisch motivierte Ziel des Politbüros, mit Hilfe der Revitalisierung einer Technikerausbildung die personellen und materiellen Kapazitäten der Fachschulen zu erhalten, d.h. ihre Schließung zu vermeiden, wurde von ihnen also nicht honoriert, "kam nicht an". Infolgedessen wurde die Reform nur mit zum Teil erheblicher Verzögerung in die Praxis umgesetzt.

Am gravierendsten aber war, daß man bei der Konzeption der Reform nicht mit den Betrieben gerechnet hatte: Sie lehnten die Abschaffung des Fachschulingenieurs und die Wiederbelebung des Technikers nachhaltig ab, insbesondere die neue Variante eines Technikers ohne vorherige Berufsausbildung und mehrjährige Berufserfahrung. Dafür waren mehrere Gründe maßgeblich: Zum einen gab es die zur Begründung der Reform angeführte Automatisierung der Produktion nur in wenigen Betrieben. Zum anderen war man voll auf den Fachschulingenieur eingestellt, man hatte mit ihm aufgrund seines spezifischen Qualifikationsprofils, das das des Facharbeiters miteinschloß, im Schnitt sehr gute Erfahrungen gemacht. Und ein Einsatz von Technikern zugunsten eines möglichst rationellen, quantitativ begrenzten Einsatzes von Ingenieuren machte für die Betriebe angesichts der geringfügigen Lohndifferenzen zwischen den verschiedenen Arbeitskräftegruppen keinen Sinn.

Dazu kam eine Reihe von konkreten **Bedingungen der Einführung des Technikers**, die als "absurd" erschienen, obwohl es durchaus Gründe für sie gab: Nicht nur widersprach der Techniker des Wegs 1, der zur Füllung der Kapazitäten der Fachschulen geschaffen worden war, den traditionellen deutschen Vorstellungen vom Techniker völlig; die Planung, daß diese Techniker Meister- und/oder Brigadierfunktionen übernehmen sollten - durchaus einleuchtend in der Logik ihrer Ersatzfunktion für den zum Aussterben bestimmten Fachschulingenieur -, erschien angesichts ihrer fehlenden Praxiserfahrung als von vornherein undurchdacht: Sie wären von den erfahrenen Facharbeitern als Leitungskräfte nicht akzeptiert worden. Ähnliches gilt für die vorgesehene Gleichsetzung der Techniker mit den Fachschulingenieuren in der Entlohnung und ihre Bevorzugung gegenüber den Ingenieuren bei der Vergabe von Wohnungen; diese Maßnahmen waren als Stimuli zur Ankurbelung der Technikerausbildung gedacht, erschienen jedoch als grundsätzliche Verletzung des Leistungsprinzips.

(4) Im Gefolge dieser verschiedenen Gründe versuchten die Betriebe, wenn sie mit Ausbildung und Einsatz des neuen Qualifikationstyps "beauflagt" wurden, diese Anweisungen **zu unterlaufen**. Dies gilt insbesondere, aber nicht nur für die Ausbildung der "kleinen Techniker" des Wegs 1. Sehr deutlich kam das in einem im Rahmen einer Betriebsfallstudie nach 1990 durchgeführten Interview mit einem Betriebsvertreter zum Ausdruck: "Wir haben die Ausbildung von Technikern selbst in der Berufsausbildung mit übernehmen müssen. Sie ist aber eigentlich nie in dem Sinne zum Tragen gekommen. Es wußte hier eigentlich keiner, was man mit den Technikern machen sollte. Sie paßten einfach irgendwie nicht so richtig. ... Ich war seinerzeit in die Grundsatzdiskussion dazu involviert; Professor X führte aus Sicht des Ministeriums für Berufsbildung diese Diskussion in ausgewählten Kombinaten. Da haben wir seinerzeit als Praktiker dagegen opponiert und gesagt, es mache keinen Sinn, wenn sich eine Technikerausbildung nahtlos an eine Berufsausbildung anschließe. Wir wurden letztlich nicht gehört ... Auch haben wir darauf aufmerksam gemacht, daß man einen Facharbeiter, der sein Geld verdient und dann Techniker werden soll, nicht mit einem Stipendium abspeisen kann. Das war vielleicht einer der Klemmpunkte. ... für uns oder für mich das Todesurteil für diese Ausbildung. Ein junger Mensch, der sich entschließt, einen Beruf zu lernen, tut dies zu 40 % oder 50 % immer auf Verdacht. Er weiß nie, ob er sich in diesem Beruf wohlfühlt. So, und dann der Weg zum Techniker, mit dem man ihn eine Stufe weiterschickt. Er kennt keine Praxis, er lernt wieder nur etwas Theoretisches und wird dann erstmalig, wenn er fertig ist nach zwei Jahren Technikerausbildung, vor Aufgaben gestellt; das braucht nicht gut gehen, das muß nicht gut gehen, man muß eigentlich sogar sagen, im Zweifelsfall geht es bestimmt nicht gut. Insofern haben wir aus Sicht des Kombinatbetriebs seinerzeit keinen allzu großen Wert auf diese Ausbildung gelegt ... Wir haben ja dann praktisch keine Technikerausbildung durchgeführt."

Dazu kommt eine weitere Dimension von Kritik und Widerstand gegen die Umsetzung dieses Beschlusses: Die Absolvierung einer Technikerausbildung hatte wenig Attraktivität - weder für die jungen Absolventen der zehnklassigen allgemeinbildenden Schule, denen ja zum Teil der alternative Weg zur Hochschule oder zur (zunächst noch bestehenden) Fachschule offenstand, noch für die besonders qualifizierten Facharbeiter, die als Techniker Angestellte geworden wären und damit einer höheren Besteuerung unterlägen hätten.

In der Konsequenz dieser verschiedenen, mehr oder weniger verdeckten Widerstände und der sie aufnehmenden Diskussionen[4] konnte sich die Technikerausbildung bis zum Ende der DDR nicht wirklich durchsetzen, die Zahlen blieben ganz gering,[5] und die Diskussion in bezug auf konkrete Einsatzfelder für die Techniker war auch 1989 noch nicht abgeschlossen.

Aus heutiger Sicht zeigt sich, daß die Konzeption der Ingenieurreform ebenso wer Ausbildung und des Einsatzes von Technikern zu sehr vom Blick auf die Zukunft getragen waren und eine realistische Sicht auf das zum damaligen Zeitpunkt und in absehbarer Zeit Notwendige fehlte. Dies erscheint als eine Folge ihrer mangelnden Abstimmung mit den verschiedenen Stufen des technischen Bildungssystems und der betrieblichen Praxis bzw., da wo sie erfolgte, ihrer zeitlichen Verspätung und einer inhaltlich zu schmalen Profilierung. Dies gilt insbesondere, aber keineswegs ausschließlich für den Techniker des Wegs 1.

Damit ging der ostdeutsche Techniker in einem ganz hybriden Zustand und mit besonderen Hypotheken in den sogenannten Transformationsprozeß. Welches Schicksal hatte er nun unter den sich radikal verändernden gesellschaftlichen Bedingungen?

---

4   Diese Diskussionen betrafen zum einen die Frage, ob und unter welchen Bedingungen Techniker das Recht haben sollten, ein Ingenieurstudium aufzunehmen; eine eindeutige Antwort wurde erst 1988 vom Ministerium des Hoch- und Fachschulwesens der DDR formuliert: Für erfolgreiche und bewährte Absolventen der Technikerausbildung sollte der Zugang zum Hochschulstudium in einer der Technikerausbildung entsprechenden Fachrichtung ermöglicht, doch sollte mit der Ausbildung von Technikern (und Wirtschaftlern) kein neuer breiter Zugangsweg zum Hochschulstudium eröffnet werden (Böhme 1988).
Zum anderen galt die Diskussion dem vom Ministerium für Hoch- und Fachschulwesen beklagten Zustand, in den beiden Wegen zwei unterschiedliche Techniker auszubilden. War ursprünglich davon ausgegangen worden, man müsse prüfen, ob die Ausbildung auf zwei Wegen erfolgen könne, wurde daraus später keine tatsächliche Überprüfung ihrer Gleichwertigkeit abgeleitet; schon die ersten Erprobungsergebnisse führten diese Unterstellung ad absurdum (Giessmann 1989). Arbeitswissenschaftler und Soziologen schlugen deshalb vor, den Techniker des Wegs 1 für Aufgaben in Forschung, Entwicklung und Konstruktion zu profilieren, wo es tatsächlich Defizite an technischen und wissenschaftlich-technischen Mitarbeitern und damit unterwertigen Einsatz von Forschungskräften gab (Müller-Hartmann 1985; Bohring u.a. 1987).

5   Nach Schätzungen von B. Giessmann hatten 1990 insgesamt nicht mehr als ca. 1.500 Personen eine Technikerausbildung absolviert.

4. Der Transformationsprozeß und die Versuche zur Neu-Etablierung des Technikers

(1) Im Prinzip bestanden mit der Einführung der Marktwirtschaft (in ihrer westdeutschen Ausprägung) in Ostdeutschland eine Reihe **guter Bedingungen für die Etablierung und Stabilisierung des Technikers**:

Zum einen bedingte der Transfer des westdeutschen Bildungssystems den "Re-Import" der Technikerausbildung in ihrer westdeutschen, auf Facharbeiterausbildung und -erfahrung aufbauenden Version, die, wie gezeigt, auch in Ostdeutschland eher akzeptiert war. Die Technikerausbildung ist in der BRD wohl etabliert, sie kann auf eine nie unterbrochene Tradition zurückblicken, die über lange Perioden hinweg mit einer Stärkung verbunden war (Grüner 1967; Drexel 1993). Man konnte also erwarten, daß die keimhaften Ansätze einer (erneuerten) Technikerausbildung in Ostdeutschland durch das Zusammentreffen mit dieser Tradition deutlich gestärkt werden würden.

Zum anderen mußten die Fachschulen, die bislang die Techniker- **neben** der (angeblich) auslaufenden Ingenieurausbildung durchgeführt hatten, ein Eigeninteresse an der Füllung ihrer Kapazitäten mit Technikerausbildung entwickeln. Denn im Zusammenhang mit dem Systemtransfer wurde die Ingenieurausbildung auf Fachschulniveau - in Anpassung an die westdeutschen Verhältnisse - eingestellt. Den Fachschulen blieb damit nichts anderes übrig als eine Umwidmung ihrer Kapazitäten, wenn sie nicht schließen und ihr Personal in die Arbeitslosigkeit entlassen wollten.

Auf betrieblicher Seite konnte der Bedarf an werkstattnahem Personal mit theoretischem Plus den Techniker begünstigen, um so mehr, als viele Betriebe ihre FuE-Abteilungen verloren hatten; ebenso das personalpolitische Interesse der Betriebe an neuen Differenzierungen in den Belegschaften. Und nicht zuletzt sprechen natürlich auch die größeren Entlohnungsdifferenzierungen der neuen, an westlichem Muster orientierten Tarifverträge für wachsende Aufstiegs- und Weiterbildungsmotivationen der Facharbeiter und für ein Umstiegsinteresse der vielen überzähligen Meister auf etwa gleichem Niveau, also insbesondere in Richtung Techniker.

(2) Viele gute Voraussetzungen für eine Etablierung und Stabilisierung des Technikers also, aber nur "im Prinzip" und vielleicht mittel- und längerfristig! Bislang, das zeigen unsere Untersuchungen, sind sie kaum zum

Tragen gekommen: Die Etablierung des Technikers wurde **blockiert** durch eine Reihe von Merkmalen des Transformationsprozesses selbst, aber auch durch bestimmte Hypotheken der Vergangenheit.

Im einzelnen:

Die zu erwartende **Aufwertung des Status des ostdeutschen Technikers** durch den Transfer eines Wirtschafts- und Bildungssystems, in dem der Techniker eine nie unterbrochene Tradition hatte, fand (erstens) nicht bzw. nur mit großen Ambivalenzen statt: Die Kultusministerkonferenz, die für die Anerkennung von Fachschulabschlüssen der ehemaligen DDR zuständig ist, beschloß im Mai 1993 - auf der Grundlage des Art. 37 Abs. 1 des Einigungsvertrages, nach dem die im Gebiet der DDR und die in den alten Bundesländern abgelegten Prüfungen oder erworbenen Befähigungsnachweise einander gleichstehen und die gleichen Berechtigungen verleihen, "wenn sie gleichwertig" sind -, eine Bewertung der in der ehemaligen DDR an staatlichen und staatlich anerkannten Fachschulen erworbenen Abschlüsse vorzunehmen. Die Kultusministerkonferenz hat sich dabei nach eigener Darstellung "von dem mit dem Einigungsvertrag verfolgten Ziel der Herstellung uneingeschränkter Freizügigkeit auf der Grundlage absoluter Chancengleichheit für alle Deutschen im gesamten deutschen Staatsgebiet leiten lassen. Maßstab für die Bewertung der Abschlüsse waren daher der der bisherigen Bewertungspraxis (...) zugrundeliegende Eingliederungsgedanke sowie die Erwägung, daß an die in der ehemaligen DDR erworbenen Abschlüsse grundsätzlich keine höheren Anforderungen gestellt werden sollen, als dies im internationalen, insbesondere europäischen Bereich, der Fall ist. Die Bewertung der Abschlüsse soll dazu beitragen, den deutsch-deutschen Integrationsprozeß zu fördern und zu erleichtern" (Veröffentlichungen der Kultusministerkonferenz 1993).

Explizit wird darauf hingewiesen, bei der Feststellung der materiellen Gleichwertigkeit dürfe "kein schematischer Vergleich zugrundegelegt werden. Vielmehr ist eine Gesamtbetrachtung und Gesamtbewertung vorzunehmen, für die entsprechend dem Eingliederungsgedanken des Einigungsvertrages ein großzügiger Maßstab anzulegen ist. Unter diesen Voraussetzungen ist es gerechtfertigt, in einer großen Anzahl von Fachrichtungen - trotz der in der DDR generell vorherrschenden stärkeren berufsbezogenen Spezialisierung - die Gleichwertigkeit der Abschlüsse im Sinne des Art. 37 Einigungsvertrag festzustellen" (ebd.).

Unter dieser Prämisse werden die Technikerausbildungen in der Mehrheit der Fachrichtungen als gleichwertig anerkannt - Ausnahmen werden dort gemacht, wo besondere Spezialisierungen vorliegen.[6] Allerdings gilt dies nur für diejenigen Abschlüsse, die über den Bildungsweg 2, d.h. aufbauend auf Berufsausbildung und mehrjähriger Berufstätigkeit, erworben wurden. Die Abschlüsse des Bildungswegs 1 gelten prinzipiell als nur den an einer Berufsfachschule oder gleichgestellten Einrichtungen erworbenen Abschlüssen gleichwertig; auch hier gibt es die Möglichkeit einer Abweichung nach unten bei besonderer Spezialisierung, wobei hier eine Zusatzausbildung zum staatlich geprüften Technischen Assistenten führen kann.

Mit diesen Bewertungen hat der DDR-Technikerabschluß den Systemtransfer zwar deutlich besser überstanden als sein Pendant im kaufmännischen Bereich, die Fachschulausbildung von Ökonomen, dem mit Hinweis auf seine besondere Ausrichtung auf das Wirtschafts- und Gesellschaftssystem der DDR und die systembedingten großen Unterschiede die Anerkennung einer Gleichwertigkeit mit entsprechenden westdeutschen Bildungsabschlüssen generell versagt wurde.

Ungeachtet dieser relativen Besserstellung ist jedoch auch der DDR-Techniker dem westdeutschen nur teilweise gleichgestellt, z.T. (Weg 1) aber auch nicht; ein Sachverhalt, der insgesamt das Renommee dieser Berufsgruppe in Ostdeutschland nicht eben stärkt.[7]

Bereits im Vorfeld einer Klärung der Anerkennung des ostdeutschen Technikers hatte sich (zweitens) die **Schullandschaft** zu restrukturieren begonnen: Zunächst stießen viele Fachschulen so schnell sie konnten die Technikerausbildung ab in der Hoffnung, im Systemwechsel zu Fachhochschulen zu werden. Dies gelang ihnen aber nur ganz ausnahmsweise; die Regel war entweder die Schließung oder, "der Not gehorchend", die Rückkehr zur Technikerausbildung, für die sie Bedarf und vor allem Finanzierung durch die Mittel der Bundesanstalt für Arbeit erhofften.

---

6 Zum Beispiel beim Elektrotechniker die Fachrichtung Eisenbahnsicherungs-, Verkehrsnachrichten- und Automatisierungstechnik oder beim Energietechniker die Fachrichtung Gas- und Versorgungstechnik etc.

7 Daneben gibt es Hinweise auf bürokratische Schwierigkeiten mit der Anerkennung des Technikerabschlusses (Weg 2), die im einzelnen von den Ländern durchzuführen ist.

Doch war (drittens) der **Zulauf zur Technikerausbildung** von vornherein schwach - und er nahm in den Jahren seit 1990/91 zudem deutlich ab. Die Zahlen sind - nach unseren Ermittlungen bei den Kultusministerien - zum Teil grotesk klein. So gibt es etwa in Dresden 40 Bautechniker, 45 Elektrotechniker, 15 Kraftfahrzeugtechniker und 20 Maschinenbautechniker pro Jahr in Vollzeitunterricht und jeweils 15 in Teilzeitunterricht alle zwei Jahre. Leipzig hat etwa 25 bis 30 Teilnehmer pro Jahr in Vollzeitunterricht, die Fachrichtung Maschinentechnik ist ausgelaufen. In Mecklenburg-Vorpommern werden ähnliche Zahlen für das gesamte Land gemeldet; so wurden nach den Zahlen vom Statistischen Landesamt 1994 insgesamt 45 Technikerprüfungen abgelegt und 64 Technikerausbildungen begonnen.[8]

Der mangelnde Zulauf zur Technikerausbildung erklärt sich zum Teil aus dem geringen Bekanntheitsgrad dieses Bildungsgangs, aber auch aus einer realistischen Einschätzung von (zumindest kurz- und mittelfristig) schlechten Chancen, einen entsprechenden Arbeitsplatz zu erhalten. Eine weitere, ganz zentrale Ursache für die mangelnde Nachfrage ist die Entwicklung der AFG-Förderung: Sie hat zunächst eine gewisse Nachfrage gestützt, wenn nicht induziert. Die Beendigung dieser Förderung bedeutet einen scharfen Einschnitt, da eine Selbstfinanzierung der Vollzeitausbildung durch die Teilnehmer kaum möglich ist und die Betriebe die Kosten nicht tragen. Die nebenberufliche Ausbildung zum Techniker aber ist durch die Intensivierung der Arbeit im Betrieb zunehmend erschwert.

Die Kultusverwaltungen und Schulen reagierten auf das Problem der mangelnden Nachfrage mit **Problemlösungsstrategien**, die zum Teil ihrerseits **problemträchtig** sein dürften:

Zum einen wurde die Technikerausbildung vielfach eingegliedert in größere, in sich differenzierte Schulkomplexe in öffentlicher Trägerschaft, wie etwa die Oberstufenzentren in Brandenburg und Sachsen. Dies erscheint im Hinblick auf Synergieeffekte und optimale Auslastung vorhandener personeller und räumlicher Kapazitäten - gerade angesichts instabiler Teilnehmerquanten - durchaus sinnvoll, manche Schließung kann vielleicht durch zeitweise Kapazitätsumwidmungen vermieden werden. Doch trägt dies zu einer **Verwischung des Profils der Technikerausbildung** bei.

---

8 In Berlin ist aufgrund des größeren einheitlichen Gebiets und von Konkurrenz und Kooperation zwischen ostberliner und westberliner Technikerschulen die Situation insgesamt etwas anders und weniger eindeutig.

Und die Tatsache, daß die technischen Fachschulen nur Filialen bzw. Teile von beruflichen Schulzentren sind, **verhindert** sowohl eine gute, über die Region hinausgehende **Öffentlichkeitsarbeit** als auch die Entstehung eines **spezifischen Technikerschulprofils** und drückt im Niveau. Die Technikerausbildung kann sich auf diese Weise in den Augen der wenig informierten Bevölkerung kaum als eigenständiger Bildungsweg profilieren.

Dazu kommt, daß man versucht, die mangelnde Nachfrage in den klassischen Fachrichtungen der Metall- und der Elektrotechnik zu kompensieren durch die Schaffung neuer, oft sehr spezieller Fachrichtungen insbesondere im Umweltbereich sowie durch das Angebot von Zusatz- und Spezialqualifikationen wie insbesondere der Ausbildungsbefähigung nach AEVO. Auch diese Suche nach Marktnischen kann im Prinzip angesichts der allgemeinen Arbeitsmarktlage und des Wegbrechens der traditionellen Industrien durchaus sinnvoll sein, doch kann auch sie die Spezifik des Technikerprofils verwischen. Es werden Profilveränderungen vorgenommen, ja "Hybridqualifikationen" zwischen Wirtschaftler und Techniker oder zwischen Laborant und Techniker geschaffen, die die Herausbildung eines klar konturierten Technikerprofils, die gerade in Ostdeutschland angesichts des Fehlens einer lebendigen Technikertradition für seine Etablierung und dauerhafte Durchsetzung notwendig wäre, zumindest sehr erschweren.

Und schließlich ist in diesem Zusammenhang die Tatsache zu nennen, daß der Fachschulabschluß in mehreren neuen Bundesländern die Fachhochschulreife vermittelt; diese Durchlässigkeit nach oben hin kann zwar im Moment die Attraktivität einer Technikerausbildung und damit den Zulauf zu dieser erhöhen, hat aber die Funktion, sie in eine "Durchlaufstation" zu transformieren, also gerade nicht in einen Bildungsgang mit eigenständigem Wert, der einen neuen Qualifikationstyp zu etablieren erlauben würde.

Zu diesen Problemen kommt die Tatsache, daß die Technikerausbildung vor allem in den ersten Jahren nach 1989 schwergewichtig eine Ausbildung von Arbeitslosen, ein Weg zur (erhofften) Überbrückung von Arbeitslosigkeit war, mit all den Folgeerscheinungen, die dies und die anhaltende Arbeitslosigkeit auch von ausgebildeten Technikern haben muß.

Wie mehrere Befragungen von und Gruppendiskussionen mit Technikern, die noch während des Bestehens der DDR ihre Technikerausbildung, und solchen, die nach bundesdeutschem Recht diese Ausbildung begonnen hatten, zeigten, bestanden und bestehen auch bei diesen kaum konkrete Vorstellungen in bezug auf Ausbildung und Beruf des Technikers, war und ist die Wahl dieses Bildungsgangs vielfach eine **Verlegenheitslösung**, ein Versuch, Arbeitslosigkeit zu überbrücken oder aber ein **Baustein auf dem Weg zum Studium**. Soweit sie (aufgrund von nebenberuflicher Weiterbildung) Erfahrung mit der betrieblichen Situation haben, berichten sie, es gäbe in den Betrieben kaum Erfahrungen mit Technikern, es werde kaum ein Niveauunterschied zwischen Technikern und hochqualifizierten Facharbeitern gesehen und vor allem, viele würden als Facharbeiter arbeiten.

Diese **bestenfalls ungeklärte**, vielfach aber **fehlende Einsatzperspektive von Technikern im Betrieb** scheint denn auch eine wesentliche Ursache für die geringe Nachfrage nach dieser Ausbildung zu sein: Aus verschiedenen Betriebsfallstudien und Einzelgesprächen ist bekannt, daß die Betriebe vielfach immer noch, neuerlich wieder bzw. sogar neuerlich verstärkt, auf potentiellen Technikerpositionen Fachschulingenieure einsetzen; ein Sachverhalt, der natürlich durch das große Angebot an Fachschulingenieuren auf dem inner- und außerbetrieblichen Arbeitsmarkt erleichtert wird und seinerseits unterwertigen Einsatz von Technikern (z.B. als Anlagenfahrer in einem Stahlbetrieb) begünstigt. Wenngleich solche Entwicklungen aufgrund der verfügbaren Daten nicht zu verallgemeinern sind, so sind sie doch auch nicht nur Einzelfälle.

5. Resümee und Ausblick

Insgesamt wird durch das Zusammenwirken der verschiedenen skizzierten Faktoren die Herausbildung eines konturierten Technikerprofils und eines klar definierten und attraktiven Einsatzbereiches für Techniker - beides zentrale Voraussetzungen für die Durchsetzung und Stabilisierung eines neuen Qualifikationstyps - verhindert.

Der Transformationsprozeß steht also für den Techniker unter einem schlechten Stern. In spezifischer Weise verbinden sich hier Schwächen und Probleme ("Hypotheken") der Vergangenheit mit bestimmten Logiken des Systemtransfers und potenzieren sich in ihrer Wirkung:

Es hat den Techniker zu lange Zeit nicht gegeben, man erinnert sich nur dunkel an ihn, und zwar in höchst kritischer Weise; mit dem Bild des

Technikers wird vornehmlich eine autoritäre und als unsinnig empfundene staatliche Politik assoziiert. Und die Betriebe, die in ihren Personaleinsatzstrategien sowieso wenig auf die Abgrenzung von Profilen und auf optimale Nutzung vorhandener Qualifikationspotentiale gesetzt hatten, haben nur diese schlechten Erinnerungen an die Wiederbelebung des Technikers, aber kaum Erfahrungen mit seinem Einsatz - wenig erstaunlich, daß sie ihn nicht einordnen können.

Diese Ausgangssituation wurde nun keineswegs durch eine überzeugende, Attraktivität schaffende und die Interessen der Beteiligten gewinnende, gezielte "Transformationspolitik", durch eine dezidierte Aufwertung des Technikers und eine klare Profilierung seiner Potentiale, überwunden - im Gegenteil: Die politische Dominanz westdeutscher Entscheidungsträger und Institutionen hat (ohne Not) die Problematisierung des ostdeutschen Technikers noch einmal verstärkt und zugleich wenig dazu getan, die Technikerausbildung nach westdeutschem Muster zu propagieren und zu stützen. Die neuen betrieblichen Interessen an Lohnkosten sparendem Personaleinsatz haben - begünstigt durch die massenhafte Arbeitslosigkeit auf allen Qualifikationsniveaus - in den Betrieben Substitutions- und Abwertungsprozesse in Gang gesetzt, die die Schaffung eines eigenständigen Platzes für den Techniker in den Hierarchie- und Arbeitsteilungsmustern nicht zuläßt. Damit wird er, in der marktwirtschaftlichen Logik betrieblicher Interessen an Bindung möglichst hoher Qualifikationen bei insgesamt möglichst niedrigem Entlohnungsvolumen, wenn überhaupt, "irgendwo" und tendenziell unterwertig eingesetzt - scheinbar in der DDR-Tradition einer wenig an maximaler Ausschöpfung vorhandener Qualifikationspotentiale orientierten Einsatzpolitik und u.a. deshalb wohl auf wenig Widerstand stoßend. Soweit solche Einsatzpolitiken heute in der Hand von ostdeutschem Leitungspersonal liegen, können sie sich zudem stützen auf das Negativimage des Technikers aus der Vergangenheit (Stichworte: "abgebrochener Ingenieur", autoritär verfügte Wiederbelebung mit absurden Begleiterscheinungen) und auf die generelle Schwäche des gesellschaftlichen Status der mittleren Qualifikationsgruppen in der DDR. Der Status des Technikers wurde noch einmal geschwächt durch die Bewertungs- und Anerkennungsverfahren von seiten der Institutionen des westdeutschen Bildungssystems, die explizit die Qualifikation des westdeutschen Technikers und implizit die Sicherung von dessen Status zum Maß nahmen für die Frage einer Anerkennung oder Nichtanerkennung.

Alle diese Sachverhalte stehen den oben skizzierten, "im Prinzip" sehr positiven Rahmenbedingungen für die Etablierung des Qualifikationstyps Techniker in den neuen Bundesländern gegenüber. Diese Bedingungen - Angleichung der Ausbildung an die des westdeutschen Technikers, Eigeninteressen von Bildungseinrichtungen, betriebliche Interessen an werkstattnahem Personal mit theoretischem Plus und an neuen Differenzierungsmöglichkeiten sowie Interessen der Facharbeiter an Aufstieg - sind im wesentlichen bestimmt durch den mittel- und längerfristigen "Bedarf" der Betriebe **und** durch die politischen und sozialen Erfordernisse einer Angleichung der ostdeutschen Arbeits- und Lebensverhältnisse an die westdeutschen, deren Sogwirkung schließlich ein wesentlicher Faktor für die Implosion des DDR-Systems gewesen war.

Der Transformationsprozeß ist also im Fall des Technikers von einer spezifischen Widersprüchlichkeit zwischen den kurzfristigen Interessen seiner wichtigsten Akteure und ihren langfristigen Interessen geprägt. Er ist aber auch geprägt von der Intransparenz, Segmentierung und Ungesteuertheit eines gesellschaftlichen Prozesses, den kurzfristige bzw. partikulare Interessen - die der Schulen an Kapazitätsauslastung, die von Arbeitsämtern an in Westdeutschland bewährten Bildungsgängen, die von Kultusbehörden an der Aufrechterhaltung von westdeutschen Standards und vor allem die der Betriebe an qualifizierten Arbeitskräften bei niedrigen Lohnsummen - nachhaltig beeinflussen und beeinträchtigen können.

Für die Zukunft ist, wenn man nicht sehr optimistisch ist, wohl eher nicht mit einem späten Überspringen eines belebenden Funkens vom westdeutschen auf den ostdeutschen Techniker zu rechnen. Wahrscheinlicher ist eine Verstärkung seiner Hypotheken und vielleicht sogar deren Übergreifen auf die Situation des Technikers in Westdeutschland.

Literatur

Böhme, H.-J.: Referat auf der Beratung mit den Direktoren der Ingenieur- und Fachschulen der DDR am 13. Juli 1988 in Eisleben. In: Die Fachschule, Heft 8/9, 1988, S. 169-184.

Bohring, G.; Böttner, W.; Olschewski, H.: Ideologie und Leistungswachstum, Leuna-Merseburg 1987.

Drexel, I.: Das Ende des Facharbeiteraufstiegs? - Neue mittlere Bildungs- und Karrierewege in Deutschland und Frankreich - ein Vergleich, Frankfurt/New York 1993.

Ettrich, F.; Lohr, K.: Soziologie und Industriesoziologie in der DDR - eine kritische Bilanz. In: R. Schmidt (Hrsg.): Zwischenbilanz - Analysen zum Transformationsprozeß der ostdeutschen Industrie, Berlin 1993, S. 27-72.

Giessmann, B.: Zum sozialen Profil von Technikern im Bereich Wissenschaft/Technik und Produktion, Dissertation A, Berlin 1989.

Giessmann, B.: Die Re-Konstitution des Technikers in der DDR - Politische Planung und gesellschaftliche Realisierung. In: I. Drexel (Hrsg.): Jenseits von Individualisierung und Angleichung, Frankfurt/New York 1994, S. 195-236.

Grüner, G.: Die Entwicklung der höheren technischen Fachschulen im deutschen Sprachgebiet - ein Beitrag zur historischen und zur angewandten Berufspädagogik, Braunschweig 1967.

Konzeption für die Gestaltung der Aus- und Weiterbildung der Ingenieure und Ökonomen in der DDR: Beschluß des Politbüros des ZK der SED vom 28. Juni 1983. In: Das Hochschulwesen, Heft 9, September 1983, S. 1-8.

Lötsch, I.; Lötsch, M.: Soziale Strukturen und Triebkräfte - Versuch einer Zwischenbilanz und Weiterführung der Diskussion. In: Jahrbuch für Soziologie und Sozialpolitik 1985, Berlin 1985, S. 159-178.

Müller-Hartmann, I.: Soziale Eigenschaften, Einstellungen und Verhaltensweisen der wissenschaftlich-technischen Intelligenz unter den Bedingungen der umfassenden Intensivierung, Berlin 1985.

Schneider, G.: Technikerausbildung in der DDR - Eine problemgeschichtliche Studie, unveröffentl. Manuskript, Berlin o.J.

Veröffentlichungen der Kultusministerkonferenz: Beschluß der KMK vom 7.5.1993 zur Feststellung der Gleichwertigkeit von Bildungsabschlüssen (Fachschulabschlüsse, Abschlüsse kirchlicher Ausbildungseinrichtungen) im Sinne des Art. 37 Abs. 1 des Einigungsvertrages - Fachschulbereich. Hrsg. v. Sekretariat der Ständigen Konferenz der Kultusminister der Länder in der Bundesrepublik Deutschland, Bonn 1993.

Dirk Bunzel

Vom Statthalter des Unternehmers zum Handlanger der Arbeiter? - Zur Entwicklung des VE-Meisters

1. Fragestellung und Materialgrundlagen - eine Einführung

2. Die historische Entwicklung von Position und Qualifikation des VE-Meisters im Überblick

3. Die Institutionalisierung der Ausbildung zum Meister und des Zugangs zur Meisterposition

4. Zum Verhältnis von Tätigkeitsstruktur und Qualifikationsprofil auf der Meisterebene

5. Die Spezifik der Meisterproblematik der DDR und die Bedeutung von branchentypischen Konstellationen

6. Zusammenfassung

1. Fragestellung und Materialgrundlagen - eine Einführung

In der DDR wurde - anknüpfend an die in Deutschland bestehende industrielle Tradition - die produktionsnahe Führungsebene der Industrie erneut um den Qualifikationstyp des Meisters herum strukturiert. Doch bekam diese Führungsebene ebenso wie der Qualifikationstyp des Meisters eine gesellschaftliche Spezifik, die sowohl durch eine bestimmte Form der Institutionalisierung von Ausbildung und Zugangswegen zu dieser Führungsebene als auch durch die Machtkonstellationen der DDR-Betriebe geprägt war. Dabei gab es jenseits genereller Charakteristika, die durch die DDR-spezifische Variante eines sozialistischen Gesellschaftssystems bedingt waren, eine erhebliche Varianz in der konkreten Rolle des Meisters, die auf meso- und mikropolitische Machtkonstellationen und die sie bedingenden branchenspezifischen Beschäftigungs- und Qualifikationsstrukturen zurückzuführen sind.

Diese Zusammenhänge werden im folgenden dargestellt:[1] Zunächst wird ein allgemeiner historischer Überblick über die Entwicklung von Position und Qualifikation des Meisters im Verlauf der DDR-Geschichte skizziert (Abschnitt 2). Daran anschließend werden wichtige Prozesse der Institutionalisierung des Zugangs zur Meisterposition - die Regelung der Ausbildung und die Kriterien der Selektion - beschrieben (Abschnitt 3). Im darauffolgenden Abschnitt werden die (begrenzten) Erfolge dieses Institutionalisierungsprozesses anhand der quantitativen Relationen von Meisterqualifikation zu Meistertätigkeit für die gesamte Industrie der DDR nachgezeichnet (Abschnitt 4). Auf diesen verschiedenen Analysen von Teilaspekten aufbauend wird dann zunächst die Spezifik der Meisterproblematik in der DDR generell und anschließend in ihren branchenspezifischen Varianten dargestellt: Exemplarisch für drei Wirtschaftsbereiche - das Baugewerbe, den Maschinenbau sowie die Chemische Industrie - wird gezeigt, wie unterhalb der zentralen staatlichen Regulierung der Wirtschaft meso- und mikropolitische Machtkonstellationen zu beträchtlichen Varianten führen konnten, die ihrerseits wiederum großen Einfluß darauf hatten, ob und in welchem Umfang sich der Meister auf der produktionsnahen Führungsebene als vorherrschender Qualifikationstyp durchsetzen konnte und welches Rollenverständnis sich entwickelte (Abschnitt 5). Diesem besonders umfangreichen Abschnitt folgt eine kurze Zusammenfassung der wichtigsten Ergebnisse dieses Beitrages (Abschnitt 6).

Die Aussagen dieses Aufsatzes stützen sich - angesichts einer sehr schlechten Literatur- und Datenlage[2] - schwergewichtig auf eine eigene Auswertung unveröffentlichter Daten der Volks-, Berufs-, Wohnraum- und Gebäudezählung der DDR vom 31.12.1981 (im folgenden kurz als "Volkszäh-

---

1 Der Beitrag stützt sich im wesentlichen auf Ergebnisse, die Bestandteil meiner 1994 dem Fachbereich Sozialwissenschaften der Humboldt-Universität zu Berlin vorgelegten Diplomarbeit zum Wandel der Meisterfunktion in den neuen Bundesländern sind.

2 Es gibt - meines Wissens - keine Veröffentlichungen, die sich systematisch mit der geschichtlichen Entwicklung der Meisterfunktion und -ausbildung der DDR befassen. Insbesondere Daten und Publikationen über die Jahre unmittelbar nach 1945 sind nicht zu ermitteln. Selbst Veröffentlichungen über die Entwicklung in den 50er und 60er Jahren gibt es nur wenige. Auch die zum VE-Meister publizierten quantitativen Daten erwiesen sich als unzureichend.

lung" zitiert) und auf eigene Interviews,[3] die zwischen 1993 und 1995 durchgeführt wurden.

2. Die historische Entwicklung von Position und Qualifikation des VE-Meisters im Überblick

In der Phase des Neu- bzw. Wiederaufbaus von Landwirtschaft, Handwerk und industriellen Kernbereichen der DDR nach 1945 wurde zunächst mit dem Rückgriff auf das vorhandene Potential an Arbeitern, Angestellten, Ingenieuren etc. an gegebene, historisch geformte Qualifikationstypen angeknüpft. Ausgehend von einer industriellen Tradition, in der dem Meister eine Schlüsselstellung im Produktionsprozeß zukam, waren die Handwerkskammern die ersten, die mit Bezug auf diese Tradition die Meisterausbildung wieder aufnahmen. Etwas verzögert durch den sich nur allmählich vollziehenden Wiederaufbau der Betriebe wurde dieser Prozeß dann durch die Industrie- und Handelskammern auch in die Industrie getragen. Die betrieblichen Bildungsstätten, aus denen später die Betriebsakademien hervorgingen, übernahmen dabei die Federführung.[4]

Ausgebildet wurde zunächst nach einheitlichen, durch die Industrie- und Handelskammern festgelegten Programmen. Später, nach Auflösung der Länderstrukturen der DDR, wurde diese Kompetenz im zeitlichen Verlauf wechselnden staatlichen Institutionen übertragen. Über die gesamte

---

3 Interviewt wurden etwa 20 Meister in drei Betrieben der Bauwirtschaft, des Maschinenbaus und der Chemischen Industrie sowie einige VE-Meister, die an einem Vorbereitungskurs zur IHK-Meisterprüfung teilnahmen; ferner die jeweiligen Vorgesetzten der Meister, Vertreter des Personalmanagements und zum Teil des Betriebsrats in den genannten drei Betrieben. Ergänzend wurden ca. zehn Expertengespräche geführt mit ehemaligen leitenden Mitarbeitern des Zentralinstituts für Berufsbildung der DDR, mit Angestellten dieses Instituts, die in Konzeption und Gestaltung der Meisterausbildung involviert gewesen waren, und mit Sozialwissenschaftlern, die sich direkt oder indirekt mit Meistern befaßt hatten.

4 Bei den Betriebsakademien handelte es sich um Einrichtungen der betrieblichen Aus- und Weiterbildung, die nach staatlichen und betrieblichen Programmen unterrichteten; die von ihnen verliehenen Zertifikate besaßen allgemeine Gültigkeit. Den Betriebsakademien oblagen neben der Durchführung von Meister-Kursen auch andere Formen der Aus- und Weiterbildung von Facharbeitern, Meistern und sogenannten Führungskadern. In der DDR gab es etwa 1.500 derartige Einrichtungen (vgl. Heinrich 1985).

weitere Entwicklung der DDR hinweg blieb diese zentrale Form der Regelung der Meisterausbildung bis hin zur Nomenklatur der Meisterfachrichtungen. Eine vereinheitlichende, für die gesamte DDR verbindliche Meisterausbildung wurde jedoch erst 1973 geschaffen.

Allerdings gab es seit 1953 eine allgemeine gesetzliche Grundlage für Meisterausbildung und -einsatz: die "Meisterverordnung" von 1953, in der der Meister in bezug auf seine Stellung und seinen Aufgabenbereich definiert wurde als "... unmittelbarer Organisator der Produktion und Helfer der in seinem Arbeitsbereich Beschäftigten im Kampf um die Erfüllung der Wirtschaftspläne; er ist der verantwortliche Leiter des ihm übertragenen Produktionsabschnitts oder Arbeitsbereichs" (zitiert nach Schumann 1984, S. 16).

Nach Schumann verdeutlicht dieses Zitat die Dominanz der organisatorischen Aufgaben, die der Meisterrolle zugedacht waren. Seiner Meinung nach äußert sich dies auch in der Tatsache, "... daß bis Ende der 50er Jahre in der Meisterausbildung Erziehungswissenschaften und ähnliche leitungsorientierte Bildungsinhalte nicht Bestandteil des verbindlichen Lehrplans waren" (ebd.).

Die bereits in den 50er Jahren in den Betrieben bestehenden Probleme der Arbeitsmoral hatten zur Folge, daß den Meistern von staatlicher Seite Inkonsequenz und fehlende politische Einflußnahme unterstellt wurde. Im weiteren wurde daher die ihnen zugeschriebene Erziehungsfunktion zur zentralen Aufgabenstellung für die Meisterausbildung. Damit sollte ein Funktionswandel des Meisters vom besten Fachmann zum Erzieher und Menschenführer einhergehen.

Die nach der Erhebung vom Juni 1953 von der SED betriebene "... Kombination aus politischer Repression, gemäßigter Leistungspolitik und verbessertem Lebensstandard ..." (Deppe, Hoß 1989, S. 29) offenbarte jedoch die mangelnde Fähigkeit der politisch dominierten Wirtschaft der DDR, ökonomisch effiziente Anreiz- und Sanktionsmechanismen zu implementieren. Dieser Mangel stellte auch den Hintergrund für die Schwierigkeiten der Meister dar, die ihnen zugedachte Rolle als Erzieher, Organisator und Motivator der Arbeiter auszufüllen. Ein ehemaliger leitender Angestellter des Zentralinstituts für Berufsbildung der DDR beschrieb dieses Dilemma folgendermaßen: "Die Probleme, daß eigentlich nirgendwo richtig nach wirtschaftlichen Kriterien gearbeitet werden konnte, wurden nach unten auf den Meister verlagert, der dann alles ausbaden sollte. Der Meister als Erzieher und Führungskraft sollte als Schlüsselfigur systemerhaltend wirken, obwohl er diese Funktion nie richtig angenommen hat und mehr Kumpel der Arbeiter war."

Mitte der 60er Jahre wurde die Wirtschaftsdoktrin des "Übergangs von der extensiven zur intensiv erweiterten Reproduktion" proklamiert: Unter extensiv erweiterter Reproduktion wurden ökonomische Entwicklungsmuster verstanden, bei denen ökonomischem Wachstum durch Ausdehnung der Produktion und extensive Nutzung der Produktionsfaktoren Priorität zukommt; unter intensiv erweiterter Reproduktion wurde intensives Wachstum durch Steigerung der Produktivität verstanden. Als Folge des durch diese veränderte wirtschaftspolitische Doktrin ausgelösten Drucks auf die Arbeitsproduktivität wurde spätestens seit dem VIII. Parteitag einer Steigerung der Effektivität in den Produktionsbereichen offiziell verstärkte Beachtung geschenkt. Mit der Forderung, "... die Rolle der mittleren Leitungskader in den Betrieben, besonders der Meister ..." zu erhöhen sowie "... das Ansehen der mittleren Kader zu heben ...",[5] wurden verschiedene staatlich initiierte Maßnahmen ergriffen, in deren Zentrum die 1973 begonnene Neukonzipierung einer einheitlich gültigen Aus- und Weiterbildung der Meister sowie die Einführung von leistungsabhängigen Gehältern für Meister (Mitte der 70er Jahre) standen. Letzteres änderte jedoch nichts an dem Faktum, daß viele Meister aufgrund der höheren Besteuerung von Angestelltengehältern und der fehlenden Vergütung von spezifischen Zusatzleistungen (teilweise auch von Überstunden) im Nettoentgelt weniger verdienten als die ihnen unterstellten Arbeiter. Dies beeinträchtigte die ohnehin geringe Attraktivität der Meisterposition zusätzlich.

In den 80er Jahren stand die Meisterausbildung primär unter dem Einfluß der Qualifikationserfordernisse, die von der "wissenschaftlich-technischen Revolution" erwartet wurden. Dort, wo neue Technologien tatsächlich Einzug hielten (z.B. beim Einsatz von flexiblen Fertigungssystemen im Maschinenbau), wurden bei den Meistern Qualifikationsdefizite konstatiert; in diesem Zusammenhang plädierten die Wissenschaftler der Techni-

---

5 Direktive des VIII. Parteitages der SED zum Fünfjahresplan für die Entwicklung der Volkswirtschaft der DDR 1971 bis 1975, S. 69 (zitiert bei Schumann 1984, S. 17).

schen Universität Dresden dafür, insbesondere für technisch anspruchsvolle Aufgabenkomplexe ingenieurtechnisches Personal einzusetzen, und stellten die Meisterfunktion offen zur Disposition. Da jedoch solche anspruchsvollen technologischen Lösungen in der DDR nur vereinzelt anzutreffen waren und häufig sogenannte Insellösungen darstellten, erklärten DDR-Bildungsexperten noch 1990 für die gesellschaftliche Ebene: "Die volkswirtschaftliche Bedeutung des Meisters erfährt bis zum Jahr 2000 keinerlei Abstriche" (Achtel 1990, S. 27).

Die Meisterfunktion hat in der DDR ohne Zweifel einen Statusverlust erlitten. Ausgehend von der - am historisch gewachsenen Habitus des Meisters als "Bester seines Faches" und "Herr der Werkstatt" orientierten - industriellen Tradition der klassischen Meisterwirtschaft konnte der Meister diesen Status nur sehr bedingt aufrechterhalten. Nur in stark handwerklich geprägten Bereichen dominierten in der Regel Berufserfahrung und Kompetenz bei der Rekrutierung der künftigen Meister, wie dies ein ehemaliger Mitarbeiter am Zentralinstitut für Berufsbildung der DDR einschätzte: "In der Regel waren die Anforderungen an den Meister in den typischen Handwerksberufen wesentlich höher. Es war dann gewöhnlich das sogenannte Meisterpraktikum gleichzusetzen mit der Anfertigung eines Meisterstücks".

Mit der zunehmenden industriellen Entwicklung in der DDR gelang es den Meistern in einigen Wirtschaftsbereichen immer weniger, ihren einstigen Status aufrechtzuerhalten. Die staatlich intendierte Fixierung der Meisterfunktion auf die Rolle als Organisator der Produktion und Erzieher des Arbeitskollektivs, dem es oblag, die "Kontinuierung" des Produktionsprozesses zu gewährleisten und den ihm unterstellten Arbeitern durch "Überzeugungsarbeit" die Interessenidentität von staatlichen, kollektiven und individuellen Zielen zu verdeutlichen, führte zu einem zumindest impliziten Abrücken vom Anspruch der fachlichen Überlegenheit des Meisters.

Der Übergang vom Fachexperten zum Menschenführer, wie er gegenwärtig als ein mögliches Szenario für die Zukunft der Meisterfunktion in der westdeutschen Industriesoziologie diskutiert wird, vollzog sich im Laufe der Entwicklung der DDR implizit und wurde spätestens seit den 70er Jahren offiziell reflektiert und sogar gefördert. Der Meister sollte vor allem als Motivator zur Steigerung der Arbeitsproduktivität fungieren, während vielerorts die technische Fachkompetenz zur Domäne des ingenieurtechnischen Personals wurde.

3. Die Institutionalisierung der Ausbildung zum Meister und des Zugangs zur Meisterposition

Die Schaffung und Regelung spezifischer Ausbildungs-, Rekrutierungs- und Zugangsmuster trägt zur Stabilisierung eines Qualifikationstyps bei, sie ist Moment im Prozeß seiner institutionellen Verfestigung, der sich im Wechselspiel zwischen Qualifikationsvermittlung und -verwertung vollzieht und Ausdruck der jeweiligen Machtverhältnisse und Partikularinteressen ist. Inwieweit die Implementierung formaler Qualifizierungsprozesse und Zugangswege mit einer institutionellen Verfestigung gleichzusetzen ist, hängt auch wesentlich von der Einlösung der damit verbundenen Ansprüche in bezug auf die Verwertung der erworbenen Qualifikation im Arbeitsprozeß, von Karriereplanung und sozialem Status ab. Beide Prozesse, die institutionalisierte Vermittlung einer Qualifikation wie ihre konkrete Verwertung, stehen in einem Wechselverhältnis; sie können sich gegenseitig verstärken oder auch zur Erosion eines Qualifikationstyps beitragen.

Die Tatsache, daß im deutschen Industriebetrieb die untere Führungsposition mit dem Qualifikationstyp Meister gleichgesetzt wird, ja oftmals semantisch gar nicht mehr von diesem unterschieden wird, spricht in der Interpretation von Tolbert und Zucker (1994) für einen hohen Grad institutioneller Geschlossenheit des Qualifikationstyps Meister: Eine spezifische Form der Organisation des industriellen Produktionsprozesses - die Etablierung von Kontroll- und Anleitungspositionen auf der untersten hierarchischen Ebene des Industriebetriebs - wird mit einem konkreten Qualifizierungs- und Rekrutierungsmuster direkt identifiziert. Eine derartige Kopplung war jedoch in der DDR keineswegs von vornherein gegeben, und sie war auch keineswegs stabil.

Deshalb wird im folgenden zunächst die Institutionalisierung der Ausbildung zum VE-Meister und des Zugangs zur Meisterposition beschrieben, bevor dann im nächsten Abschnitt überprüft wird, inwieweit in der DDR eine institutionelle Geschlossenheit des Qualifikationstyps Meister erreicht wurde.

3.1 Die Institutionalisierung der Ausbildung zum Meister nach 1973

Erst ab 1973 gab es, wie bereits erwähnt, eine verbindlich für die gesamte DDR geregelte einheitliche Meisterausbildung.

Die Teilnahme an einer Meisterfortbildung hatte formale Voraussetzungen in bezug auf den zuvor erlernten Facharbeiterberuf. Es gab eine teilweise sehr enge Zuordnung der angestrebten Meisterausbildung zu der vorher absolvierten Facharbeiterausbildung, in einigen Fachbereichen eine Zuordnung im Verhältnis 1 : 1. Dahinter stand die Intention der Instanzen der Berufsbildungspolitik, ein Mindestmaß an Fachkompetenz und Berufserfahrung der Meister zu sichern.

Die Verordnung über die Aus- und Weiterbildung der Meister (GBl. Teil I/1973, Nr. 33) legte die Struktur der auf zwei Jahre angelegten Meisterausbildung fest. Kern dieser Regelung war die **Grundlagenausbildung**. Sie umfaßte ein Volumen von insgesamt 750 Stunden, die innerhalb der ersten zehn Monate der Ausbildung zu durchlaufen waren. Zum Inhalt zählten Fächerkomplexe wie Sozialistische Arbeitswissenschaften, Sozialistische Betriebswirtschaft, Philosophie, Recht etc., die als fachübergreifend angesehen wurden und die angehenden Meister vor allem mit Aspekten der sozialistischen Leitungstätigkeit vertraut machen sollten. Die Grundlagenbildung stand (wie die gesamte Ausbildung) unter der Regie der jeweiligen staatlichen Berufsbildungsinstanzen. Sie wurde in der Regel an einer der für jeden Bezirk eingerichteten zentralen Berufsschulen durchgeführt und war inhaltlich für alle Fachrichtungen identisch.

Die zweite Komponente - die **Fachausbildung** der Meister - war spezifisch für jede der 177 Fachrichtungen und wurde an für die gesamte DDR zentralisierten Bildungsstätten durchgeführt. In diesem Bereich war der Einfluß der Fachministerien konstitutiv für Umfang und Inhalt der Ausbildung. Die Fachausbildung vermittelte "... vorwiegend das zur Lösung der produktionstechnischen und -organisatorischen Aufgaben des Meisters notwendige Wissen und Können an ..." (Feierabend u.a. 1977, S. 190). Sie wurde nach vier fachrichtungsspezifischen Programmen (Technologie; Maschinen-, Apparate- und Gerätetechnik; Materialwirtschaft und Prüf-, Meß- und Kontrolltechnik) in einem Umfang von mindestens 480 Stunden durchgeführt und dauerte in der Regel fünf bis sechs Monate (ebd.).

Der dritte Teil der Meisterausbildung, die **Spezialisierung**, erfolgte in Form des sogenannten Meisterpraktikums direkt im zukünftigen Einsatzbereich. Per definitionem sollten hier die künftigen Meister zwei Monate lang unter der Leitung eines erfahrenen Mentors mit der praktischen Anwendung der in der Grundlagen- und Fachausbildung erworbenen Qualifikationen vertraut gemacht werden. Die abschließende Bewertung dieses Praktikums bildete eine mündliche Beurteilung durch den Leiter des jeweiligen Arbeitsbereichs sowie den persönlichen Betreuer. Facharbeitern, die bereits mehr als drei Jahre erfolgreich tätig waren und in der Grundlagen- und Fachbildung gute Leistungen zeigten, konnte das Meisterpraktikum erlassen werden. Vor dem Hintergrund des hohen Arbeitskräftebedarfs in den meisten DDR-Betrieben erfolgte das Meisterpraktikum oftmals weniger als systematische Anleitung der Meisteraspiranten, sondern als vorzeitiger Einsatz am künftigen Arbeitsplatz.

Insgesamt verlangte die Ausbildung zum Meister ein hohes Maß an Eigenständigkeit und Eigenverantwortung der Lernenden. Zwar oblagen dem Betrieb die Schaffung und Unterhaltung der betrieblichen Bildungseinrichtungen und die Durchführung des Unterrichts, die Kosten für Lehrmaterialien und Literatur trug jedoch der Teilnehmer selbst. Auch war der Bildungsgang so konzipiert, daß er einen hohen Anteil an Selbststudium enthielt. In der Regel fand der Unterricht außerhalb der Arbeitszeit statt (Heinrich 1983).

Charakteristisch für die Meisterausbildung in der DDR war, daß sie - im Unterschied zur Bundesrepublik - nach der Verordnung von 1973 nicht mehr mit einer Prüfung abgeschlossen wurde. Die Bewertung der Leistung der Teilnehmer war Bestandteil der Ausbildung und erfolgte durch Benotung von Kurzvorträgen und Kurzreferaten in den Lehrveranstaltungen sowie von schriftlichen Ausarbeitungen oder speziellen Lernaufträgen (Feierabend u.a. 1977, S. 191 f.; Bewertungsordnung in der Meisterausbildung, GBl. Teil I/1973, Nr. 50). Dagegen war die Ausbildung als solche relativ stark geregelt. Doch gab es auch hier Spielräume, z.B. hinsichtlich der zeitlichen Vorschriften für das Durchlaufen der einzelnen Ausbildungsabschnitte, wo Differenzierungen in der zeitlichen Gestaltung (Vollzeit-/ Teilzeitausbildung) ebenso möglich waren wie im Anteil der Ausbildung, der während der Arbeitszeit erfolgte.

Die weitgehende Entbindung von Prüfungen weist den jeweiligen Bedingungen der Ausbildung vor allem hinsichtlich Fachrichtung und Ausbildungsträger einen hohen Stellenwert zu; ein Sachverhalt, der zur Vorsicht mit verallgemeinernden Aussagen im Hinblick auf die Qualität der Meisterqualifikation mahnt.

Diese Vorsicht ist im übrigen deshalb angebracht, weil es in der DDR für erfahrene (Fach-)Arbeiter und Handwerker die Möglichkeit einer Zuerkennung des Meistertitels ohne Ausbildung und Prüfung gab. Wenn auch der Anteil derartiger Zuerkennungen mit etwa 600 pro Jahr (das entspricht noch nicht einmal 5 % der jährlichen Meisterabschlüsse) relativ gering war, so wurde doch insbesondere im Dienstleistungsbereich von dieser Option in den 80er Jahren reger Gebrauch gemacht (BMBW 1992, S. 74).

Als Stiefkind ist wohl die **Weiterbildung** der ausgebildeten Meister zu betrachten. Der sogenannte "Tag des Meisters" hatte ursprünglich das Ziel, die Meister, die als untere Führungskräfte in der Regel an betrieblichen Leitungssitzungen nicht teilnahmen, mit den Problemen betrieblicher Leitungsaufgaben vertraut zu machen; er kam damit einer monatlichen Dienstberatung gleich. Häufig wurde er jedoch der Weiterbildung der Meister gewidmet, die ansonsten relativ wenig entwickelt war.

Daß die VE-Meister der DDR trotz der skizzierten Probleme ihrer Ausbildung und vor allem der Weiterbildung über einige, möglicherweise große Potentiale im Bereich sozialer Kompetenzen verfügten, wird im folgenden deutlich werden.

3.2 Muster des Zugangs zu Meisterpositionen

Welche Charakteristika wiesen die Meister der DDR auf? Wodurch war der Zugang zu Meisterpositionen bestimmt, und wie hat sich der Qualifikationstyp Meister reproduziert?

An den Anfang der Beantwortung dieser Frage sei ein Zitat gestellt, das den vom Staat konzipierten Modus der Meisterrekrutierung der DDR verdeutlichen soll: "In die Ausbildung zum Meister sind klassenbewußte und bewährte Facharbeiter aufzunehmen, die in ihrem Kollektiv hohes Ansehen genießen und in einem der Meisterfachrichtung entsprechenden Ausbildungsberuf hervorragende Leistungen vollbringen. Insbesondere sind erfolgreiche Brigadiere, bewährte Rationalisatoren und Mitglieder von Neuerer-Kollektiven, Träger staatlicher Auszeichnungen sowie Produktionsarbeiterinnen und gesellschaftlich aktive Jugendliche zu gewinnen" (Verordnung über die Aus- und Weiterbildung der Meister vom 27.6.1973, GBl. I/1973, Nr. 33, S. 343). Die damit vorgezeichneten Auswahlkriterien veranschaulichen die staatlichen Bestrebungen, mit der Institutionalisierung spezifischer Rekrutierungsmuster mehreren Imperativen Rechnung zu tragen:

Zum einen hatte der Meister als Leiter der für die Sozialintegration wesentlichen "shop-floor"-Ebene auch erhebliche politische Bedeutung; dies erklärt die genannten Anforderungen an seine fachliche, aber auch ideologische Kompetenz und seine Vorbildwirkung. Zum anderen fungierten die Zugangskriterien zur Meisterposition auch als sozialstrukturelles Regulativ. Durch die dezidierte Entscheidung für den Facharbeiteraufstieg als obligatorischen Weg[6] zur Meisterposition sollte nicht nur soziale Aufwärtsmobilität der Arbeiterklasse ermöglicht werden; zugleich versprach man sich von der Rekrutierung der Meister aus dem Pool der Arbeiter eine reibungslosere Vermittlung zwischen staatlichen bzw. betrieblichen Anforderungen einerseits und den Interessen der Beschäftigten andererseits.

Ferner wurde versucht, durch die Erhöhung der im Meisterbereich marginalen Frauenquote der proklamierten Gleichberechtigung von Mann und Frau auch auf der Ebene der direkten Produktion nachzukommen. Aus diesem Grund wurden auch Sonderwege der Zuerkennung von Meistertiteln für erfahrene Facharbeiterinnen entwickelt. Diese gab es speziell in den 80er Jahren und in den von Frauen dominierten Dienstleistungsbereichen in großem Umfang.

Der Staat wollte also die Allokation zur unteren Führungsebene im Produktionsbereich gleichermaßen als ideologischen Filter wie als sozialstrukturelles Regulativ instrumentalisieren; dieser Schluß ergibt sich aus den offiziellen Dokumenten zur Meisterfunktion und -ausbildung wie auch aus den Ergebnissen der eigenen Interviews mit ehemaligen leitenden Angestellten im Zentralinstitut für Berufsbildung der DDR.

Doch wurden die tatsächlichen Mechanismen der Meisterrekrutierung diesen Ansprüchen nur begrenzt gerecht. Dies hat eine zentrale Ursache:

---

6 Auf Abweichungen von diesem Muster wird noch eingegangen.

die Tatsache, daß der Anreiz für einen Aufstieg in Meisterpositionen nur gering war. Der Weg in eine Meisterposition bedeutete kaum einen Prestige- oder finanziellen Gewinn. Die Meisterfunktion bezog ihre Attraktivität allenfalls aus der Erwartung, mit ihrer Hilfe physisch und/oder psychisch belastenden Arbeitssituationen und -inhalten entkommen zu können; vor allem gesundheitlich oder familiär bedingter Rückzug von Schicht- oder Schwerstarbeit war ein wesentliches Motiv, eine Meisterausbildung zu absolvieren.

Bemerkenswert ist, daß - obwohl den Meistern theoretisch der Weg an die Fachschulen offen stand - nur wenig von dieser Möglichkeit Gebrauch gemacht wurde: Nur etwa jeder achte ausgebildete Meister fand den Weg an die Fachschule (eigene Berechnungen nach den Daten der Staatlichen Zentralverwaltung für Statistik 1984, S. 180 ff.). Nach den Gründen für diese gewisse Immobilität der Meister befragt, äußerten sowohl die interviewten Meister als auch die interviewten Experten des DDR-Bildungswesens, daß zum einen die Attraktivität der Arbeitsplätze für Fachschulabsolventen nur unwesentlich höher war als die der Meisterarbeitsplätze und zum anderen die Aufnahme eines Fachschulstudiums entweder erhebliche finanzielle Einbußen bedeuteten (die staatlichen Stipendien waren im Vergleich zum Lohn sehr gering) oder den zeit- und arbeitsintensiven Weg des Fernstudiums erforderten. Flankierende Maßnahmen des Staates zur Förderung solcher Bildungswege gab es nicht bzw. nur kurzzeitig.[7] Obwohl von den rechtlichen und bildungspolitischen Rahmenbedingungen her nicht so festgelegt, war also die Meisterposition in der DDR de facto eine Sackgassen-Position. Dies läßt sich auch anhand von Daten belegen:[8] In der Wohnbevölkerung der DDR - gegliedert nach ihrem höchsten und zweithöchsten Berufsbildungsabschluß - gab es 1991 insgesamt 609.243 Personen mit einem Meisterabschluß.

---

7 Nach Auskunft eines ehemaligen leitenden Angestellten des Zentralinstituts für Berufsbildung der DDR hatte es kurzzeitig einen Versuch mit speziellen Meisterklassen an einer Fachschule gegeben; dieser wurde jedoch aufgrund mangelnder Nachfrage der Meister wieder eingestellt. Darüber hinaus gab es seiner Erfahrung nach auch Widerstand seitens der Fach- bzw. Hochschulen, wenn sie für derartige Sonderwege entsprechende Lehrpläne ausarbeiten sollten.

8 Dabei wie im folgenden handelt es sich, soweit nicht anders ausgewiesen, um eigene Berechnungen nach den nur zu geringen Teilen veröffentlichten Daten der Volks-, Berufs-, Wohnraum- und Gebäudezählung der DDR vom 31.12.1981.

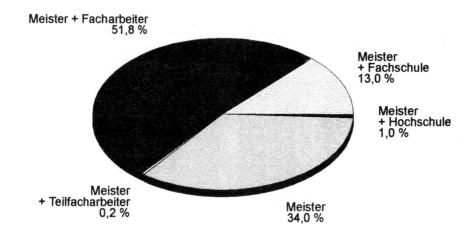

Meister + Facharbeiter
51,8 %

Meister
+ Fachschule
13,0 %

Meister
+ Hochschule
1,0 %

Meister
+ Teilfacharbeiter
0,2 %

Meister
34,0 %

Quelle: Eigene Berechnungen nach den Daten der Staatlichen Zentralverwaltung für Statistik 1984, S. 180 ff.

Abb. 1: Personen mit (mindestens) einem Meisterabschluß

Unter diesen gut 600.000 Personen verfügten - wie die Abbildung 1 zeigt - etwa 34 % ausschließlich über ein Meisterzertifikat und rd. 52 % daneben über einen Facharbeiterabschluß (ca. 0,2 % über eine Teilfacharbeiterausbildung). Fast 13 % der Personen mit Meisterausbildung hatten eine Fachschul- und ca. 1 % eine Hochschulausbildung absolviert. Insgesamt stellte der Meisterabschluß in immerhin 86 % der Fälle die höchste erworbene Qualifikation dar. Dies relativiert die Durchlässigkeit des DDR-Berufsbildungssystems bezogen auf diese Qualifikationsstufe und stützt die These einer Sackgasse.

Daß die Meisterposition nicht zu den begehrtesten Zielen aufstiegsorientierter Facharbeiter zählte, läßt sich auch aus Abbildung 2 entnehmen: Über die Hälfte der "Aufsteiger" aus der Facharbeiterschaft entschieden sich für den Erwerb eines Fachschulabschlusses; nicht einmal ein Drittel dagegen strebte einen Meisterbrief an.

Daß 53 % der aufstiegsmobilen Facharbeiter gleich den Weg an die Fachschule gingen, entkräftet die mögliche Erklärung, es sei die geringe Attraktivität des Fachschulabschlusses gewesen, die die Meister auf ihrer Qualifikationsebene festhielt. Eher darf, wie von verschiedenen befragten

125

Meistern in Interviews bestätigt, davon ausgegangen werden, daß das Fehlen flankierender staatlicher Maßnahmen zur Förderung dieses Wegs Ursache der Immobilität der Meister war. So gab es beispielsweise keine Möglichkeit einer Anerkennung des in der Meisterausbildung erworbenen Wissens für das Fach- oder Hochschulstudium. Darüber hinaus beinhaltete die Erlangung des Meisterbriefs nicht, wie im Fall des Fachschulabschlusses, die allgemeine oder fachspezifische Hochschulreife.

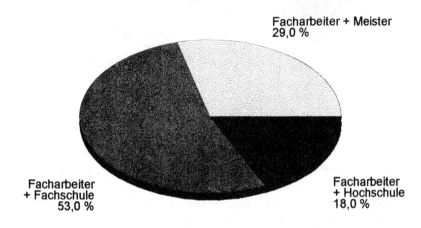

Quelle: Eigene Berechnungen nach den Daten der Staatlichen Zentralverwaltung für Statistik 1984, S. 180 ff.

Abb. 2: Facharbeiter-Aufsteiger

Um **zusammenzufassen**: Ähnlich wie in der Bundesrepublik war also auch in der DDR der Facharbeiteraufstieg der gesellschaftlich standardisierte Weg zur Meisterposition. Wenn letztere für aufstrebende Facharbeiter auch nicht das bevorzugte Ziel war, so kam der Meisterausbildung durch die strikte Zuordnung von Meisterfachrichtungen zu erlernten Berufen doch eine gewisse Kanalisierungsfunktion zu. Man kann - etwas zugespitzt - festhalten, daß die Entscheidung zum Erwerb eines Meisterabschlusses den Aufstieg des bildungswilligen Facharbeiters fachspezifisch lenkte, sozialstrukturell aber de facto zum Erliegen brachte. Er ermöglichte zwar theoretisch den Rollenwechsel vom Ausführenden zum Kontrolleur, wies aber nicht den Weg aus der Werkstatt ins Ingenieurbüro oder in die mittleren und höheren Verwaltungsetagen. Wer die unmittelbare Produktion verlassen wollte, war gut beraten, gleich den Weg an die Fachschule oder (über entsprechende Sonderwege wie Frauensonderstudium, Abendstudium an der Volkshochschule etc.) an die Hochschule zu suchen.

Die Frage, ob und inwiefern diese Form der Immobilität staatlichen Intentionen entsprach oder entgegenlief, läßt sich im Rahmen dieses Beitrags ebensowenig beantworten wie die Frage, ob sie zu einer zunehmend geschlossenen sozialen Reproduktion der mittleren und höheren Hierarchieebenen in der DDR beitrug.

4. Zum Verhältnis von Tätigkeitsstruktur und Qualifikationsprofil auf der Meisterebene

Wie weit führten die skizzierte Regelung der Meisterausbildung und die Konzipierung des Zugangswegs zur Meisterposition als Facharbeiteraufstieg zu einer Deckung von Meisterqualifikation und Meisterposition? Im folgenden wird gezeigt, daß und warum hier relativ große Diskrepanzen bestanden.

Wie die bereits erwähnten Daten der Volkszählung von 1981 zeigen, verfügten in der DDR Anfang der 80er Jahre insgesamt etwa 609.000 Personen über einen Meisterabschluß (eigene Berechnungen nach den Daten der Staatlichen Zentralverwaltung für Statistik 1984, S. 180 ff.).[9] Von den ca. 525.000 Personen, für die das Meisterzertifikat den höchsten beruflichen Abschluß darstellte, besaß die Mehrheit (knapp 67 %) eine Acht-Klassenschulbildung. 31 % verfügten über einen Zehn-Klassenabschluß und 2 % über das Abitur. Nur etwa 60 % der als Meister tätigen Personen hatte einen Meisterabschluß.

---

9 Zu beachten ist dabei, daß bei diesen Werten nur der höchste und zweithöchste Berufsbildungsabschluß erfaßt wurde; dies hat zur Folge, daß jemand, der sowohl über einen Meister- als auch über einen Fach- **und** einen Hochschulabschluß verfügt, nur in der Kategorie Fach- und Hochschulabschluß erscheint, d.h. nicht als gelernter Meister identifiziert werden kann. Da aber die Anzahl der Personen, die diesen beschwerlichen mehrstufigen Karriereweg beschritten haben, nicht allzu groß sein dürfte, werden sie im folgenden vernachlässigt.

Die folgende Abbildung 3 zeigt die berufliche Qualifikationsstruktur der als Meister in der DDR-Wirtschaft tätigen Personen.[10]

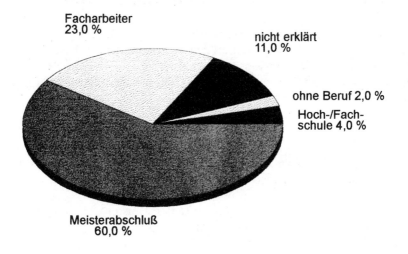

Facharbeiter
23,0 %

nicht erklärt
11,0 %

ohne Beruf 2,0 %
Hoch-/Fach-
schule 4,0 %

Meisterabschluß
60,0 %

Quelle: Eigene Berechnungen nach den Daten der Volks-, Berufs-, Wohnraum- und Gebäudezählung der DDR vom 31.12.1981

Abb. 3: Qualifikationsstruktur der als Meister tätigen Personen

Auffallend ist der mit etwa einem Viertel doch recht hohe Anteil von Personen, die ohne eine formale Meister- oder höhere Qualifikation auf Mei-

---

10 An dieser Stelle sind einige Bemerkungen zum methodischen Vorgehen erforderlich: Von der obengenannten Gruppe von 525.000 Personen, die (höchstens) über einen Meisterabschluß verfügen, waren 427.000 erwerbstätig. Um zu ermitteln, wie viele Personen in der DDR als Meister beschäftigt waren, muß auf die Statistik verwiesen werden, die separat die Erwerbstätigen nach ihrer ausgeübten Tätigkeit erfaßt. Hier sind insgesamt 325.000 Personen aufgeführt, die als ausgeübte Tätigkeit "Meister" angaben. Von diesen wiederum waren ca. 47 % im erlernten Beruf tätig. 130.000 wurden als "Meister ohne nähere Angaben" geführt, von denen sich der überwiegende Teil (61 %) als Statusmeister erwies. Nach der Auswertung dieser Gruppe sowie vier weiterer bedeutender Meistergruppen aus den Branchen Bauwirtschaft, Chemische Industrie und Maschinenbau ließ sich die Gesamtheit der als Meister tätigen Personen - bis auf einen Rest von etwa 10 % - nach ihrer formalen Qualifikation identifizieren.

sterstellen tätig waren. Diese relativ große Gruppe der "Statusmeister"[11] überrascht um so mehr, als für die DDR ja im allgemeinen von einem Qualifikationsüberhang ausgegangen wird. Zur Erklärung für diese Situation ist die relative Unattraktivität sowohl der Meistertätigkeit als auch der Meisterausbildung heranzuziehen. Erstere war begründet in der prekären betrieblichen Stellung der Meister und der unzureichenden Gratifikation. Letztere ist vor allem auf den "Sackgassen"-Charakter von Meisterposition und -ausbildung zurückzuführen; aber auch die Tatsache, daß die Meisterausbildung zur beruflichen Weiterbildung gehörte und in der Regel erst nach längerer Berufserfahrung absolviert wurde, dürfte ihre Attraktivität gemindert haben. Die Meisterposition wurde ja erst relativ spät im Verlauf des beruflichen Arbeitslebens erreicht, wie der hohe Altersdurchschnitt der Meister mit Abschluß zeigt.

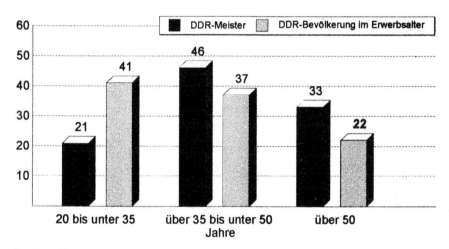

Quelle: Eigene Berechnungen nach den Daten der Volks-, Berufs-, Wohnraum- und Gebäudezählung der DDR vom 31.12.1981

Abb. 4: Die Altersstruktur der Meister im Vergleich zur Bevölkerung im Erwerbsalter

---

11 Hinter dem Begriff "Statusmeister" verbergen sich Personen, die sich kraft ihrer Stellung in der betrieblichen Hierarchie bzw. ihrer Tätigkeit als Meister bezeichnen und über kein formal legitimiertes Zertifikat verfügen, welches ihnen die zur Einnahme dieser Position notwendige Qualifikation bescheinigt (zur Begriffsbestimmung vgl. Bau 1982, S. 9).

5. Die Spezifik der Meisterproblematik der DDR und die Bedeutung von branchentypischen Konstellationen

5.1 Die Spezifik der Meisterposition im DDR-Betrieb

Um die Anfänge des für die Situation in der DDR relevanten politischen und wissenschaftlichen Interesses am Meister zurückzuverfolgen, muß man auf Marx zurückgehen. Obwohl Marx' Befassung mit dem Meister eher marginal war, übte seine Charakterisierung des Meisters als "Industrieunteroffizier" (Marx 1987, S. 447 ff.) einen maßgeblichen Einfluß auf die Diskussion in der DDR aus.

Der Blickwinkel, in dem Marx die Meisterfunktion betrachtete, deutete bereits an, warum sie häufig im Zentrum zum Teil heftiger Diskussionen steht: Es ist die spezifische Position an der Nahtstelle zwischen planender und ausführender Arbeit, zwischen Kontrolle und Unterordnung, zwischen Arbeitern und Unternehmensleitung, die die Brisanz dieser Funktion ausmacht Daß diese Nahtstelle auch in staatssozialistischen Gesellschaften eine Schlüsselposition darstellte, ist spätestens seit der von Voskamp und Wittke (1991) vorgelegten Beschreibung des sog. "Planerfüllungspakts" deutlich geworden. Dies wird im folgenden zunächst in allgemeiner Form, dann in den je nach Tätigkeits- und Qualifikationsstrukturen und Machtkonstellationen in den einzelnen Branchen unterschiedlichen Ausprägungen dargestellt.

Auch wenn im Rahmen dieser Arbeit naturgemäß keine auch nur im Ansatz adäquate Beschreibung des Wirtschaftssystems der DDR möglich ist, sind einige allgemeinere Anmerkungen zur Spezifik der unteren Führungsebene im sozialistischen Industriebetrieb notwendig: Wie bereits angedeutet, liegt die Brisanz dieser Hierarchieebene in der Tatsache begründet, daß sie in der Regel die Grenze zwischen Planung und Ausführung des Produktionsprozesses markiert. Damit ist sie zentraler Austragungsort mikropolitischer Machtspiele zwischen Management und Arbeitern um die Kontrolle des Produktionsprozesses. Für die DDR muß zunächst betont werden, daß sich infolge der Dominanz der Politik im Wirtschaftssystem (Feher u.a. 1983) Herrschaft im DDR-Betrieb eher politisch-ideologisch als ökonomisch legitimierte. Somit wurde auch die untere Führungsebene von den Arbeitern explizit als Trennlinie zwischen politisch-administrativer Führung und einfachen Produzenten gesehen.

Plankennziffern wurden eher als von der Partei und Staatsführung und deren nachgeordneten Organen willkürlich festgesetzte Leistungsvorgaben denn als Ausdruck ökonomischer Erfordernisse interpretiert.

Die ambivalente Stellung der Meister in diesem System läßt sich nur vor diesem Hintergrund richtig bewerten: Auf der einen Seite wurden sie von ihren Vorgesetzten zur Einhaltung der Planvorgaben gedrängt, auf der anderen Seite versuchten die Arbeiter, sie zur Deckung ihrer Strategien der Leistungszurückhaltung zu nötigen. Die Option für eine der beiden Seiten stellte daher für die Meister auch eine politische Entscheidung dar, die die Machtbalance im Betrieb wesentlich beeinflussen konnte. Seitens der Arbeiter wurde daher das Einfordern von Leistung durch den Meister als systemkonformes, ihren Interessen zuwiderlaufendes Verhalten gewertet und führte für den Meister zum Ausschluß aus der unmittelbaren Arbeitsgemeinschaft. Er wurde einer "von denen da oben", potentieller Gegner im leistungspolitischen Verteilungskampf. Nachgeben gegenüber den informellen Praktiken der Arbeiter dagegen verschob die Demarkationslinie nach oben und machte den Meister in den Augen der Arbeiter zu "einem der ihren".

Die von staatlicher Seite postulierte Herrschaft der Arbeiterklasse als formale Besitzerin der Produktionsmittel, die die von der direkten Verfügungsgewalt und wesentlichen Entscheidungsprozessen ausgeschlossenen Arbeiter in dieser Form nie realisieren konnten, manifestierte sich im Betrieb als Macht zur Leistungszurückhaltung. Insbesondere die Tatsache, daß Arbeitslosigkeit und mit ihr verbundener sozialer Abstieg nicht einmal hypothetisch als Bedrohung im Raum standen, führte dazu, daß leistungspolitische Vorgaben durch Druck oder Zwang kaum durchsetzbar waren. Dies schwächte die Verhandlungsposition der Meister erheblich. So blieben sie auf geschicktes Taktieren und Bargaining angewiesen: Zugeständnisse in Form von Prämien, unberechtigten Überstundenvergütungen oder Freistellungen während der Arbeitszeit wurden im Gegenzug zur Bereitschaft zu Sonderschichten im Interesse der Planerfüllung gewährt. Allerdings stellte diese Form des "Planerfüllungspakts" nur eine mögliche Form der Konfliktbewältigung seitens der Meister dar. In Abhängigkeit von den jeweiligen konkreten Macht- und Interessenlagen konnten sie auch selbst eine Politik der Zurückhaltung von Leistungseinforderungen betreiben und sich der gleichen strukturellen Machtressourcen bedienen wie die ihnen unterstellten Arbeiter.

Im einen wie im anderen Fall strukturierten die jeweiligen Machtkonfigurationen das soziale Feld in bezug auf die Frage, ob die Meister "Statthalter der Betriebsleitung" (um einen Begriff von Weltz (1964) etwas abzuwandeln) oder "Handlanger der Arbeiter" (Wagner 1993) waren, weitgehend vor, wenngleich sie es natürlich nicht voll determinierten, sondern auch individuellen Intentionen Raum ließen. Die jeweiligen Machtkonfigurationen aber waren ihrerseits in erheblichem Umfang bestimmt durch die bestehenden Tätigkeits- und Qualifikationsstrukturen; dies ist im folgenden anhand der sehr unterschiedlichen Verhältnisse im Bauwesen, in der Chemischen Industrie und im Maschinenbau zu zeigen.

5.2 Die untere Führungsebene in der Bauwirtschaft

5.2.1 Wirtschaftliche Rahmen- und konkrete Arbeitsbedingungen in der Bauwirtschaft

Das Baugewerbe gehörte zu den Schwerpunktbereichen der DDR-Wirtschaft, nicht nur in ökonomischer Hinsicht. Auch die politische Bedeutung, die ihr in Zusammenhang mit dem Ziel einer "Lösung der Wohnungsfrage bis zum Jahr 2000" von seiten der Partei- und Staatsführung eingeräumt wurde, war erheblich; dies läßt sich nur mit der in den 80er Jahren betriebenen Forcierung der sogenannten Schlüsseltechnologien (Mikroelektronik etc.) vergleichen. Aufgrund der Struktur und Funktionsweise der zentral geplanten Wirtschaft, in der politische Imperative über die ökonomischen dominierten und direkt die Allokation von Ressourcen auf die einzelnen Wirtschaftsbereiche steuerten, kam dieser Wertschätzung des Bausektors auch eine gewichtige ökonomische Bedeutung zu.

Der enorme Arbeitskräftebedarf in diesem Bereich sowie die Konzentration des Wohnungsbauprogramms vor allem auf die damalige Hauptstadt Ost-Berlin führten zu Problemen bei der Rekrutierung von qualifiziertem Fachpersonal. Die Folge waren verstärkte Qualifizierungsanstrengungen und eine zunehmende Rekrutierung von Personal aus anderen Berufsbereichen und allen Regionen der DDR zum Einsatz bei bauwirtschaftlichen Großprojekten. Letzteres erforderte aufgrund der starken betriebs- und arbeitsrechtlichen Stellung der Beschäftigten weitreichende Zugeständnisse und Vergünstigungen, um der durch schwere körperliche Arbeit (häufig in Verbindung mit Schichtarbeit) und räumliche Trennung von der Familie bedingten Unattraktivität vieler Bauberufe zu begegnen. Teilweise gab es finanzielle Zugeständnisse in Form von Prämien oder Zuschlägen, oft aber auch die bevorzugte Versorgung mit Wohnraum, Ferienplätzen etc.

Diese Aussagen zur mangelnden Anziehungskraft der Bauberufe beziehen sich vorwiegend auf die konkrete Arbeitssituation. Sie müssen insofern relativiert werden, als für handwerksnahe Berufe generell und somit auch für Bauberufe attraktive Möglichkeiten des Nebenverdienstes bestanden. Der bei Deppe und Hoß dargestellte Einfluß der "Zweiten Wirtschaft" auf die innerbetrieblichen Kräfteverhältnisse war in diesem Sektor so stark, daß finanzielle Stimuli wie auch Sanktionen fast zur Wirkungslosigkeit verurteilt waren.

Die angespannte Arbeitskräfteversorgung des Bauwesens, verbunden mit der relativen Unabhängigkeit der Beschäftigten gegenüber lohnpolitischen Maßnahmen, schuf eine Situation, in der die Verhandlungsposition der Arbeiter stark, ja nahezu unantastbar gegenüber Zugriffsversuchen der Betriebsleitung war. Leistungszurückhaltung und Absentismus stellten im Bauwesen erhebliche Probleme dar. Einer der befragten Meister beschrieb dies mit folgenden Worten: "Wir hatten junge Leute, die kamen zwei- bis dreimal in der Woche erst um 9.00 Uhr. Das hagelte dann zwar oft Verweise, aber das störte die überhaupt nicht. Man konnte einfach keinem kündigen." Die relative Autonomie der Arbeiter gegenüber betrieblicher Leistungspolitik fand auch darin ihren Ausdruck, daß die Meister über keine relevanten Sanktionsmittel verfügten: Entscheidungen über Lohneingruppierungen, -kürzungen oder Prämierungen wurden genauso auf höheren hierarchischen Ebenen getroffen wie die über Disziplinarmaßnahmen. Natürlich hatte der Meister dabei ein Vorschlagsrecht, doch wurden etwa beantragte disziplinarische Schritte oft von den direkten Vorgesetzten abgeblockt, um Probleme mit den betrieblichen Partei- oder Gewerkschaftsfunktionären zu vermeiden. Häufig wurden in solchen Fällen die Meister selbst von diesen Instanzen zur Rechenschaft gezogen, das Fehlverhalten der Arbeiter wurde als Resultat vernachlässigter Kontrolle oder ungenügender erzieherischer Einflußnahme der Meister interpretiert. Der ehemalige Kaderleiter in einem Kombinatsbetrieb der Bauwirtschaft beschrieb das folgendermaßen: "Wenn dem Meister irgend jemand dumm kam, und er sagte zu dem 'du fliegst!', dann hatte er tausend Klippen zu überwinden - mit dem Abteilungsleiter, der Kaderleitung, der BGL (Betriebsgewerkschaftsleitung D.B. etc.). Dann wurde zunächst einmal gefragt, ob er denn erzieherisch wirksam geworden ist, wie oft er mit demjenigen gesprochen hat - und, und, und. Dann mußte er (der Meister, D.B.) zunächst einmal darüber Bericht erstatten, was er denn unternommen hat, bevor er dann irgend jemandem die Kante zeigen konnte."

Obwohl diese Einschätzung als exemplarisch für die Probleme von Meistern von allen Teilen der DDR-Wirtschaft gelten kann, scheint die Ohnmacht der Meister im Baugewerbe doch besonders groß gewesen zu sein. Dieser Eindruck deckt sich im übrigen mit der Darstellung bei Schumann, der in einer Untersuchung, die sich vor allem auf Befragungen zur Autorität von Meistern stützte, feststellte, daß Einflüsse und Ansehen der Meister in den untersuchten Bau- und Chemiebetrieben am geringsten waren.

Die geringe Wertschätzung, die der Meisterposition von seiten der Arbeiter wie auch der Betriebsleitung zuteil wurde, spiegelte sich auch darin wider, daß die Meister in der Regel über einen geringeren Nettolohn verfügten als die ihnen unterstellten Arbeiter. Diese schlechtere Entlohnung resultierte zum einem daraus, daß es kaum Differenzierungsmöglichkeiten gegenüber den Facharbeiterlöhnen gab, zum anderen aus der Einstufung der Meister als Angestellte, die einer höheren Besteuerung unterlagen.[12] Außerdem kamen je nach betrieblichem Personaleinsatz bestimmte Schicht- und Produktivitätsvergütungen und teilweise auch die Überstundenzuschläge nur den Facharbeitern oder Brigadieren zugute (ein Sachverhalt, der nicht exklusiv für das Bauwesen gilt).

Der Einsatz von Brigadieren, denen ein breites Aufgabenspektrum eigentlich klassischer Meisterfunktionen übertragen wurde, stellte im Bauwesen die Regel dar. Die Aufgabenverteilung zwischen Meister und Brigadier gestaltet sich dabei durchaus unterschiedlich. Wie die eigenen Interviews mit Meistern ergaben, verblieben Aufgaben wie Materialbeschaffung, Übernahme der Arbeitsmittel, Zuteilung der Arbeitsaufgaben, Koordination von Maßnahmen im Störungsfall, Überwachung der termingerechten Erfüllung der Arbeitsaufgaben sowie das Ausfüllen und Weiterleiten der Lohnbelege durchweg im Aufgabenbereich des Meisters; auch oblag ihm das Aussprechen von Disziplinarmaßnahmen und die Durch-

---

12 Schumann (1984) berichtet, daß deshalb in verschiedenen von ihm untersuchten Betrieben Meisterplanstellen offiziell als Positionen für Brigadiere ausgewiesen waren, um sie finanziell aufzuwerten.

führung von Arbeitsschutzbelehrungen. Je nach Art der Baustelle, Größe der Führungsspanne und räumlicher Konzentration der einzelnen Brigaden wurden mehr oder weniger umfangreiche Aufgabenkomplexe an die Brigadiere delegiert. Hierzu zählten vor allen die konkrete Einweisung der Mitarbeiter in die entsprechenden Arbeitsaufgaben, die Kontrolle hinsichtlich der Arbeitszeit, Qualität und Aufgabenerfüllung sowie die Anleitung und Einweisung von Lehrlingen oder Jungfacharbeitern.[13] Domäne des Meisters der Bauwirtschaft waren vor allem die produktionsvorbereitenden, kontrollierenden sowie verwaltungstechnischen und organisatorischen Aufgaben. Dazu zählten unter den Bedingungen einer zunehmend zentralisierten und inflexibleren Materialwirtschaft auch das geschickte "Organisieren" des benötigten Materials, das "An-Land-Ziehen" lukrativer und das Abblocken schlechter Aufträge, die Improvisation bei Störungen des Betriebsablaufs und nicht zuletzt das "Ausreizen" des oftmals durch die Planvorgaben bedingten Termindrucks im Interesse einer Durchsetzung von Überstundenzuschlägen und Prämien.

Obwohl sich diese Befunde mit den Aussagen von Voskamp und Wittke (1991) zum Planerfüllungspakt in den DDR-Betrieben decken, erscheint eine Differenzierung angebracht. Voskamp und Wittke unterliegen der Gefahr, die den Meistern zur Verfügung stehenden Strategien zu reduzieren auf eine (in vielen Wirtschaftsbereichen sicherlich dominierende) Option: Die These eines Planerfüllungspakts setzt implizit voraus, daß es den Meistern tatsächlich um die Erfüllung der vorgegebenen Kennziffern ging - eine Annahme, die nicht in jedem Fall berechtigt war. Soweit erkennbar, hatten die Meister nur dort ein Interesse an der Erfüllung des Plans, wo sie sich mit dessen letztendlich politisch legitimierten Vorgaben identifizierten oder aber deren Nichteinhaltung direkt mit negativen Sanktionen

---

13 In diesem Zusammenhang ist zu erwähnen, daß in der Regel - diese Aussage gilt über den Baubereich hinaus - die Ausbildung der Lehrlinge nicht den Meistern oblag. Zum einen lag dies an der Form der Berufsausbildung, die sich vorrangig in großen Berufsschulen und Lehrwerkstätten vollzog und überwiegend von Ingenieurpädagogen geleitet wurde. Zum anderen war die Überlastung der Meister mit produktionsfernen oder -fremden Aufgaben (die zahlreichen "gesellschaftlichen Verpflichtungen" wie die Organisation des Sozialistischen Wettbewerbs oder der "Neuererbewegung" bis hin zur Gestaltung der Wandzeitung im Werkstattbereich) dafür verantwortlich, daß viele Lehrlinge und junge Facharbeiter ihre berufspraktischen Erfahrungen eher durch Learning by doing machen mußten, als daß ihnen systematische Anleitung und Unterstützung zuteil geworden wäre (Schumann 1984, S. 112).

verbunden war. Insbesondere letzteres war jedoch in der Bauwirtschaft nur begrenzt der Fall. Dort gab es, wie verschiedene Interviews mit Betroffenen zeigten, die Möglichkeit, den "Schwarzen Peter" nach oben zum Abteilungsleiter weiterzugeben. Auf die Frage, ob es denn nicht Ärger gegeben habe, wenn der Plan nicht erfüllt wurde, antwortete einer der befragten Meister: "Der wurde immer erfüllt! Zumindest auf dem Papier. Geschrieben wurden immer über 100 %." Gefragt, ob dies denn mit dem Wissen der Vorgesetzten geschah, antwortete er: "Natürlich, die wollten doch alle ihre Jahresendprämie haben. Und wenn das mit dem Plan nicht klappte, das fiel doch auf alle zurück."

Hinter der Übernahme der von Voskamp und Wittke beschriebenen Rolle des "Garanten des Planerfüllungspakts" verbarg sich also sicherlich eine andere Meisteridentität, als dies für die oben beschriebene Situation galt. Welche der beiden angesprochenen Rollen ein Meister übernahm, wurde wesentlich von den jeweiligen betrieblichen Machtstrukturen bestimmt, wenn auch durchaus Freiräume für eigenbestimmtes Handeln bestanden. Es gab, speziell in der Bauwirtschaft, für die Meister sehr wohl die Möglichkeit, sich den Leistungsanforderungen der übergeordneten Leiter zu entziehen, sich vollständig zu Verbündeten der Arbeiter zu machen und deren informelle Praktiken zu decken. Diese Strategie lag um so mehr nahe, als wegen fehlender positiver Anreize die Sanktionsmacht der Arbeitsgruppe größer und vor allem wesentlich konkreter sein konnte als die der Vorgesetzten. Und schließlich war der Meister genauso wenig kündbar wie die ihm unterstellten Arbeiter und im Falle der Bauwirtschaft häufig auch nicht ersetzbar.

5.2.2 Tätigkeits- und Qualifikationsstrukturen in der Bauwirtschaft - Hintergrund der branchenspezifischen Machtkonstellationen

In der DDR-Bauwirtschaft waren 1981 insgesamt 630.000 Personen beschäftigt, was einem Anteil von etwa 7 % der Erwerbsbevölkerung der DDR entsprach.[14] Das Niveau der Tätigkeiten in diesem Wirtschaftsbereich war, was die Struktur der Arbeitsplätze auf der Ebene der direkten Produktion anbelangt, überdurchschnittlich hoch. Die Bauwirtschaft war

---

14 Quelle aller Daten, sofern nicht anders ausgewiesen: eigene Berechnungen nach den Daten der "Volkszählung" vom 31.12.1981.

der Bereich, in dem der mit ca. 5 % im Vergleich der drei untersuchten Branchen geringste Anteil an Hilfskraftstellen zu verzeichnen war. Der Anteil der Facharbeiterarbeitsplätze machte mehr als zwei Drittel aus. Danach stand hier zwölf Facharbeiter-Arbeitsplätzen nur ein Hilfsarbeiter-Arbeitsplatz gegenüber, eine Relation, die weder die Chemische Industrie noch der Maschinenbau erreichten. Weitere ca. 7 % der Positionen waren Meisterpositionen. Zusammen mit der Tatsache, daß sich der Anteil, der auf die mittleren und höheren Leitungspositionen entfiel, mit nicht einmal einem Viertel recht bescheiden ausnahm, läßt dies den Schluß zu, daß die untere Führungsebene auf dem Bau eindeutig auf den Meister bzw. Polier[15] zugeschnitten war, was - wie noch zu zeigen sein wird - nicht in allen Branchen der Fall war. Somit stellte das Baugewerbe in der DDR zweifellos eines der wichtigsten Einsatzgebiete für Meister dar: Obwohl nur 7 % aller Beschäftigten in der Bauwirtschaft tätig waren, entfielen 14 % aller Meisterpositionen auf diese Branche. Insgesamt waren in der Bauwirtschaft mit etwa 45.000 Personen absolut etwa gleich viel Arbeitskräfte auf Meisterpositionen tätig wie im Maschinenbau, obwohl letzterer fast die doppelte Anzahl an Beschäftigten verzeichnete.

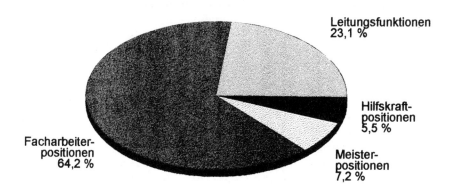

Quelle: Eigene Berechnungen nach den Daten der Volks-, Berufs-, Wohnraum- und Gebäudezählung der DDR vom 31.12.1981

Abb. 5: Tätigkeitsstruktur in der Bauwirtschaft

---

15 Der Meister wird im Bauwesen traditionell als Polier bezeichnet.

Ungeachtet dieses recht hohen Niveaus der Beschäftigung von Meistern im Bauwesen war, was die formale Qualifikation anbetrifft, der Meister auf dem Bau eher unterqualifiziert: Die Hälfte aller als Meister für Hoch- und Ausbau tätigen Beschäftigten verfügte über keine adäquate berufliche Ausbildung. Dies ist um so bemerkenswerter, als das formale Qualifikationsniveau in den Bauberufen als hoch einzuschätzen ist: Nur etwa 4 % der im Bauberuf Beschäftigten hatten keinen formalen Berufsabschluß.

Die Ansprüche an die Ausbildung der Meister waren den befragten betrieblichen Personalexperten zufolge insbesondere in fachlich-technischer Hinsicht nicht so hoch wie z.B. im Maschinenbau; es wurde mehr Wert auf Berufserfahrung, Organisationstalent und Führungsfähigkeit gelegt. Deshalb und aufgrund der Arbeitskräftenachfrage im Bauwesen war es für einen guten und erfahrenen Facharbeiter durchaus möglich, auch ohne Zertifikat eine Meisterposition zu besetzen. Vor dem Hintergrund dieser Rekrutierungspraktiken kann davon ausgegangen werden, daß es nicht in jedem Fall die fachlich besten, leistungsfähigsten und -willigsten Arbeiter waren, die man für diese Positionen gewinnen konnte. Insbesondere in den 80er Jahren, als verstärkte Anstrengungen zur Rekrutierung vor allem junger Facharbeiter für diese Positionen unternommen wurden, zeitigte dies eine Personalauswahl, die als sehr ambivalent zu bewerten ist.

Daß dem Meister in diesem Bereich nur sehr bedingt der Status des Fachexperten zukam und er primär als Organisator und Krisenmanager für die "Stochastik des Produktionsprozesses" fungierte, mag diesen Prozessen Vorschub geleistet haben. Darüber hinaus war dieser Status begründet vor allem im branchenspezifisch eher produktionsfernen Einsatz als übergeordneter Leiter von mehreren, vor Ort im wesentlichen von Brigadieren geleiteten und teilweise räumlich getrennten Produktionsgruppen sowie durch die Tatsache, daß unter den Bedingungen der zentralisierten Wirtschaft zur Kontinuierung des Produktionsprozesses ein erhöhter Koordinationsaufwand notwendig war, der den unteren Führungskräften ein Großteil ihrer Zeit und Energien abverlangte.

Offensichtlich war die relative Unterqualifizierung der unteren Führungsebene der Bauwirtschaft weniger das Resultat von fehlendem qualifiziertem Nachwuchs als vielmehr von mangelnder Attraktivität dieser Hierarchieebene. Neben der prekären betrieblichen Stellung der Meister war wohl auch ihre bescheidene Entlohnung im Verhältnis zu der der Arbeiter für diese Entwicklung mitverantwortlich.

Resümierend ist festzuhalten, daß die Stellung des Meisters in der DDR-Bauwirtschaft insgesamt am ehesten dem entsprach, was Wagner mit ihrer Charakterisierung des Meisters als "Handlanger der Arbeiter" global für den DDR-Meister konstatiert (Wagner 1993, S. 13).

5.3 Die untere Führungsebene in der Chemischen Industrie

Für die Chemische Industrie der DDR[16] war - wie bei Deppe, Hoß beschrieben - vor allem die "großtechnische Nutzung nicht-mechanischer Bewegungsformen der Materie bei relativ hohem Automatisierungsgrad" typisch. Sie zählte zu den hochinvestiven und relativ stark automatisierten Bereichen der Volkswirtschaft. Die Nutzung der Arbeitskraft war stark durch den Produktionsprozeß determiniert und erfolgte schwergewichtig in gigantischen Industriezentren, insbesondere im Chemiegebiet Halle, Merseburg und Bitterfeld sowie in Schwedt. In den 60er Jahren wurde mit der Reorganisation der Chemischen Industrie Ostdeutschlands begonnen. Diese politisch veranlaßten Anstrengungen führten zu einer beträchtlichen Erhöhung des Automatisierungsniveaus. Die Beschäftigungslage war gekennzeichnet durch eine starke Nachfrage nach Arbeitskräften und hohe Fluktuationsraten. Die Entlohnung der Arbeiter der Chemischen Industrie war - neben der der Leicht- und der Lebensmittelindustrie - die niedrigste in der DDR, dagegen war die Entlohnung der Leitungskader (insbesondere der Fach- und Hochschulabsolventen) überdurchschnittlich hoch. Und die finanzielle Differenzierung zwischen Arbeiter- und Meisterpositionen war die höchste in der gesamten Wirtschaft.

Die arbeitspolitische Situation in der Chemischen Industrie war gekennzeichnet durch eine "... geringere Vetomacht des "shop floor" infolge einer ausgeprägten Hierarchisierung und des geringeren Gewichts formeller und informeller Qualifikationen" (Deppe, Hoß 1989, S. 338). Die Machtkonstellation auf der unteren Führungsebene unterschied sich also von der Bauwirtschaft deutlich. Nicht nur war aufgrund der geringeren Entlohnung die Sensibilität der Arbeiter gegenüber finanziellen Sanktionen höher; auch ihre Chancen in der "Zweiten Wirtschaft" waren deutlich geringer als die der Arbeiter in handwerksnahen Berufen. Beides machte sie generell empfänglicher für betriebliche Lohnpolitiken. Starke Hierarchi-

---

16 Die Einschätzungen des folgenden Abschnitts stützen sich auf Deppe, Hoß 1989.

sierung, strikte Trennung von Ausführung und Planung sowie starke Anbindung an prozeßtechnologische Imperative stellten, in Verbindung mit den relativ niedrigen Qualifikationen, die diese Strukturierung der Tätigkeiten den Arbeitern abverlangte, Machtressourcen für die unteren Führungskräfte dar, die ihnen weitgehende Kontrolle über den Produktionsprozeß ermöglichten.

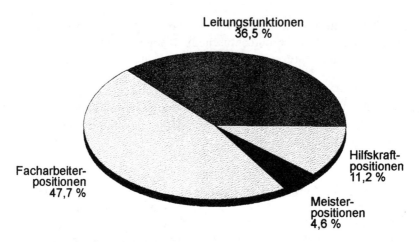

Quelle: Eigene Berechnungen nach den Daten der Volks-, Berufs-, Wohnraum- und Gebäudezählung der DDR vom 31.12.1981

Abb. 6: Tätigkeitsstruktur in der Chemischen Industrie

Jedoch war die untere Leitungsebene in den Großbetrieben der Chemischen Industrie nicht unbedingt eine Domäne der Meister, wie die Abbildung 6 zeigt. Von den etwa 350.000 Personen, die in der Chemischen Industrie der DDR tätig waren, entfielen nur ca. 5 % auf eine Meistertätigkeit.[17] Dieser eher geringe Anteil der als Meister tätigen Personen läßt sich aus dem ausgeprägten Gefälle zwischen den Qualifikationsanforderungen auf der Ebene der Arbeiter und den hohen Anforderungen der technologisch anspruchsvollen Kontroll-, Steuerungs- und Koordinierungsaufgaben erklären: Nach den Aussagen eines ehemaligen leitenden Angestellten im Zentralinstitut für Berufsbildung der DDR wurden in den

---

17 Quelle hier und im folgenden, sofern nicht anders ausgewiesen: eigene Berechnungen nach den Daten der "Volkszählung" von 31.12.1981.

großen Chemiebetrieben Meisterpositionen aufgrund der hohen technischen Anforderungen und der großen Verantwortung oft mit Ingenieuren besetzt. Diese wurden dann als "Produktionsabschnittsleiter" bezeichnet.

Dieser Sachverhalt wird auch dadurch belegt, daß der Anteil der Arbeitskräfte mit Fachschulabschluß an den Beschäftigten der Chemischen Industrie mit 8 % deutlich höher lag als der der Meister (5 %). In der Regel lag die Produktion "... hier in den Händen hierarchisch gegliederter Kollektive mit sehr heterogenen Qualifikationsvoraussetzungen" (ebd.).

Die größere Kluft zwischen Arbeitern und Führungskräften in diesem Wirtschaftsbereich spiegelt sich nicht nur in einer stärkeren Lohndifferenzierung wider, sondern wurde auch auf der Ebene der beruflichen Bildung reproduziert: Mit 17 % war der Anteil der Personen ohne formalen Abschluß mehr als viermal so hoch als bei den Bau- und Maschinenbauberufen. Dagegen verfügte jeder zehnte Beschäftigte über einen Fach- oder Hochschulabschluß, doppelt soviele wie in den Bauberufen. Das Qualifikationsniveau der als Meister tätigen Beschäftigten erreichte in der Chemischen Industrie mit einem Anteil der Statusmeister von etwa einem Drittel einen Wert, der dem DDR-Durchschnitt entsprach. Dagegen verfügten nur sehr wenige Meister über eine höhere Qualifikation; Fachschulabschlüsse ließen sich in dieser Berufsgruppe nur in Höhe von 1 % ermitteln, Hochschulabschlüsse gar nicht.

Die u.a. durch das niedrige Qualifikationsniveau der Arbeiter, aber teilweise auch durch "konservative Vorstellungen - vermutlich der zuständigen Leiter" (ebd., S. 348) - tradierte Trennung von Arbeitsplanung und -ausführung in Verbindung mit einem niedrigen Niveau der verbliebenen Restfunktionen führte zu repetitiven Arbeitsabläufen und war - neben der niedrigen Entlohnung - eine wesentliche Ursache für hohe Fluktuationsraten. Die dadurch bedingten Probleme wiederum versuchte man durch Festhalten an rigiden Produktionsstrukturen, die die Nutzung ungelernter Arbeitskraft ermöglichten, zu lösen. Im Endergebnis reproduzierten aber diese Arbeitsbedingungen natürlich auch die Probleme der Personalbeschaffung.

Trotz der dadurch bedingten stärkeren Machtposition der Meister, die auch durch ein beachtliches Maß an Einfluß auf die Entlohnung der Arbeiter gestützt wurde, gab es auch hier Probleme mit Motivation, Arbeitsdisziplin und Autorität. So stellte Schumann 1984 in den Chemiebetrieben (neben dem Bauwesen) die geringsten Werte in bezug auf Durchsetzungsvermögen und Anerkennung der Meister durch die ihnen unterstellten Arbeiter fest. Dennoch war die Position der unteren Führungskräfte in der Chemischen Industrie gefestigter als die ihrer Kollegen auf dem Bau. Daß es dem Qualifikationstyp Meister nur bedingt gelang, die untere Führungsebene im Chemiebetrieb für sich zu reklamieren, ist dabei sicher - außer in den hohen technischen Qualifikationserfordernissen - auch darin begründet, daß nicht an die handwerklich geprägte Tradition der klassischen Meisterwirtschaft angeknüpft werden konnte, die den personalpolitischen Rückgriff auf den Facharbeiteraufstieg erleichtert und damit zur Institutionalisierung dieses Qualifikationstyps beiträgt.

5.4   Die untere Führungsebene im Maschinenbau

Der Maschinenbau zählte zumindest seit den 70er Jahren zu den Kernbereichen der DDR-Volkswirtschaft; die Tatsache, daß mehr als jeder zehnte Erwerbstätige im Maschinenbau beschäftigt war, verdeutlicht diesen Stellenwert. In der unmittelbaren Nachkriegszeit ging es für die DDR zunächst, ausgehend von einem überdurchschnittlichen Zerstörungsgrad ihrer Produktionsstätten und überproportionalen Demontagen zugunsten der Sowjetunion (Deppe, Hoß 1989, S. 126), um Produktion um jeden Preis. Ähnlich wie in anderen Wirtschaftsbereichen wurde auch in dieser Branche extensiven Produktionsformen der Vorrang eingeräumt, oft auf Kosten qualitativer Kriterien. In den folgenden Jahrzehnten entwickelte sich der Maschinenbau recht unterschiedlich (vgl. ebd.). Die moderne Produktionstechnologie drang nur langsam und in Form von Insellösungen in diesen Sektor ein. Damit sind die Arbeitsbedingungen dieser Branche sehr differenziert zu sehen. Diese unterschiedlichen Ausgangssituationen müssen, was die Verallgemeinerbarkeit anbelangt, berücksichtigt werden.

Auch die Stellung des Maschinenbau-Meisters ist differenziert zu betrachten. Ingenieurwissenschaftler der Technischen Universität Dresden analysierten die Entwicklung der Meisterfunktion im Zuge technologischer Veränderungen und konstatierten mit steigendem Automatisierungsniveau ihre Reduktion auf Rest- und Routinefunktionen. In technisch weniger anspruchsvollen Arbeitssystemen jedoch konnte der Meister durchaus seine Stellung als Organisator der Produktion "vor Ort" erhalten. Hier oblagen den Meistern vor allem die Zuweisung der Arbeitsaufgaben und die Kontrolle der Aufgabenerfüllung in bezug auf Quantität. Die Arbeitsaufgaben des Meisters konzentrierten sich im wesentlichen auf die Überwachung, Steuerung und Kontinuierung des Produktionsflusses in der Werkstatt. Arbeitsvorbereitende ebenso wie nachgeordnete Bereiche (z.B. Qualitätskontrolle) fielen nicht in seinen Verantwortungsbereich. Innerhalb der Meisterbereiche mit vorrangig konventioneller Fertigung konnte er also offensichtlich seine Kompetenzen im unmittelbaren Produktionsbereich halten.[18]

Im Maschinenbau spielte die fachliche Kompetenz des Meisters eine herausragende Rolle. Langjährige Erfahrung in Facharbeitertätigkeiten und das dabei erworbene fachliche Können begründeten seine Autorität. Dahinter verbarg sich in heterogen strukturierten Meisterbereichen, in denen Arbeitsgänge wie z.B. Drehen, Fräsen und Schleifen integriert waren, nicht der Anspruch auf Omnipotenz; doch das Wissen darum, daß "der auf seinem Gebiet was kann", hatte hier eine starke Legitimationsfunktion. Der Umgang mit den Arbeitern war demzufolge offenbar eher kollegial und von gegenseitigem Respekt getragen. Dazu kamen leistungsorientierte Entlohnungsformen, die bewirkten, daß Motivations- und Disziplinprobleme vergleichsweise geringe Bedeutung hatten. Mithin war - bei allen Unterschieden innerhalb dieser Branche - die Stellung des Meisters im Maschinenbau überall dort relativ gefestigt, wo ihm technische und organisatorische Rahmenbedingungen erlaubten, sein Erfahrungswissen arbeitsfunktional und legitimatorisch zu nutzen.

Das Verhältnis von Tätigkeits- und Qualifikationsstruktur und unterer Führungsebene war dadurch gekennzeichnet, daß auch hier - ähnlich wie in der Chemischen Industrie - ein relativ hoher Anteil an Personen eine Leitungstätigkeit innehatte. Das Verhältnis von Arbeitern zu Angestellten lag in dieser Branche bei 63 % : 37 %. Obwohl auch hier jeder zehnte Arbeitsplatz keine formale Berufsausbildung erforderte, war deren Anteil an den direkten Produktionstätigkeiten mit 16 % etwas geringer als in der Chemischen Industrie. Dies deutet auf eine weniger starke Polarisierung der Beschäftigtenstruktur hin.

---

18 Diese Aussagen sind Ergebnis einer eigenen Fallstudie in einem Maschinenbaubetrieb.

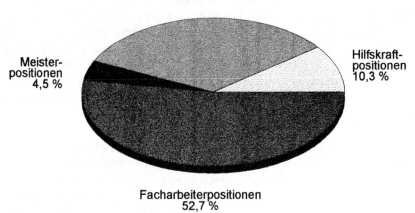

Leitungsfunktionen
32,5 %

Meister-
positionen
4,5 %

Hilfskraft-
positionen
10,3 %

Facharbeiterpositionen
52,7 %

Quelle: Eigene Berechnungen nach den Daten der Volks-, Berufs-, Wohnraum-
und Gebäudezählung der DDR vom 31.12.1981

Abb. 7: Tätigkeitsstruktur im Maschinenbau

Wie die Bauwirtschaft stellte auch der Maschinenbau ein Haupteinsatzgebiet der Meister dar. Mit insgesamt 46.000 entfiel jede siebte Meisterposition auf diesen Wirtschaftsbereich. Dem entspricht auch ein sehr hoher Anteil der Meisterabschlüsse in Maschinenbauberufen (9 %).

Erstaunlich ist hingegen, daß der prozentuale Anteil der Meisterpositionen an der Gesamtzahl der Arbeitsplätze im Maschinenbau der geringste innerhalb der drei analysierten Branchen war: Einem Meister unterstanden hier im Durchschnitt 14 Arbeiter, 40 % mehr als beispielsweise im Bauwesen. Offensichtlich war dieser Wirtschaftsbereich durch relativ hohe Leitungsspannen auf der unteren Führungsebene gekennzeichnet. Die in der Berufsgruppe Meister für den Maschinenbau tätigen Personen, die exemplarisch für diesen Bereich analysiert wurden, weisen ein überdurchschnittlich hohes Qualifikationsniveau auf. Der Anteil der Statusmeister lag hier bei lediglich 23 %. Ferner ließ sich für die Meister, die über einen Hoch- und Fachschulabschluß verfügten, ein gleich hohes Verhältnis zur Gesamtheit nachweisen, wie dies für die Bauwirtschaft ermittelt wurde (2 %). Im Unterschied zur eher durchschnittlichen Tätigkeitsstruktur auf der unteren Ebene der Unternehmen des Maschinenbaus läßt sich bezüglich des Qualifikationsniveaus der Maschinenbauberufe ein überdurchschnittliches Niveau feststellen: Nur etwa 4 % verfügten über keinen formalen Abschluß.

Im Ergebnis zeigen die Auswertungen der statistischen Daten wie auch die der Interviews, daß die qualifizierte Facharbeit in diesem Wirtschaftssektor eine erhebliche Bedeutung hatte. Die Meisterposition war relativ attraktiv, und zwar weniger als in der Chemischen Industrie wegen der Nettolöhne als vielmehr deshalb, weil der Aufstieg in die untere Führungsebene dem traditionellen Prestigegewinn diente in einem Bereich, in dem handwerkliches Können und Berufserfahrung nach wie vor von großer Bedeutung waren.

6. Zusammenfassung

Resümierend lassen sich aus den dargelegten Befunden die folgenden Schlußfolgerungen ziehen:

(1) Der Meister konnte sich in der DDR auf breiter Basis als der die untere Führungsebene dominierende Qualifikationstyp halten. Dabei war zunächst das Anknüpfen an traditionell gewachsene und funktional legitimierte Produktionsstrukturen ursächlich für den Rekurs auf diesen Qualifikationstyp. Mit der stärkeren Institutionalisierung der Meisterfunktion durch die Implementierung formalisierter Bildungsgänge entfaltete sich dann zunehmend das adaptive Wechselspiel zwischen der Produktion einer Qualifikation einerseits und ihrer Verwertung andererseits.

(2) Dabei existierten zwischen einzelnen Wirtschaftsbereichen durchaus Varianzen im Umfang des Einsatzes von Meistern als untere Führungskräfte. Insbesondere dort, wo die Meisterfunktion auf eine entsprechende industrielle Tradition zurückblicken konnte, behielt sie auch relativ große Bedeutung. Vor allem dort, wo aus handwerklicher Tradition heraus Vertrautheit mit den direkten Produktionsprozessen erforderlich war und wo Effektivität und Effizienz wesentlich über die Koordinierung der Arbeitsvollzüge und die Motivierung der Arbeitskräfte hergestellt werden mußten, scheint die Domäne des Meisters gelegen zu haben. Im Umkehrschluß konnte sich der Meister dort, wo der Produktionsprozeß eher prozeßdeter-

miniert war und sich weitgehend menschlichem Zugriff entzog, wo technisches Fachwissen für die Außensteuerung der Produktion vonnöten war, nur bedingt halten.

(3) Obwohl offiziell als Leiter der untersten hierarchischen Ebene definiert, dem Organisation und Kontrolle des unmittelbaren Produktionsprozesses oblagen, war die Realität des VE-Meisters zum Teil durchaus prekär. Bedingt durch das Fehlen effizienter ökonomischer Anreiz- und Sanktionsmechanismen besaß der Meister de facto kaum Ressourcen, mittels derer er die Einhaltung betrieblicher Vorgaben durchsetzen konnte. Dies führte zu einer schwierigen Situation der Meister, die diese durch unterschiedliche Strategien zu bewältigen versuchten. Dabei ist festzuhalten, daß zwar die makro- und mikropolitischen Rahmenbedingungen die Rollendefinition des Meisters vorstrukturierten, diese aber nicht völlig determinierten. So legten es zwar die Rahmenbedingungen der Bauwirtschaft mit einer starken Veto-Macht der Arbeiter den Meistern nahe, sich als "Handlanger der Arbeiter" zu definieren und deren informelle Praktiken zu decken. Dies geschah oft auch ohne nachdrückliche Einforderung betrieblicher Leistungsnormen im Gegenzug, so daß man nicht uneingeschränkt Sanktionsdruck durch die Vorgesetzten der Meister oder eine Identifikation der Meister mit den politisch begründeten betrieblichen Vorgaben unterstellen kann, wie dies die These des "Planerfüllungspakts" implizit voraussetzt. Auf der anderen Seite gab es jedoch insbesondere auf dem Bau auch den durchsetzungsfähigen Meister, der nachhaltig auf die Erfüllung der Normen drängte, also eher als "Statthalter des Unternehmens" fungierte. Daß dies angesichts des Mangels an Machtressourcen geradezu charismatische Führungseigenschaften erforderte, liegt nahe.

(4) Nicht zuletzt waren es die Reste der traditionalen Autorität der klassischen Meisterwirtschaft - der Meister als Bester unter Gleichen -, die eines der wesentlichen Machtpotentiale der VE-Meister darstellten. Diese Quelle der Meisterautorität wurde von staatlicher Seite zunächst mit einer demonstrativen Abgrenzung vom einstigen Status des Meisters als "Herrn der Werkstatt" und mit der Nivellierung des Verhältnisses zwischen Arbeitern und Meistern implizit zum Versiegen gebracht; dieser Sachverhalt wurde erst in den späten 70er Jahren voll reflektiert.

(5) Mangelnde Attraktivität der Meisterposition und suboptimale Rekrutierungsstrategien erzeugten eine Abwärtsspirale, die den einstigen Status der Meisterposition kontinuierlich entwerteten. Späte Versuche einer so-

zialen Aufwertung der Meisterposition änderten daran wenig. Insofern läßt sich retrospektiv von einem zunehmenden Prekärwerden der Meisterfunktion sprechen.

(6) Schließlich ist die Entwicklung der Meisterfunktion in der DDR unter dem Gesichtspunkt des Verhältnisses von Qualifikations- und Beschäftigungsstruktur zu sehen: Wird allgemein für die DDR ein Qualifikationsüberhang konstatiert, so dreht sich dieses Verhältnis im Fall des Meisters um. Grund dafür waren die mangelnde Attraktivität der Meisterposition und die damit verbundenen Probleme, qualifizierten Nachwuchs für eine entsprechende Weiterbildung zu motivieren; darüber hinaus trug das Fehlen flankierender staatlicher Maßnahmen, die den Weg zum Meisterbrief erleichtert hätten, zu dieser Entwicklung bei.

(7) Schließlich ist zu konstatieren, daß die Meisterposition, obwohl von den formellen Voraussetzungen her nicht eindeutig so festgelegt, de facto eine Sackgassenposition für aufstiegswillige Facharbeiter darstellte. Der Weg aus der Werkstatt führt über die Fachschule, der Meister bekam lediglich eine "ruhigere Ecke".

(8) Ungeachtet der angesichts der skizzierten sehr differenzierten Verhältnisse angebrachten Warnung vor Verallgemeinerungen in bezug auf das Qualifikationsniveau der Meister sind doch einige ihrer Potentiale für die Veränderungen nach der Wende zu erwähnen. Von besonderer Relevanz scheinen in diesem Kontext die sozialen Qualifikationen der VE-Meister. Ihre in der DDR benötigte Fähigkeit zur Organisation des Produktionsprozesses, zur Aufrechterhaltung des Produktionsflusses und zur Anpassung an sich häufig verändernde Gegebenheiten dürften hier ebenso relevant sein wie ihre Erfahrungen mit intrinsischen Formen der Motivierung; diese könnten sich in Zusammenhang mit der Gruppenarbeit als zukunftsträchtiges Potential erweisen.

Literatur

Achtel, K.: Weiterentwicklung der Meisteraus- und -weiterbildung entsprechend den wachsenden Anforderungen an die Stellung und Funktion der Meister im betrieblichen Reproduktionsprozeß, Zentralinstitut für Berufsbildung der DDR, Problemstudie, Berlin 1990.

Bau, H.: Berufliche Qualifikation und Erwerbstätigkeit von Meistern. In: Bundesinstitut für Berufsbildung (Hrsg.): Berichte zur beruflichen Bildung, Heft 50. Berlin 1982.

BMBW (Bundesministerium für Bildung und Wissenschaft): Berufsbildungsbericht 1992 - Grundlagen und Perspektiven für Bildung und Wissenschaft Nr. 31, Bonn/Bad Honnef 1992.

Deppe, R.; Hoß D.: Arbeitspolitik im Staatssozialismus, Frankfurt/New York 1989.

Feher, F.; Heller, A.; Markus, G.: Diktatorship over Needs, Oxford 1983.

Feierabend, G. u.a. (Autorenkollektiv): Grundbegriffe zur Berufsbildung, Berlin 1977.

Heinrich, S.: Positionen zu einer erwachsenengemäßen und leitungsbezogenen Gestaltung der Meisterausbildung. In: Forschung zur sozialistischen Berufsbildung, Heft 6, 17. Jg., 1983.

Heinrich, S.: Zur Erwachsenenbildung in der DDR, unveröffentl. Manuskript, Berlin 1985.

Marx, K.: Das Kapital, Erster Band, Berlin 1987.

Schumann: Stellung, Funktion und Autorität des Meisters im sozialistischen Betrieb - eine soziologische Studie in Industrie- und Baubetrieben der Hauptstadt der DDR, unveröffentl. Diss., Humboldt-Universität zu Berlin, Berlin 1984.

Tolbert, P.; Zucker, L.: The Role of Institutionalization in Cultural Persistence. In: W. Powell; P. DiMaggio (eds.): The New Institutionalism in Organizational Theory, 1994.

Voskamp, U.; Wittke, V.: Aus Modernisierungsblockaden werden Abwärtsspiralen. In: Berliner Journal für Soziologie, Heft 1, 1991, S. 17-40.

Wagner, K.: Qualifizierungsbedarf in ostdeutschen Betrieben. In: Discussion Papers No. FS I 93-307, Wissenschaftszentrum Berlin für Sozialforschung, Berlin 1993.

Weltz, F.: Vorgesetzte zwischen Management und Arbeitern, Stuttgart 1964.

Dietrich Scholz

Vom VE-Meister zum Industriemeister - die Rolle der Verbände und Kammern im Transformationsprozeß

1. Zur Bedeutung der Meisterabschlüsse in DDR und BRD

2. Das Verfahren der Gleichstellung der DDR-Abschlüsse nach 1990

3. Die Rolle von DIHT sowie Industrie- und Handelskammern bei der Anerkennung von VE-Meisterabschlüssen

4. Zwischenresümee

5. Die Anerkennung von Meisterabschlüssen im Handwerksbereich - eine Alternative

Die Transformation der Berufsgruppen der ehemaligen DDR ist nicht nur bestimmt durch die Veränderung ihrer Stellung im Betrieb, sie wird auch nachhaltig beeinflußt von den Veränderungen ihrer Stellung auf dem Arbeitsmarkt, insbesondere von der Anerkennung ihrer Abschlüsse. Wie hat sich dies für die Meister der Volkseigenen Industrie (VE-Meister) gestaltet?

Die Anerkennung von VE-Meistern als Industriemeister und Handwerksmeister hat ihre gesetzliche Grundlage im Einigungsvertrag vom 23.9.1990 (S. 885 ff.). Sein Artikel 37 "Bildung" regelt u.a. die Gleichstellung beruflicher Bildungsabschlüsse im Beitrittsgebiet und somit auch die Transformation der VE-Meisterabschlüsse der damaligen DDR. Danach gelten

-   sie in den neuen Bundesländern grundsätzlich weiter, ohne daß von den Inhabern irgendwelche Schritte unternommen werden müssen,

-   stehen sie den Meisterabschlüssen der BRD gleich und verleihen die gleichen Berechtigungen, **wenn** sie gleichwertig sind, wobei

- die Gleichwertigkeit auf Antrag von den zuständigen Stellen[1] festgestellt wird,

- jedoch rechtliche Regelungen des Bundes und der Europäischen Gemeinschaft Vorrang haben.

Zur Einschätzung der Transformationsprozesse im Industriemeisterbereich soll im folgenden auch das Verfahren zur Gleichstellung von VE-Meistern mit Handwerksmeistern miteinbezogen werden, da es anders und von politischer Seite mit höherem Gewicht versehen ablief.

Vorab ist eine Gegenüberstellung des Meisterbereichs in der ehemaligen DDR und der BRD sinnvoll, um den Stellenwert der Meisterebene in Ost und West richtig einzuschätzen.

1. Zur Bedeutung der Meisterabschlüsse in DDR und BRD

Für 1987 weist eine Studie des Zentralinstituts für Berufsbildung insgesamt 315.000 Personen mit Meisterabschlüssen in der Wirtschaft der DDR aus (Heinrich 1989), von denen ca. 215.000 als Meister tätig waren (Achtel 1989), bei ca. 4.200.000 Facharbeitern. Zur gleichen Zeit gab es in der Bundesrepublik 1.463.000 erwerbstätige Meister. Davon waren in der Industrie 400.000 bis 500.000 und im Handwerk und anderen Bereichen 800.000 bis 900.000 Meister tätig (Claus 1990).

Die Zahl der jährlichen Abschlüsse im Meisterbereich lag in der ehemaligen DDR bei 10.000 bis 15.000. In der BRD wurden im Industrie- und Handwerksbereich pro Jahr etwa 45.000 bis 55.000 Abschlüsse erworben; davon entfielen auf den Industriemeisterbereich ca. 10.000 Abschlüsse.

Der Handwerksmeister spielte in der ehemaligen DDR eine untergeordnete Rolle. Ab 1975 gab es bei den 14 Handwerkskammern keine beson-

---

1 Die jeweils zuständige Stelle für die Abschlüsse wird von den Bundesländern festgelegt. In der Regel sind es dieselben, die auch für die Anerkennung von Übersiedlerzeugnissen in den alten Bundesländern zuständig sind. Zuständige Stellen sind für die Industriemeisterabschlüsse die Industrie- und Handelskammern und für die Abschlüsse von Handwerksmeistern die Handwerkskammern.

dere Meisterausbildung mehr, den Kammern wurde ab diesem Zeitpunkt nur noch ein Mitwirkungsrecht in den Betriebsakademien zugestanden. Der VE-Meisterabschluß wurde ggf. durch eine Urkunde "Meister des Handwerks" in der entsprechenden Fachrichtung bestätigt. Insgesamt gab es 1987 ca. 80.000 private Betriebe (private Handwerker und Gewerbetreibende). Im Handwerk waren etwa 5 % aller Berufstätigen und Lehrlinge beschäftigt (Handwerkskammer Bayreuth/Coburg). Öffentliche Anwerbung von Auszubildenden soll den privaten Handwerksbetrieben nicht mehr gestattet gewesen sein.

Zusammenfassend ist festzustellen, daß in der ehemaligen DDR wie in der BRD der Meisterausbildung ein großer Stellenwert zur Besetzung der unteren und mittleren Führungsebene in den Betrieben beigemessen wurde. Die Qualifizierung zum Handwerksmeister unterschied sich jedoch erheblich, da es in der DDR nach 1975 praktisch keine eigenständige Handwerksmeisterausbildung mehr gab. In der Bundesrepublik waren die Abschlußzahlen im Handwerksmeisterbereich dagegen viermal höher als im Industriemeisterbereich.

2. Das Verfahren der Gleichstellung der DDR-Abschlüsse nach 1990

Für die Gleichstellung von VE-Meistern mit Industriemeistern und Handwerksmeistern gab es unterschiedliche Verfahren, da der Bund in verschiedenen Bereichen rechtliche Regelungen über den Einigungsvertrag hinaus für notwendig erachtete:

Artikel 37 des Einigungsvertrages gibt dem Bund die Möglichkeit, bei Bedarf weiterführende Regelungen vorzunehmen, die dann Vorrang vor den Kammerregelungen haben.[2]

Das Wirtschaftsministerium hielt es im Bereich Handwerksmeister für angebracht, über den Einigungsvertrag hinaus zusätzlich eine bundesweite

---

2 Dies wurde z.B. für die Ausbildungseignerverordnung (AEVO) genutzt: Die AEVO für die gewerbliche Wirtschaft gilt durch Erlaß seit dem 1.1.1992 auch in den neuen Bundesländern und Ost-Berlin. Hier bestehen bis zum 1.9.1997 großzügige Ausnahmeregelungen, die hier nicht im einzelnen ausgeführt werden können.

Verordnung zu erlassen, an die sich alle Kammern bei der Anerkennung vom VE-Meister zum Handwerksmeister zu halten haben.[3]

Dagegen hielt es das Bundesministerium für Bildung und Wissenschaft, das für den Bereich der Industriemeister zuständig ist, nach Anhörung der Spitzenorganisationen der Wirtschaft und des Bundesinstituts für Berufsbildung am 27.1.1992 **nicht** für notwendig, eine zusätzliche Regelung für den Industriemeister zu erlassen. In diesem Sinne sprachen sich insbesondere die Vertreter der Arbeitgeberseite aus. Auch die Gewerkschaften wollten keine bundeseinheitliche Zusatzregelung für den Übergang vom VE-Meister zum Industriemeister; sie hielten freiwillige begleitende Qualifizierungsmaßnahmen für angebracht, ohne jedoch dafür einen überregionalen Regelungsbedarf zu sehen.

Das Bundesinstitut für Berufsbildung schlug vor, einen Defizitausgleich vorzunehmen, d.h. für die VE-Meister eine Qualifizierungskonzeption zum Ausgleich ihrer systembedingten Bildungsdefizite zu entwickeln. Es sprach sich dafür aus, Möglichkeiten zu schaffen (z.B. durch verkürzte Prüfungen), die VE-Meisterabschlüsse den Industriemeisterabschlüssen inhaltlich voll anzugleichen. Jedoch konnte sich das Bundesinstitut in der Anhörung im Januar 1992 im BMBW mit dieser Auffassung nicht durchsetzen.

Die zurückhaltende Entscheidung des Bildungsministeriums bedeutete, daß nach dem Einigungsvertrag nun allein die Industrie- und Handelskammern für die Transformation zuständig wurden. Das hatte letztlich zur Folge, daß jede Kammer selber entscheiden kann, wie und was anerkannt wird.

3. Die Rolle von DIHT sowie Industrie- und Handelskammern bei der Anerkennung von VE-Meisterabschlüssen

Der Verzicht auf eine bundeseinheitliche Regelung zur Gleichstellung der VE-Meisterabschlüsse bedeutete, daß der DIHT als Dachorganisation der

---

3 Verordnung über die Anerkennung von Ausbildungsabschlüssen von Meistern der Volkseigenen Industrie als Voraussetzung für die Eintragung in die Handwerksrolle vom 6.12.1991, BGBl, Teil I, S. 2162 ff.

IHK sein "kammereigenes Gleichstellungsverfahren" zur Anwendung bringen konnte (Deutscher Industrie- und Handelstag 1991). Dieses Verfahren war im sog. Koordinierungskreis, einer ständigen Arbeitsgruppe von Vertretern der Arbeitgeber und der Gewerkschaften, eingeleitet worden. Danach wurde bereits in 1990 damit begonnen, die 142 VE-Meisterabschlüsse den Industriemeisterabschlüssen zuzuordnen. Eine Prüfung der Ausbildungsinhalte und ihrer Defizite wurde in dieser Arbeitsgruppe nicht geleistet, obwohl bekannt war, daß bei den VE-Meistern Qualifikationsmängel in bezug auf ihre neuen Tätigkeitsfelder vorhanden waren; auch wurden keine Vorschläge zum Ausgleich dieser Defizite erarbeitet. Die Arbeit der Experten im Koordinierungskreis beschränkte sich auf eine rein formale Zuordnung, die zwar notwendig war, aber nicht hinreichte, um die Bedingungen für eine tatsächliche Gleichwertigkeit der Abschlüsse festzustellen.

Das vom Koordinierungskreis erarbeitete Gleichstellungsverfahren wurde im November 1991 mit einem "Zuordnungspapier" den Industrie- und Handelskammern der neuen Bundesländer empfohlen, obwohl klar war, daß keine materielle Gleichwertigkeit der Abschlüsse vorlag.[4]

Insbesondere fehlten in der Ausbildung zum VE-Meister die berufs- und arbeitspädagogischen Qualifikationen; ferner bestanden Defizite in den betriebswirtschaftlichen Bereichen und Führungsqualifikationen. Dagegen entsprachen die naturwissenschaftlichen und technischen Inhalte voll den Inhalten der Meisterfortbildung in der alten Bundesrepublik. Es war schon zur damaligen Zeit bekannt, daß nahezu zwei Drittel der Inhalte voll auf den Industriemeisterabschluß in der alten BRD anrechenbar waren.

Die Konsequenz aus dieser Kenntnis hätte eine Regelung sein müssen, die den VE-Meisterabschlüssen unter der Bedingung eines Defizitausgleichs die volle Anerkennung verleiht. Mit einer Anpassungsqualifizierung in den Bereichen Betriebswirtschaft und Führung den VE-Meistern den verkürzten, aber inhaltlich vollen Industriemeisterabschluß zu ermöglichen,

---

4 Bei der Auslegung von Artikel 37 Satz 2 des Einigungsvertrages wurde damit auf das Bundesvertriebenengesetz und die Grundsätze seiner rechtlichen Handhabung aus dem Jahre 1976 zurückgegriffen (Bundesanzeiger Nr. 235/ 14.12.1976), das aufgrund der relativ kleinen Zahl von Aus- und Übersiedlern bei der Anerkennung von Abschlüssen ohne Auswirkungen auf deren Verwertung auf dem Arbeitsmarkt großzügig verfahren konnte.

wäre angemessen und letztlich großzügiger gewesen. Soweit bekannt, waren in den Industrie- und Handelskammern von Brandenburg (Potsdam, Cottbus, Frankfurt/Oder) Mitte/Ende 1991 bereits umfangreiche Qualifizierungsmaßnahmen angelaufen, die auf sehr großes Interesse stießen. Sie konnten aber nicht mit den üblichen Industriemeisterabschlüssen zertifiziert werden, weil es dafür keine Regelung gab, der DIHT den IHK von "verkürzten" Industriemeisterprüfungen abriet und Teilnahmebescheinigungen für hinreichend hielt.

Mit dem scheinbar "großzügigen" Verfahren, das der DIHT eingeleitet hat und die Kammern zu Ende führten, wurde und wird also bei Antragstellung durch einen VE-Meister nur eine formale Gleichstellung in Form einer Bescheinigung ausgesprochen, die nur die Zuordnung zu einer Industriemeisterfachrichtung und nicht die Gleichwertigkeit mit einem Industriemeisterabschluß beinhaltet. Durch das Verhalten der Entscheidungsträger wurde gleichzeitig verhindert, daß eine hinreichende Zusatzqualifizierung vom VE-Meister zum Industriemeister zum Standard erklärt wurde.

Die unter Arbeitsmarktgesichtspunkten notwendige und zum Großteil inhaltlich ja auch berechtigte Aufwertung der VE-Meister und ihre anforderungsgerechte Qualifizierung hat somit nicht stattgefunden.

Und auch der Kompromißvorschlag des Bundesinstituts für Berufsbildung, die in den Prüfungsordnungen zum Industriemeister bestehende fünfjährige Verjährungsfrist für die Anerkennung einmal abgelegter gleichwertiger Prüfungen aufzuheben, wurde nicht aufgegriffen.[5] Eine solche Aufhebung hätte insofern eine Lösung der bestehenden Probleme bedeutet, als sie auf der Grundlage der gültigen Industriemeisterverordnungen den VE-Meistern die Möglichkeit einer verkürzten Prüfung zum Industriemeister geboten hätte, die sich nur auf diejenigen Teile bezieht, die nicht Bestandteil des Abschlusses zum VE-Meister waren.

---

5 Diese Regelung beinhaltet, daß bei Prüfungen anrechenbare, weil inhaltlich gleiche oder sehr ähnliche Teile einer Prüfung (z.B. zum Techniker) nur dann angerechnet werden können, wenn die frühere Prüfung nicht länger als fünf Jahre zurückliegt.

4. Zwischenresümee

Das auf der Grundlage des Einigungsvertrages durchgeführte Gleichstellungsverfahren im Industriemeisterbereich kann von Kammer zu Kammer unterschiedlich gehandhabt werden. Zwar hat der DIHT die Zuordnung der einzelnen Meisterabschlüsse empfehlend geregelt, woran sich die Kammern in der Regel auch halten, doch werden damit Gleichstellungen ausgesprochen, obwohl allen Beteiligten bekannt ist, daß - gemessen an den veränderten marktwirtschaftlichen Anforderungen in den Betrieben - wesentliche Qualifikationsmängel vorliegen. Insofern sind die Gleichstellungsbescheinigungen "unehrlich" und letztlich wertlos. Die konzeptionelle Gestaltung von entsprechenden, auf freiwilliger Basis zu absolvierenden Qualifizierungsmaßnahmen den Kammern der neuen Bundesländer zu überlassen, überforderte diese erheblich.

Angemessen wäre es gewesen, die Bildungsdefizite des VE-Meisters im Hinblick auf seine neuen Führungsaufgaben zu benennen, den Betroffenen bundeseinheitliche Qualifizierungsmöglichkeiten anzubieten und ihnen - unter Anerkennung der vorhandenen Qualifikationen - durch verkürzte Prüfungen den vollen Industriemeisterabschluß zu sichern. Diese Chance wurde vertan.

Daß sie bestanden hätte, zeigt das Gleichstellungsverfahren in bezug auf den Handwerksmeister.

5. Die Anerkennung von Meisterabschlüssen im Handwerksbereich - eine Alternative

Anders als im Industriemeisterbereich hat am 6.12.1991 der Wirtschaftsminister eine Verordnung erlassen, die über den Einigungsvertrag hinaus bundeseinheitlich und verbindlich für alle Handwerkskammern die Eintragung der VE-Meister in die Handwerksrolle regelt. Danach können sich alle VE-Meister mit einer entsprechenden Fachrichtung auf der Basis einer Zuordnungsliste unter bestimmten, großzügigen Bedingungen in die Meisterrolle eintragen lassen und damit einen Handwerksbetrieb führen. Sie müssen nachweisen, daß sie seit 1989 an Lehrgängen zur Fachpraxis und -theorie teilgenommen und seit 1982 auch Lehrlinge ihres Fachgebietes ausgebildet haben. Anträge können noch bis einschließlich 1997 gestellt werden. Von den ca. 140 VE-Meisterabschlüssen konnten ca. 90 den Handwerksmeisterabschlüssen zugeordnet werden; für die verbleibenden VE-Meisterabschlüsse gab es keine Entsprechungen im westdeutschen Handwerksbereich. Der Vorteil dieser Regelung liegt einerseits im großzügigen Verfahren, andererseits darin, daß sie ein Mindestmaß an Defizitausgleich bundeseinheitlich vorschreibt.

Allerdings ist eine volle Anerkennung auch hier nicht gewährleistet. Denn trotz Einschreibung in die Handwerksrolle wird den Betroffenen kein Meisterbrief ausgehändigt, dieser ist weiterhin nur durch Ablegung der Prüfung in allen vier Teilen der Fortbildung zum Handwerksmeister zu erlangen.

Literatur

Achtel, K.: Weiterentwicklung der Meisteraus- und -weiterbildung entsprechend den wachsenden Anforderungen an die Stellung und Funktion der Meister im betrieblichen Reproduktionsprozeß, Berlin 1989.

Claus, Th.: Zur beruflichen Situation von Meistern und Technikern, Berlin 1990.

Deutscher Industrie- und Handelstag (Hrsg.): Zuordnung von gewerblich-technischen Meisterfachrichtungen der ehemaligen DDR zu Weiterbildungsprüfungen in der Bundesrepublik Deutschland, Bonn 1991.

Einigungsvertrag: Gesetz zum Vertrag vom 31. August 1990 zwischen der Bundesrepublik Deutschland und der Deutschen Demokratischen Republik über die Herstellung der Einheit Deutschlands und Vereinbarung vom 18. September 1990, BGBl, Teil II, Bonn 1990.

Handwerkskammer Bayreuth/Coburg: Informationen über das Handwerk in der DDR.

Heinrich, S.: Konsequenzen für die Aus- und Weiterbildung von Meisterinnen im Zusammenhang mit ihrem Einsatz in Meisterfunktionen, Berlin 1989.

Eva-Maria Langen, Ingrid Drexel

Der Meister in den Restrukturierungsprozessen der ostdeutschen Betriebe - zwischen Aufwertung und Abstufung

1. Die Ausgangssituation für den Transformationsprozeß

2. Betriebliche Personalpolitiken in bezug auf den Meister in der Restrukturierung der ostdeutschen Betriebe

3. Die Stellung des Meisters heute - Chancen, Probleme und Ansätze ihrer Bewältigung

4. Resümee: Die Folgen des Transformationsprozesses für die Zukunft des Meisters (nicht nur) in Ostdeutschland

Welches Schicksal hatte und hat der Meister der Volkseigenen Industrie ("VE-Meister") nach der Wende? Genauer: Welches Schicksal hatten **die** Meister, und welches Schicksal hat der **Qualifikations- und Sozialtyp** VE-Meister in den neuen Bundesländern? Welche Zukunftsperspektiven zeichnen sich für diese Berufsgruppe ab, und welche Konsequenzen hat der sog. Transformationsprozeß für diesen traditionsreichen Baustein der betrieblichen und gesellschaftlichen Sozialstruktur?

In diesem Beitrag wird anhand der Ergebnisse einer empirischen Untersuchung über die seit 1990 erfolgten Entwicklungen der Situation des Meisters in ausgewählten ehemaligen Großbetrieben der Chemischen, der Elektrotechnischen und der Stahlindustrie sowie des Maschinenbaus berichtet.[1] Dabei geht es zunächst um die Ausgangssituation der Entwick-

---

1 Es handelt sich dabei um eine Untersuchung zur Restrukturierung der ostdeutschen Betriebe und des Weiterbildungssystems in den neuen Bundesländern ("Qualifizierung und Restrukturierung im mittleren Qualifikationssegment ostdeutscher Betriebe: Systemtransfer, Steuerungsprobleme und die Rolle statusbezogener Weiterbildung"). Diese Untersuchung (1991 bis 1994) umfaßte u.a. Fallstudien in 16 Betrieben sowie Nachbefragungen in diesen.

lung des Meisters nach der Wende: um eine zusammenfassende Charakterisierung der Stärken und Schwächen dieses Qualifikationstyps, die durch seine Situation in der DDR geprägt waren (Abschnitt 1).[2] Dem folgt eine Darstellung der im Rahmen der Restrukturierung der Betriebe nach der Wende praktizierten betrieblichen Personalpolitiken, soweit sie für die Meister relevant wurden (Abschnitt 2) und, darauf aufbauend, eine Skizze der wichtigsten Merkmale der heutigen Stellung des Meisters in ostdeutschen Betrieben (Abschnitt 3). Am Ende des Beitrags steht ein Resümee im Hinblick auf die Zukunft des ostdeutschen Meisters und auf die Frage, ob er in den westdeutschen Meister "transformiert" werden oder seine Spezifik aufrechterhalten wird.

1.   Die Ausgangssituation für den Transformationsprozeß

Das Profil an Qualifikationen, Erfahrungen und Potentialen, mit denen der VE-Meister in die Prozesse der sogenannten Transformation der DDR-Gesellschaft - die dramatischen Veränderungen der Eigentumsverhältnisse und die ebenso dramatischen betrieblichen Restrukturierungs-, Selektions- und Freisetzungsprozesse - gegangen ist, war in sich widersprüchlich.

Auf der einen Seite verfügte der VE-Meister über einige **generelle Stärken des deutschen Meisters**: Er war Produkt eines Aufstiegs aus der Facharbeiterschaft, hatte damit in großem Umfang qualifizierte Berufserfahrung erworben und war zugleich den Arbeitern sozial nahe. Er war relativ gut qualifiziert durch eine Kombination von öffentlich geregelter Facharbeiterausbildung, in der Mehrheit der Fälle geregelter Meisterfortbildung[3] und regelmäßiger Weiterbildung (im Rahmen der sog. Meistertage). Der VE-Meister war also für seine Funktion nicht nur durch Führungswissen (oder sog. Führungseigenschaften), sondern auch durch berufsfachliches Wissen und Können qualifiziert.

---

2   Auch die in diesem Abschnitt referierten Informationen und Einschätzungen sind im wesentlichen Ergebnis der genannten Untersuchung, in deren Rahmen die interviewten betrieblichen Experten auch zur Situation des Meisters in der DDR befragt wurden.

3   Zu den Modalitäten der Meisterausbildung vgl. den Beitrag von Bunzel in diesem Band, S. 113 ff.

Alles das ist bedeutsam für die Stärke dieses Qualifikationstyps, alles das sind keine Selbstverständlichkeiten, wie der internationale Vergleich zeigt: Der französische Meister z.b. kam traditionellerweise und kommt zum guten Teil auch heute ebenfalls aus der Arbeiterschaft, oft jedoch nicht aus den Reihen der Arbeiter mit (einschlägiger oder anderer) Berufsausbildung. Vor allem aber durchläuft er keine spezifische Fortbildung für Meister, da es so etwas in Frankreich nicht gibt. In der Konsequenz dieses Sachverhalts hat er einen schwachen Status, eine schwache Stellung im Betrieb, kann sich in seiner Funktion tendenziell nur auf autoritäres Verhalten stützen und ist in hohem Maße vom Einzelbetrieb abhängig - drei Sachverhalte, die sich natürlich wechselseitig verstärken. Im Bildungs- und Berufsverlaufsmuster des VE-Meisters sind solche Schwächen und Probleme ebensowenig angelegt wie in dem des westdeutschen Industriemeisters mit Meisterausbildung und -abschluß.

Zu den genannten generellen Stärken des deutschen Meisters kommen zudem einige **spezifische Potentiale des VE-Meisters**, die sich aus seiner DDR-Vergangenheit ergeben. Die VE-Meister waren tendenziell charakterisiert durch eine Reihe von - angelegten und/oder erworbenen - Persönlichkeitsmerkmalen und Verhaltenspotentialen:

- durch Lernbereitschaft, Bildungsdrang und Interesse an beruflichem Fortkommen,[4] die die Selbstselektion für Meisterausbildung bestimmten;

- durch Selbstdisziplin und Belastbarkeit, die Voraussetzung für eine mehrjährige nebenberufliche Fortbildung waren;

- durch Verantwortungsbewußtsein, Organisations- und Improvisationstalent, Anpassungsfähigkeit und Fähigkeit zur "Einsicht in Sachzwänge", die zugleich Voraussetzung wie auch Sozialisationsprodukt der Ausübung einer Meisterfunktion unter den Bedingungen des DDR-Betriebs waren (vgl. hierzu auch den Beitrag von Bunzel in diesem Band).

---

4   Das Interesse am Fortkommen war nicht nur Folge eines "Weiterkommenwollens", sondern auch eine Art Vorsorge für das Alter und für eine Phase reduzierter Leistungsfähigkeit und vielfach auch der Wunsch, in die höchste Facharbeiterlohngruppe eingruppiert zu werden, nach der nicht als Meister eingesetzte Arbeitskräfte mit Meisterabschluß entlohnt wurden. Dazu kommt, daß der Meisterabschluß vielfach Zwischenstufe der weiteren Bildungskarriere war: Vom Meisterabschluß aus konnte man an die Fachschule gehen und entweder Ingenieur oder Ingenieurpädagoge werden.

Im Ergebnis des Bildungs- und Berufsverlaufsmusters des VE-Meisters ist also von spezifischen, durch die Bedingungen des Bildungssystems und des typischen Betriebs der DDR geprägten Fach- und Sozialkompetenzen und entsprechenden Potentialen auszugehen.

Auf der anderen Seite ging der VE-Meister aber mit **spezifischen Hypotheken** in den Transformationsprozeß, die ebenfalls im DDR-Betrieb entstanden sind:

Zum einen war die Meisterfortbildung in den letzten Jahren der DDR in ihren fachlichen Teilen zunehmend anspruchsloser geworden und "verflacht": Die Ausbildungszeit wurde auf zwei Jahre reduziert, es wurden keine schriftlichen Abschlußarbeiten mehr gefordert und damit die Anforderungen zurückgeschraubt; eine Reduktion, die mit Hinweis auf die permanente Weiterbildung für Meister begründet wurde.

Zum anderen gab es keine Vorarbeiter, dafür aber sehr viele und relativ kleine Meisterbereiche, an die die Meister sich auch gewöhnt hatten.[5]

Zum dritten war die Zuordnung von Meisterqualifikation und Meisterfunktion vergleichsweise locker: In vielen DDR-Betrieben wurden Meisterpositionen auch mit Beschäftigten anderer Qualifikationsstufen besetzt. Zum Teil waren dies Facharbeiter, die über langjährige Erfahrungen in diesem Bereich verfügten, zum Teil aber auch (Fachschul-)Ingenieure; letzteres war insbesondere dort der Fall, wo besonders moderne Technik, hochkomplizierte und teure (vor allem importierte) Anlagen bestanden, die aufgrund von Embargobestimmungen oder Devisenknappheit einer besonderen Sorgfalt bedurften und wo man offenbar der Auffassung war, zur sachgerechten und effektiven Fahrweise und Überwachung sei Ingenieurwissen erforderlich.[6]

---

5 Die Situation war allerdings nach unseren retrospektiven Ermittlungen offenbar außerordentlich (und für eine Planwirtschaft erstaunlich) heterogen, sowohl was den Zuschnitt von Hierarchien und Meisterbereichen als auch was die Größe der letzteren anbelangt.

6 In unserem Untersuchungsfeld waren es nicht weniger als sechs von 16 Betrieben, die schon zu DDR-Zeiten Meisterpositionen besonders an Neuanlagen auch mit Ingenieuren, vorwiegend Fachschulingenieuren, in Ausnahmefällen auch mit Hochschulingenieuren, besetzt hatten; es waren dies vor allem die Chemie-Betriebe, aber auch Betriebe der Elektrotechnischen Industrie.

Dazu kam als weiteres Problem, daß die Meisterfunktion tendenziell über-frachtet war: Der Meister hatte sowohl die Verantwortung für die Produktions- und Arbeitsorganisation ("der Meister als Organisator der Produktion") als auch die unmittelbare disziplinarische Vorgesetztenfunktion (nicht allerdings die Funktion in der Lehrlingsausbildung, die der westdeutsche Industriemeister häufig innehat). Im Zusammenhang mit den wachsenden Schwierigkeiten der DDR-Betriebe wurden diese beiden Aufgabenkomplexe des VE-Meisters zunehmend so ausgeweitet, daß er immer mehr in die Rolle des "Mädchen für alles", des "Prügelknaben und Fußabtreters" (so unsere Interviewpartner) geriet und zunehmend zum Prellbock zwischen oben und unten wurde: Die Meister mußten sich um fehlendes Material kümmern und bei Ausfall von Arbeitskräften als Springer arbeiten, sie mußten die Einhaltung der Arbeitsdisziplin, des Arbeitsschutzes und der Arbeitssicherheit überwachen, sie mußten Arbeitsberatungen und Versammlungen organisieren und durchführen, sie hatten einen "gewaltigen Papierkrieg" (Planerfüllungsberichte, Statistiken etc.) zu bewältigen und waren zudem zuständig für alle gesellschaftlichen und politischen Aufgaben ihres Verantwortungsbereichs (Wettbewerb, Neuerer- und Vorschlagswesen, Versammlungsteilnahme, "Brigadeleben", Patenschaften, Urlaubsplatzvergabe, Delegierungen zu Aus- und Weiterbildung, Offizierswerbung usw.).

Gleichzeitig waren aber die Rechte, die Handlungs- und Entscheidungskompetenzen der VE-Meister gegenüber der Arbeiterschaft aus politischen Gründen ("Hofierung der Arbeiterklasse" - Lötsch) außerordentlich eingeschränkt. Sie waren deshalb, aber auch weil sie in der Regel ihren Bildungs- und Berufsverlauf in derselben Abteilung absolviert hatten, nur wenig zur Distanzierung gegenüber der Arbeiterschaft in der Lage. Das Ergebnis: Sie konnten sich dieser gegenüber nur schwer durchsetzen - ein Widerspruch zur skizzierten Überfrachtung der Meisterfunktion.

Dieser Widerspruch bedingte (oder zumindest: verstärkte) einen zunehmenden Statusverlust des Meisters in der DDR-Zeit. Gleichermaßen Ausdruck, Ursache und Folge dieses Statusverlusts war die bescheidene Entlohnung der Meister, die diese Tätigkeit auch finanziell unattraktiv

---

In Einzelfällen wurden sogar die Positionen des ersten Anlagenfahrers, die im Regelfall von Facharbeitern ausgeführt wurden, mit Meistern oder sogar mit Ingenieuren besetzt; sie wurden dann umbenannt in "Prozeß-Ingenieur"-Positionen.

machte: Ein ausgebildeter Meister erhielt, wenn er eine Meisterfunktion ausübte, nur Gehalt und unterlag damit einer deutlich höheren Besteuerung als die Arbeiter; wurde er als Facharbeiter eingesetzt, erhielt er die höchste Lohnstufe für Arbeiter (mit wesentlich niedrigerer Besteuerung) sowie erhöhte Zuschläge. Infolge dieser Konstruktion erhielten nicht wenige Meisterstellvertreter, die als Facharbeiter entlohnt wurden, netto mehr als ihre Meister.

Zu diesen Problemen kommt als letztes die Tatsache, daß es in der DDR mit über die Jahre hinweg steigender Tendenz einen Überschuß von ausgebildeten Meistern gegenüber den vorhandenen Meisterpositionen gab. Dieser Meisterüberschuß resultierte aus der Schere zwischen hoher Motivation zur Teilnahme an einer Meisterausbildung (aus den oben genannten Gründen) einerseits und fehlender Bereitschaft zur Ausübung einer Meisterfunktion aufgrund der eben genannten Probleme andererseits. Die Betriebe hatten grundsätzlich keine Möglichkeit zur Drosselung der Meisterausbildung, sie konnten allenfalls versuchen, eine zeitliche Verschiebung zu erreichen. In den 80er Jahren allerdings gab es modellhaft Versuche, dieser allgemein als Problem erkannten Entwicklung zu begegnen: In einigen der untersuchten Betriebe wurde z.B. ab Mitte der 80er Jahre die Delegierung zur Meisterausbildung an eine Verpflichtung zum späteren Einsatz in einer Meisterfunktion geknüpft. In einem weiteren Untersuchungsbetrieb wurde in diesem Zeitraum eine innerbetriebliche Regelung eingeführt, nach der Meister grundsätzlich einen höheren Verdienst als Facharbeiter haben sollten. An der Tatsache, daß es in den Betrieben und in der Gesamtwirtschaft der DDR in erheblichem Umfang Arbeitskräfte mit Meistertitel, aber ohne Meisterposition gab und daß dem auf der anderen Seite viele Meisterpositionen gegenüberstanden, die mit Facharbeitern besetzt waren, änderten solche Problemlösungsversuche nichts mehr.[7]

Damit sind neben den oben skizzierten Stärken des VE-Meisters auch eine Reihe von gravierenden Schwächen skizziert. Auf die damit bestimmte Situation traf der sogenannte Transformationsprozeß. Er brachte für diese Berufsgruppe spezifische Chancen und spezifische Zerreißproben.

---

7 Man kann vermuten, daß dieser Meisterüberschuß und die fehlende Bereitschaft der Meister, nach der Ausbildung eine Meisterfunktion zu übernehmen, zumindest einer der Gründe für die oben erwähnte Verkürzung der Meisterausbildung in den 80er Jahren und für eine Umorientierung der Bemühungen zugunsten einer intensiveren Weiterbildung für die tatsächlich in Meisterfunktion Tätigen war.

2. Betriebliche Personalpolitiken in bezug auf den Meister in der Restrukturierung der ostdeutschen Betriebe

Die Betriebe haben in den Restrukturierungsprozessen nach der Wende die besonderen Qualifikations- und Verhaltenspotentiale der VE-Meister, insbesondere ihre Lernbereitschaft, ihr Improvisations- und Organisationsgeschick, ihre Gewöhnung an besonderen Druck und ihre "Einsicht in Sachzwänge" für die erforderlichen Umstellungsprozesse und für eine Ausweitung der Aufgaben der verbleibenden Meister genutzt. Sie haben dabei aber nicht nur an die bestehenden Potentiale, sondern auch an die Schwächen der DDR-Meister angeknüpft und diese - und natürlich die Arbeitsmarktlage sowie die veränderten Rechts- und politischen Verhältnisse - genutzt für eine Vielzahl von Prozessen, in deren Ergebnis das Schicksal der Arbeitskräfte mit VE-Meisterabschluß heute sehr heterogen ist.

Die folgenden **konkreteren Elemente dieser Personalpolitik** lassen sich festhalten:

Erstens waren die Meister (in den untersuchten Betrieben) trotz ihres besonders hohen Altersdurchschnitts nicht über-, sondern eher unterdurchschnittlich vom Personalabbau betroffen.

Bereits recht früh (1990 bis 1992) wurden zweitens die Meisterbereiche im Zusammenhang mit Personalabbau und Anpassung an westdeutsche Unternehmen außerordentlich ausgeweitet - bis zur doppelten Größe der früheren Verhältnisse.

Ebenfalls sehr früh (etwa ab 1991) wurden drittens in allen Betrieben in der Fertigung Vorarbeiterpositionen eingeführt, die es ja früher nicht gegeben hatte. Dabei erfolgte in der Regel eine Umbenennung und Abgruppierung der ehemaligen Meisterpositionen, oft bei personeller Kontinuität des Positionsinhabers, der nun eben zum Vorarbeiter wurde. Als Ziel dieses Vorgehens wurde die Einsparung von Leitungsebenen und Führungskräften sowie die Veränderung der Relation Angestellte/Arbeiter angegeben. Zum Teil wurden dabei auch Arbeitsplätze und Funktionsbereiche neu definiert und neu ausgeschrieben, so daß es nicht zu einer direkten Abgruppierung von (ehemaligen) Meistern kam. Insgesamt sind heute aber die Vorarbeiter mehrheitlich Arbeitskräfte mit Meisterabschluß. Die faktische Veränderung der Arbeitsaufgaben bei solchen Prozessen war aufgrund der früher sehr viel kleineren Meisterbereiche nicht sehr groß, jedoch handelt es sich natürlich um eine relative Abstufung im Hierarchie- und Statusgefüge des Betriebs. Sie wurde - nach den Aussagen der befragten Management- und Betriebsratsvertreter - von den Betroffenen subjektiv nicht als Abwertung empfunden. Diese Aussagen muß man aber wohl vor dem Hintergrund drohender Arbeitslosigkeit und absolut oft unveränderten Gehalts sehen, vielleicht auch vor dem Hintergrund eines fehlenden oder generell anders gelagerten Statusdenkens der ostdeutschen Arbeitskräfte.[8]

In einer Reihe von Untersuchungsbetrieben wurde (viertens) 1993 die Meisterebene gänzlich abgeschafft mit dem Ziel einer Abflachung der betrieblichen Hierarchie. Allerdings zeigten sich in einigen dieser Betriebe etwas später (bei Nachrecherchen im Frühjahr 1994) bereits Überlegungen, diese personalpolitischen Entscheidungen zu revidieren; die radikale Enthierarchisierung scheint also nicht nur Vorteile gebracht zu haben. Auch der weitgehende Ersatz von Meistern durch Vorarbeiter wurde in bestimmten Betrieben (teilweise) zurückgenommen.

Der Anteil der Meisterpositionen, die mit Ingenieuren besetzt waren, wurde (fünftens) ausgeweitet. Dieser besonders interessante Prozeß hat einen doppelten Hintergrund: Zum einen hatte sich, wie erwähnt, der Einsatz von Ingenieuren auf Meisterpositionen während der DDR auf besonders anspruchsvolle Meisterpositionen - vor allem auf Positionen im Umfeld von technologisch sehr avancierten, aus Devisengründen kaum zu ersetzenden Anlagen - konzentriert. Da nach der Wende natürlich vorrangig Fertigungsabschnitte mit neuen Anlagen und modernster Technik weitergeführt wurden, bedeutete dies quasi automatisch eine Erhöhung des Anteils derjenigen Meisterbereiche, die bereits zu DDR-Zeiten oft mit Ingenieuren besetzt gewesen waren. Zum anderen wurde diese Praxis im Zusammenhang mit der Vergrößerung der Meisterbereiche und der generellen Abschaffung der Meisterebene noch einmal etwas ausgeweitet (von sechs auf acht Betriebe in unserem insgesamt 16 Betriebe umfassenden Sample). Auch das personalpolitische Interesse, Ingenieurpotential an den Betrieb zu binden, führte bei Freisetzungsauflagen verschiedentlich dazu, eine Meisterposition zu streichen und deren Aufgaben einem bisher ohne

---

8 In unseren Interviews wurde die Frage nach Status und Statusveränderungen oft gar nicht verstanden.

Leitungsfunktion in der Abteilung tätigen Ingenieur zusätzlich zuzuordnen.

Mit diesen personalpolitischen Maßnahmen war (sechstens) ein Anwachsen des Meisterüberhangs aus der Vergangenheit verbunden. Zwar sind aufgrund der Altersstruktur viele Meister in Rente bzw. in den Vorruhestand gegangen, doch hat sich ja, wie erwähnt, der Anteil der Meister am Personal eher erhöht - und damit auch der Anteil der Meister ohne entsprechende Positionen. Dies bedeutete in Einzelfällen die Verdrängung von niedriger qualifizierten Arbeitskräften, die mit größerer Flexibilität der Höherqualifizierten begründet wurde; dies ist aber nach Aussagen der befragten Management- und Betriebsratsvertreter nicht die Regel. Häufig werden nach diesen Aussagen freigesetzte Meister für Spezialaufgaben, für besonders komplizierte Tätigkeiten und/oder für Aufgaben mit besonders hoher Arbeitsintensität eingesetzt (z.B. Meister als spezialisierte Handwerker in einer personell stark reduzierten Reparatur- und Instandhaltungsabteilung). Auch hier handelt es sich objektiv um eine relative Entwertung der VE-Meister-Qualifikation, um eine Abstufung, die im Durchschnitt noch einmal größer sein dürfte als beim Einsatz von Meistern auf Vorarbeiterpositionen. Auch hier ist zu vermuten, daß sie aufgrund der Arbeitsmarktlage und vielleicht auch absolut gleichbleibenden Gehalts subjektiv akzeptiert wird; allerdings ist hier der "Verlust" angesichts des nach der Wende massiv gestiegenen Status von Angestellten und vor allem der viel stärkeren Entgelt-Spreizung natürlich wesentlich größer.

Um zu **resümieren**: Die betrieblichen Personalpolitiken nach der Wende charakterisieren sich durch eine spezifische Kombination der Anknüpfung an bestimmte Traditionen der Vergangenheit einerseits und eines Bruchs mit diesen Traditionen andererseits. Die Betriebe haben in der neuen marktwirtschaftlichen Logik selektiv bestimmte bestehende Stärken und bestimmte Schwächen genutzt für die Restrukturierung von Arbeitsorganisation, Aufgabenzuschnitten und Hierarchie, von Entlohnungsstrukturen und Einsatzpolitiken; und sie haben sich gleichzeitig über andere bestehende Traditionen hinweggesetzt. Neben den skizzierten Formen der Anknüpfung an frühere Schwächen und Stärken gibt es radikale Brüche in drei Dimensionen: die generelle Einführung einer Vorarbeiterebene, die Eliminierung der Meisterebene in einigen Betrieben und die Abstufung vieler Meister auf Arbeiterniveau. Der erstgenannte Prozeß bedeutet indirekt eine Aufwertung, die anderen eine Ab- bzw. Entwertung des VE-

Meisters und seiner Qualifikation.[9] Im Ergebnis der Strategien von selektiver Nutzung und Negation bestehender Strukturen verliefen die individuellen Schicksale dieser Berufsgruppe also außerordentlich heterogen.

Welches Schicksal hatte der Qualifikationstyp des Meisters, d.h., welche Stellung haben diejenigen Arbeitskräfte, die heute Meister sind?

3. Die Stellung des Meisters heute - Chancen, Probleme und Ansätze ihrer Bewältigung

Auch die Stellung des Meisters heute ist widersprüchlich:

Zum einen ist es zu einer deutlichen **Aufwertung der Meisterposition** gegenüber früher gekommen - dies betonen in auffallender Übereinstimmung alle Befragten. Vier Faktoren werden hierfür angeführt:

Durch die Vergrößerung der Meisterbereiche auf bis zu 80 Beschäftigte wurde der Verantwortungsbereich des Meisters deutlich erweitert. Dazu kommt die Konzentration seiner Verantwortlichkeit auf seine eigentliche (Meister-)Aufgabe - die Organisation der Produktion - durch Entlastung von früheren DDR-typischen Nebenaufgaben; reduziert hat sich insbesondere die Befassung mit Disziplinproblemen und bestimmten bürokratischen Aufgaben, weggefallen sind politische Aufgaben. Als dritter und für die Aufwertung wichtigster Faktor sind die Erhöhung der Selbständigkeit des Meisters, die Ausweitung seiner Befugnisse, seiner Entscheidungs- und Handlungskompetenzen und seines Ermessensspielraums zu nennen. Und last not least sind natürlich die Veränderung des Einkommensgefüges durch die neuen Tarifeingruppierungen und die erhebliche, völlig neuartige Spreizung zwischen Meister- und Facharbeiter-Entlohnung (mit Differenzen bis zu DM 700,--) anzuführen.

Zum anderen aber - die Kehrseite der Medaille - beinhalten diese Aufwertungsprozesse **außerordentliche Anforderungen**, die ihrerseits zum Teil mit bestimmten Problemen verbunden sind:

---

9 Auch diese zuletzt genannten Prozesse der (relativen oder absoluten) Abwertung können im übrigen an ein "Erbe der Vergangenheit" anknüpfen: an die wesentlich geringere Bedeutung von Statusfragen im DDR-Betrieb und in der DDR-Gesellschaft.

Für viele Meister scheint, wieder nach den Aussagen der befragten Management- und Betriebsratsvertreter, der neu gewonnene Handlungs- und Entscheidungsspielraum für die Meister sehr ungewohnt. Sie mußten erst lernen, die ihnen übertragene Führungsverantwortung selbständig wahrzunehmen und nicht auf Weisungen von oben zu warten - eine neue Situation, die allerdings auch von den übergeordneten Leitungskräften vielfach offenbar erst verinnerlicht werden mußte. Dazu kommen teilweise Autoritätsprobleme der Meister, die sowohl aus bislang fehlender Anerkennung durch die Arbeiter als auch aus fehlendem Selbstbewußtsein zu resultieren scheinen. Auch hier schlagen also bestimmte Probleme der Vergangenheit durch. Und schließlich gibt es natürlich ganz konkrete Wissensdefizite, die begründet sind in den Unterschieden zwischen DDR- und BRD-Meisterausbildung und vor allem in den unterschiedlichen Berufserfahrungen. Defizite bestehen insbesondere auf den Gebieten Arbeitsrecht, Menschenführung, Verhandlungsführung, Kostendenken, aber auch in bezug auf die neuen gesetzlichen Regelungen und Bestimmungen etwa des Arbeitsschutzes und der Arbeitssicherheit, des Umweltschutzes und der Qualitätssicherung und -kontrolle. In vielen Betrieben werden darüber hinaus auch Kenntnisse der entsprechenden EDV-Systeme angemahnt.

Für diese Probleme gibt es zumindest teilweise **Lösungen**, die aber ihrerseits z.T. **problemträchtig** sind: Die genannten Wissensdefizite wurden sehr schnell nach der Wende durch Weiterbildungsmaßnahmen in großem Umfang in Angriff genommen.[10] Sie wurden oft nebenberuflich und z.T. wohl ohne Wissen der Betriebe absolviert. Die Meister erbrachten also durch ihre Weiterbildungsaktivitäten in erheblichem Umfang selbst die erforderlichen Requalifizierungs- und Anpassungsleistungen, oft im Vorlauf und auf eigenes Risiko in bezug auf eine Honorierung dieser Leistungen.

Dies gilt nicht nur im Hinblick auf eine Honorierung durch den Betrieb, sondern auch im Hinblick auf die Honorierung durch die Kammern: Nicht

---

10 Diese Weiterbildungen erfolgten zum Teil in den noch existierenden betrieblichen Bildungseinrichtungen (Betriebsakademien), zum Teil aber auch bereits in den sich etablierenden betriebsexternen Institutionen, insbesondere in den Weiterbildungseinrichtungen der Industrie- und Handelskammern sowie der Handwerkskammern. Viele Meister - darunter natürlich auch viele arbeitslose Meister - haben nach den Informationen aus unseren Befragungen in Weiterbildungseinrichtungen betriebsextern sogenannte Brückenkurse absolviert, um ihre Qualifikation und deren Marktwert an die des westdeutschen Meisters anzugleichen.

überall werden solche Brückenkurse durch die Zulassung zu einer IHK-Meisterprüfung honoriert, nicht überall erhalten die Arbeitskräfte also das IHK-Zertifikat, das den vollen Wert ihrer Qualifikation auf dem Arbeitsmarkt (auf dem Teilarbeitsmarkt für Meister) belegen würde (vgl. dazu den Beitrag von Scholz in diesem Band, S. 149 ff.).

Das Fehlen eines IHK-Zertifikats spielt nach unseren Ergebnissen in denjenigen Betrieben, deren Personalpolitik noch durch ostdeutsche Personen und Traditionen geprägt ist, solange keine Rolle, wie der Arbeitsplatz sicher ist, da hier bei Personalentscheidungen von der Kenntnis der konkreten Person und der gezeigten Leistung ausgegangen wird. Anders ist die Lage allerdings in denjenigen Betrieben, die in große westdeutsche Konzerne eingegliedert wurden: Hier wird - im Rahmen einer dem Konzernstandard entsprechenden Eingruppierungspolitik - auch von den ostdeutschen Meistern der IHK-Abschluß verlangt, wenn auch nicht sofort. Hintergrund dieser Personalpolitik von Betrieben, die in westdeutsche Konzerne eingegliedert wurden, ist wohl die Tatsache, daß neu zu besetzende Stellen ausgeschrieben werden müssen und damit die VE-Meister auf dem innerbetrieblichen Arbeitsmarkt in Konkurrenz geraten zu den vielen jungen IHK-Meistern aus westdeutschen Konzernteilen.

4. Resümee: Die Folgen des Transformationsprozesses für die Zukunft des Meisters (nicht nur) in Ostdeutschland

Der Meister der ostdeutschen Betriebe ist heute zugleich Gewinner **und** Verlierer des Transformationsprozesses; und dies nicht nur in dem Sinn, daß viele frühere Meister ihre Meisterfunktion, ja ihren Arbeitsplatz verloren und andere ihn behalten haben, sondern auch bezogen auf den heutigen und künftigen Meister in ostdeutschen Betrieben generell: Einer mehrdimensionalen Aufwertung stehen, wie gezeigt, besondere Anforderungen gegenüber, die auch zu besonderen Gefährdungen werden können. Das Transformationsschicksal dieser Berufsgruppe ist also ambivalent, die beliebte Trennung in Gewinner oder Verlierer greift hier nicht.

(1) Wie sind diese widersprüchlichen Entwicklungen im Hinblick auf **die Zukunft des interessierenden Qualifikationstyps** zu interpretieren? Kann man die Tatsache, daß die Restrukturierung der ostdeutschen Betriebe nach marktwirtschaftlichen Logiken nicht nur bestehende Stärken, son-

dern auch bestehende Schwächen des VE-Meisters nutzten für eine Reduzierung der Meisterdichte und eine qualifikatorische Unterfütterung dieser Berufsgruppe durch Ingenieurqualifikationen, interpretieren als "sinnvolle Bereinigung", auf deren Grundlage die Zukunft des Meisters um so sicherer und kraftvoller sein wird?

Dafür spricht durchaus einiges; doch erscheint eine andere, recht **problematische Entwicklung** mindestens ebenso wahrscheinlich.

Etwas konkreter:

Das Schicksal des Meisters in den ersten Jahren des Transformationsprozesses und seine Zukunftsperspektiven sind geprägt durch tiefe Widersprüche:

Zum einen ist die Position des Meisters durch die betriebliche Strategie der Arbeitsintensivierung nachhaltig gestärkt. Sie wurde aufgewertet in mehreren Perspektiven. Und sie ist damit insgesamt wohl auch wesentlich attraktiver geworden als früher. Ursache für diese Aufwertungsprozesse ist, zusammengefaßt, das für den Osten neuartige Rationalisierungskonzept einer maximalen Entfaltung und Nutzung der Potentiale menschlicher Arbeitskraft; ein Rationalisierungskonzept, das sich in einer Ausweitung von Aufgaben und Verantwortlichkeiten konkretisiert, in gewisser Weise auch in Form einer Enthierarchisierung. Auf der anderen Seite wird die Stellung des Meisters in mehrfacher Weise geschwächt: Die oben angesprochene Enthierarchisierung hat teilweise nur formalen Charakter, was sich etwa daran zeigt, daß frühere Meisterpositionen zu Vorarbeiterpositionen wurden. Bestimmte Enthierarchisierungsprozesse sind also in ihrem sozialen Kern Prozesse einer relativen oder sogar absoluten Entwertung von Qualifikationen, und zwar sowohl im materiellen als auch im symbolischen Sinn, im Hinblick auf Kompetenzen und Ansehen wie auch auf die Einstufung in Entlohnungssysteme. Dazu kommt, daß Meister und Belegschaften insgesamt vermehrt die Erfahrung machen, daß Substitution von Meistern durch Ingenieure hingenommen wird, und zwar - angesichts der Arbeitsmarktlage und des Fehlens erfahrener, starker Arbeitnehmervertretungen - ohne "Verteidigung" durch die Meister. Dazu kommt auch ihre Erfahrung, daß Meister massenhaft abgestuft werden und die - vor allem für aufstiegsorientierte Facharbeiter - relevante Erfahrung, daß Arbeitskräfte mit Meisterabschluß vermehrt auf Arbeiterebene eingesetzt werden bzw. verbleiben - Erfahrungen, die angesichts veränderter Lohnrelationen natürlich ganz anders bewertet werden als früher, als solche Arbeitskräfte ja oft gar keine Meisterpositionen übernehmen wollten.

All dies destabilisiert den Status des Meisters. Mit diesen Destabilisierungen aber bauen sich, so kann man vermuten, im Schatten der ins Auge springenden Aufwertung des Meisters für die Zukunft Risikopotentiale auf: Wenn sich die Chancen, mit einer Meisterausbildung eine entsprechende Position zu erhalten, aufgrund der Verjüngung der Meister, aufgrund großer Meistervorräte und wegen zunehmenden Einsatzes von Ingenieuren auf Meisterpositionen massiv reduzieren, dann wird auch die Bereitschaft, eine Meisterausbildung aufzunehmen, massiv nachlassen - der Nachfluß von Meisternachwuchs wird austrocknen. Diese Entwicklung wäre folgenreich nicht nur für die Aufstiegsperspektiven des Facharbeiters (und damit im übrigen auch für die Attraktivität des Dualen Systems), sondern auch für die Betriebe: Zwar können sie natürlich eine Weile vom Meistervorrat zehren, d.h. als Facharbeiter eingesetzte Meister reaktivieren. Doch verfallen erfahrungsgemäß nicht genutzte Qualifikationen relativ schnell; diese Lösung ist also zeitlich eng begrenzt.

Damit zeichnet sich eine mögliche paradoxe Entwicklung ab: Wenn sich früher oder später, wie ja nicht ganz unwahrscheinlich, in den marktwirtschaftlich restrukturierten und verschlankten Betrieben der Einsatz von Ingenieuren auf Meisterpositionen und die Streichung der Meisterebene als personalpolitische Strategien nicht bewähren und/oder wenn die ostdeutschen Betriebe wieder vermehrt Personalbedarf haben, könnten junge, aktuell ausgebildete Meister fehlen; gleichzeitig wäre dann aber der Qualifikationstyp des Meisters schon zu sehr diskreditiert, als daß man den Nachfluß jüngerer gut qualifizierter Facharbeiter in die Meisterfortbildung wieder rasch reaktivieren und quantitativ ausbauen könnte.

(2) Diese Frage der mittel- und längerfristigen Entwicklung des Meisters, der Attraktivität von Meisterpositionen und damit des Nachflusses in die Meisterausbildung aber wird vielleicht nicht nur in den ostdeutschen Betrieben entschieden. Sie ist zwar, wie gezeigt, in den Entwicklungen der ostdeutschen Betriebe seit 1990 angelegt, fällt aber in einen Zeitraum, in dem sich nach weit verbreiteter Ansicht die Verhältnisse in Ost- und Westdeutschland angeglichen haben werden, in dem es also keine **Spezifik**

in **der Situation des ostdeutschen Meisters** mehr geben wird. Welche Einschätzungen erlauben unsere Ergebnisse in bezug auf diese Annahmen?

Die Stimuli (Incentives) des Transformationsprozesses sind so ausgesteckt, daß sich der VE-Meister rasch und zu einem guten Teil durch eigene Aktivitäten in den Industriemeister nach westdeutschem Muster transformiert: Die Angst um den Arbeitsplatz im Betrieb - in einem Betrieb, der sich schnell den marktwirtschaftlichen Verhältnissen anpaßt - stimuliert die Anpassung an das westdeutsche Qualifikationsprofil des Industriemeisters durch vielfältige Weiterbildungsaktivitäten und durch die Akzeptanz auch noch der sprunghaftesten Ausweitung seiner Arbeitsaufgaben. Und die Angst um die Chancen auf dem Arbeitsmarkt für den Fall von Arbeitslosigkeit stimuliert zur Teilnahme an Weiterbildungsmaßnahmen, die das IHK-Zertifikat des westdeutschen Industriemeisters erbringen können. Dazu kommt die Tatsache, daß der ostdeutsche Meister gewissermaßen bei den politischen Konzepten "unterschlupfen" muß, die die Interessen der westdeutschen Industriemeister formulieren und vertreten, daß es eine spezifische ostdeutsche Interessenpolitik für diese Gruppe nicht gibt und wohl kaum geben kann. Alle diese Sachverhalte und Prozesse befördern die einseitige Anpassung des VE-Meisters an den westdeutschen Meister und damit eine Homogenisierung der Meister in Ost und West in Form des westdeutschen Meisters.

Doch gibt es, wie gezeigt, institutionelle Sperren (in der Vergabe des IHK-Zertifikats) für diesen Angleichungsprozeß, die den gesellschaftlichen Status des ostdeutschen Meisters inferior halten. Bei diesem geht es nicht nur um ein Stück Papier und nicht nur um den Fall der Arbeitslosigkeit: Wie aus dem Vergleich von Facharbeitern und Angelernten (auch hochqualifizierten Angelernten) wohl bekannt, wird die Position eines Arbeitnehmers durch ein auf dem gesamten Arbeitsmarkt verwertbares Zertifikat nachhaltig gestärkt; denn bei Fehlen eines solchen Zertifikats ist der Arbeitnehmer in besonderer Weise an den Betrieb gebunden und von ihm abhängig, weil er in anderen Betrieben nicht mit Honorierung seiner durch Lernen im Arbeitsprozeß erworbenen Qualifikation rechnen kann. Es ist also davon auszugehen, daß der VE-Meister ohne IHK-Zertifikat ein besonders "bescheidener", d.h. vom einzelnen Betrieb anhängiger Meister sein wird.

Werden sich, davon abgesehen, alle Unterschiede zwischen den Qualifikationsprofilen und -potentialen des VE- und des IHK-Meisters auflösen?

Wird es zur restlosen Transformation des VE-Meisters in den westdeutschen Industriemeister kommen?

Eher nein: Denn erstens werden die besonderen Verhaltenspotentiale des VE-Meisters, seine Erfahrungen, seine Formung und vielleicht auch Deformierung durch die von ihm ausgeübten Funktionen im DDR-Betrieb bleiben. Zweitens werden auch die historischen Erfahrungen des Restrukturierungsprozesses der letzten Jahre bleiben, in denen der Meister zugleich Bedrohter wie auch Bedroher war, d.h. die hautnahe Erfahrung der konkreten Auswirkungen eines Systemtransfers von historischer Bedeutung.

Zu vermuten ist deshalb also eher, daß sich eine neue Synthese von VE-Meister und westdeutschem Industriemeister herausbildet, ein eigener Typ, der eine knappe Generation lang das Qualifikations- und Verhaltensprofil des ostdeutschen Meisters bestimmen wird. Zu vermuten ist, daß dies eine in sich besonders widersprüchliche Figur sein wird: herausgefordert zu besonderen Leistungen in Anpassung und Bewältigung des Transformationsprozesses, gezwungen zu besonderer Bescheidenheit gegenüber dem Betrieb, aber auch honoriert durch eine erhebliche Aufwertung von Position und Einkommen. Wie weit die hierin angelegten Widersprüche, die die traditionellen Widersprüche des "man in the middle" überlagern, aushaltbar sein werden, wie die Meister damit umgehen, wie weit ihnen dabei die frühere Gewöhnung an besondere Ziel- und Loyalitätskonflikte hilft, und wie schließlich Betriebe und Arbeitnehmervertretungen mit dieser besonderen Situation des Meisters umgehen - das alles sind offene Fragen.

Ihre Beantwortung wird im übrigen auch für die Zukunft des Meisters im gesamten Deutschland von einiger Bedeutung sein.

Rudolf Welskopf

Das kaufmännische Personal einst und jetzt
- Restrukturierung und Transformation

1. Zur Einführung

2. Die kaufmännischen Angestellten in der DDR

3. Die Entwicklung nach der Wende

4. Das Ergebnis der (ersten Runde der) Restrukturierung: die Stellung der kaufmännischen Angestellten heute

5. Zusammenfassung und Ausblick

1. Zur Einführung

Die kaufmännischen Angestellten in ostdeutschen Betrieben sind eine Gruppe, deren Analyse besonders schwierig, aber auch besonders interessant ist:

Schwierig ist diese Analyse, weil diese Gruppe in der DDR relativ wenig beforscht worden ist. Sie wurde nicht nur ideologisch und praktisch-politisch stiefmütterlich behandelt, sondern auch von der DDR-Soziologie; so findet sich in manchen ökonomischen Wörterbüchern nicht einmal das Stichwort "Angestellte". Schwierig aber auch, weil es sich um eine nach Ausbildungen und Einsatzgebieten recht heterogene Gruppe handelt.[1] Um einigen dieser Schwierigkeiten auszuweichen, konzentriert sich der

---

1 Vorliegende Versuche der Definition und Abgrenzung der kaufmännischen Angestellten (Feierabend, Hammer 1976, S. 42 ff.) ziehen drei Dimensionen heran: ihre Arbeitsbereiche (Direktorate, Abteilungen); ihre Funktionen (Aufgaben, Arbeitsinhalte) in den Betrieben bzw. Unternehmen und ihre (kaufmännischen) Ausbildungsinhalte und -stufen. Auf Probleme der Abgrenzung der kaufmännischen Angestellten kann und soll hier nicht ausführlicher eingegangen werden, zumal ohnehin die verschiedenen Kriterien zu "unscharfen Rändern" führen.

folgende Beitrag auf jenen Teil des kaufmännischen Personals, der früher in den Bereichen Ökonomie und Buchhaltung, heute in Rechnungswesen und Controlling tätig war bzw. ist.[2]

Interessant ist die Gruppe der kaufmännischen Angestellten besonders aus zwei Gründen: Zum einen war sie in den mit der Einführung der Marktwirtschaft verbundenen Restrukturierungsprozessen einem besonderen Leistungs- und Anpassungsdruck ausgesetzt und mußte intensivste Lernprozesse durchmachen. Zum anderen hat sich im Ergebnis dieser Restrukturierungsprozesse ihre Stellung im Betrieb extrem gewandelt, sowohl in organisatorischer als auch in sozialer Hinsicht. Nur wer sich noch erinnern kann, unter welchen Bedingungen die "unscheinbaren" Angestellten beispielsweise in der Buchhaltung früher ihren Dienst taten, und ihre Situation heute untersucht, weiß so recht zu würdigen, was sie in den wenigen Jahren seit 1989/90 bewältigt haben, wie groß der Sprung ist, den sie "ins kalte Wasser der Marktwirtschaft" gemacht haben, und wie gut sie darin schon zurechtkommen.

Der folgende Beitrag will diese Veränderungsprozesse nachzeichnen und **gliedert** sich in vier Schwerpunkte:

- eine Analyse der früheren Situation der kaufmännischen Angestellten im Hinblick auf ihre Lokalisierung im Betrieb, ihre Stellung und ihr Bildungs- und Berufsverlaufsmuster (Abschnitt 2),

- die Darstellung ihres Schicksals im Restrukturierungsprozeß, der an sie gestellten Anpassungs- und Lernanforderungen sowie beobachtbarer Verdrängungsprozesse (Abschnitt 3),

- die resümierende Darstellung der Stellung der kaufmännischen Angestellten im Betrieb heute (Abschnitt 4)

- sowie ein kurzes Resümee (Abschnitt 5).

---

2 Dieser Beitrag basiert in seinen auf die Gegenwart bezogenen Informationen im wesentlichen auf Ergebnissen einer größeren Untersuchung zum Thema "Qualifizierung und Restrukturierung im mittleren Qualifikationssegment ostdeutscher Betriebe: Systemtransfer, Steuerungsprobleme und die Rolle statusbezogener Weiterbildung", an der der Verfasser mitgearbeitet hat. Diese Untersuchung umfaßte 16 ehemalige Großbetriebe der Chemischen und der Elektrotechnischen Industrie, der Stahlindustrie sowie des Maschinenbaus; auf diesen Typ von Betrieben beziehen sich die folgenden Aussagen.

2. Die kaufmännischen Angestellten in der DDR

2.1 Strukturen und Arbeitsbeziehungen in den VEB-Verwaltungen

In der Industrie der DDR waren die Verwaltungs- und kaufmännischen Funktionen in den Betrieben zwar nicht völlig identisch, aber in hohem Grade standardisiert. Dafür sorgten zentral vorgegebene einheitliche Methodiken der Planung, Rechnungsführung und Statistik ebenso wie gesetzliche Vorschriften für Volkseigene Betriebe (VEB) und Kombinate sowie Regierungsverordnungen und Weisungen der Industrieministerien. Diese Tatsache brachte es mit sich, daß Branchenunterschiede für Organisation und Arbeitsteilung nicht ins Gewicht fielen.

Für alle Verwaltungs- und kaufmännischen Prozesse im VEB galten bestimmte Grundsätze der Arbeitsteilung und Organisation nach Direktionsbereichen und (Haupt-)Abteilungen: Vom zentralen Ausgangspunkt Planung im Direktorat Ökonomie (Abt. Planung) verzweigten sich die Zuständigkeiten für die laufenden Geschäfte, wie dies die nachfolgende Abbildung 1 zeigt. In größeren Betrieben gab es i.d.R. in den Direktionsbereichen (vor allem in den produktiven und den sozialen Bereichen) kaufmännische Kopfstellen, d.h. einen bis fünf Mitarbeiter für personelle und ökonomische bzw. finanzielle Aufgaben.

2.2 Die Qualifikationsprofile der kaufmännischen Bereiche[3] früher

Die Qualifikationsstruktur des Personals, das die Funktionen der Bereiche Ökonomie und Buchhaltung (vergleichbar mit Rechnungswesen und Controlling heute) wahrnahm, war in den untersuchten ehemaligen Großbetrieben etwa (+/- 10 %) die folgende:

Qualifikationsstufen	HS	FS	FA	U/A (in %)
Bereich				
Buchhaltung	10	25	60	5
Ökonomie	20	30	50	-

HS: Hochschulabschluß (Diplom); FS: Fachschulabschluß; FA: Fach"arbeiter"; U/A: Un- und angelernte Kräfte

---

3 Wenn gelegentlich von "kaufmännischen Bereichen" die Rede ist, handelt es sich hier i.d.R. um die Bereiche Absatz bzw. Einkauf/Materialwirtschaft.

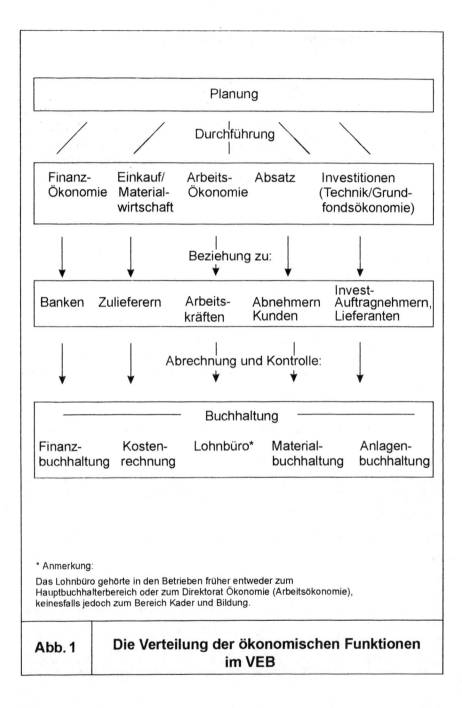

Planung

Durchführung

| Finanz-Ökonomie | Einkauf/Material-wirtschaft | Arbeits-Ökonomie | Absatz | Investitionen (Technik/Grund-fondsökonomie) |

Beziehung zu:

| Banken | Zulieferern | Arbeits-kräften | Abnehmern Kunden | Invest-Auftragnehmern, Lieferanten |

Abrechnung und Kontrolle:

Buchhaltung

| Finanz-buchhaltung | Kosten-rechnung | Lohnbüro* | Material-buchhaltung | Anlagen-buchhaltung |

* Anmerkung:

Das Lohnbüro gehörte in den Betrieben früher entweder zum
Hauptbuchhalterbereich oder zum Direktorat Ökonomie (Arbeitsökonomie),
keinesfalls jedoch zum Bereich Kader und Bildung.

| Abb. 1 | **Die Verteilung der ökonomischen Funktionen im VEB** |

In der DDR gab es keine Fachangestelltenberufe und -ausbildungen im Sinne des westdeutschen Dualen Systems; die Ausbildungen zum Industriekaufmann etc. wurden als Facharbeiterausbildungen bezeichnet. Hücker (1992, S. 96) weist daraufhin, daß in der DDR kein Sonderstatus der kaufmännischen gegenüber der gewerblich-technischen Berufsausbildung zugelassen werden sollte; daß vielmehr das Modell der Arbeiterausbildung auch für die Angestelltenberufe maßgebend war.

Die Lokalisierung eines mittleren Qualifikationsniveaus ist für das kaufmännische Personal erheblich schwieriger als für den gewerblich-technischen Bereich; denn solchen Abschlüssen wie "Meister" oder "Techniker" stand hier nichts Vergleichbares gegenüber. Erst im Zuge der Fachschulreform Mitte der 80er Jahre lief - als Pendant zur Ausbildung von Technikern - die Ausbildung von "Wirtschaftlern" an (vgl. dazu auch den Beitrag von Giessmann u.a. in diesem Band, S. 91 ff.); sie war jedoch bis zur Wende noch kaum wirksam geworden (Ministerium für Hoch- und Fachschulwesen der DDR 1987, S. 6 f.). Dieser Ansatz machte aber zumindest auf bestimmte Probleme im mittleren Qualifikationsbereich aufmerksam.

Bedeutet das Fehlen mittlerer Bildungsabschlüsse, daß in der kaufmännischen Qualifikationsskala zwischen dem "Facharbeiter"-Niveau der Wirtschaftskaufleute und dem Fachschulniveau eine Lücke klaffte? In der betrieblichen Praxis wurde weithin ein derartiges Defizit nicht empfunden. Das liegt wohl in erster Linie daran, daß man es von vornherein gar nicht entstehen ließ, indem man die Bearbeitung jener kaufmännisch-administrativen Aufgaben, die fachliche Kompetenzen eines mittleren Niveaus erfordert hätten, der vorhandenen Qualifikationsverteilung entsprechend organisierte: Entweder sie wurden formal zerlegt in Aufgaben mit höheren und solche mit geringeren Anforderungen, und diese Aufgaben wurden jeweils auf verschiedene Arbeitsplätze bzw. Personalkategorien aufgeteilt. Oder sie wurden besonders erfahrenen und flexiblen kaufmännischen Fach"arbeitern" oder Fachschulkadern, die damit zumindest teilweise unterfordert waren, zugewiesen; diese beiden Gruppen wären somit als mittleres kaufmännisches Personal anzusehen.

Die konkrete Plazierung dieser Qualifikationen variierte mit der Betriebsgröße, die das Volumen der Administration und die Leistungspyramide bestimmte. Wer in einem Großbetrieb mit Fachschulabschluß Gruppenleiter war, konnte in einem Kleinbetrieb Ökonomischer Leiter werden.

Die Ebene der Sachbearbeiter war zumeist mit Fach"arbeitern" besetzt. Hier herrschte eine hochgradige (tayloristische) Arbeitsteilung. Sie war sachlich bedingt durch geringe Fortschritte der Computerisierung (lediglich Großrechner, keine Arbeitsplatzterminals) und wurde legitimiert durch das "sozialismustypische" Paradigma fortschreitender Spezialisierung. Damit war zwangsläufig eine Reduktion von Verantwortung verbunden.

2.3 Die Bildungs- und Berufsverlaufsmuster der mittleren kaufmännischen Angestellten

Der Zugang zur Gruppe der kaufmännischen Angestellten erfolgte nicht ausschließlich über Ausbildung, sondern auch über Kombinationen von Qualifizierungs- und berufspraktischen Schritten:

Ausgangspunkt war eine Berufsausbildung in einem kaufmännischen Beruf, die entweder direkt nach Schulabschluß oder in Form einer berufsbegleitenden Erwachsenenausbildung an der Betriebsakademie absolviert wurde. Den zweiten Weg gingen Angelernte bzw. Arbeitskräfte mit einem anderen Ausbildungsberuf: Wer sich als berufsfremde bzw. angelernte Kraft ("von der Werkbank an den Schreibtisch ...") gut eingearbeitet hatte, wurde in der Regel zur Erwachsenenqualifizierung delegiert.[4]

Daneben wurde auch für Angestellte die in der DDR bei langjähriger Erfahrung und Bewährung bestehende Möglichkeit einer Zuerkennung von Berufsabschlüssen genutzt. Die Betreffenden mußten mindestens 40 (Frauen) bzw. 45 (Männer) Jahre alt sein (Schneider 1988, S. 97).

An diese Tätigkeits- und Qualifizierungsprozesse schloß sich ggf. der Besuch einer Fachschule einer ökonomischen Fachrichtung in Form eines Direkt-, Fern- oder Abendstudiums an. Die Arbeitskräfte wurden von ihrem Betrieb zu diesem Studium delegiert. Das Fachschulstudium konnte

---

4 Die kaufmännische Erwachsenenqualifizierung an den Betriebsakademien wurde differenziert: Die vorhandenen Qualifikationen und die Arbeits- und Lebenserfahrungen der Werktätigen konnten und sollten auf Basis der Lehrpläne berücksichtigt werden. Dementsprechend konnten Teile der Ausbildung angerechnet bzw. erlassen werden. Die Erwachsenenausbildung zum Facharbeiter dauerte normalerweise ein bis eineinhalb Jahre (Schneider 1988, S. 96 f.).

sowohl auf der Basis einschlägiger Berufsausbildung und Berufspraxis als auch auf der Basis von Berufspraxis und Erwachsenenausbildung erfolgen, in Ausnahmefällen auch direkt nach einem schulischen Abschluß.

Für die Besetzung von Stellen mit höheren Qualifikationsanforderungen wurden gelernte Kaufleute, die sich fachlich bewährt hatten und bildungsmotiviert waren, von betrieblicher Seite für ein Studium an einer Fachschule geworben und delegiert. Eine solche höhere Qualifikation war, neben politischem Engagement, eine notwendige Bedingung für Karriere, für die Übernahme von Leitungsfunktionen; ggf. mußte sie auch berufsbegleitend oder nachholend erworben werden. Hintergrund dieser Personalpolitik war die Tatsache, daß sich die Kombination praktische Erfahrungen plus Fachschulstudium in der Arbeit (insbesondere in der Buchhaltung) besser bewährte als die rein theoretische Ausbildung der Hochschulabsolventen.[5]

Für den Gesamtprozeß des Qualifikationserwerbs ist ferner zu berücksichtigen, daß angesichts durchschnittlich sehr geringer Betriebsmobilität, d.h. häufig sehr langer Betriebszugehörigkeit, auch der kaufmännischen Angestellten der DDR in der Regel intime Betriebskenntnis und langjährige Arbeitserfahrungen vorhanden waren. Außerdem ist in Rechnung zu stellen, daß die Betriebe der DDR nicht nur im Durchschnitt sehr groß waren, sondern daß ein hoher (überproportionaler) Anteil der Beschäftigten mit hoher Qualifikation in Großbetrieben bzw. Kombinatsbetrieben tätig war. Das bedeutete unter anderem, daß die Größe dieser Betriebe insbesondere diesen hochqualifizierten Arbeitskräften vielfältige innerbetriebliche Mobilitätsprozesse und damit den Erwerb entsprechender Arbeitserfahrungen ermöglichte.

Dazu kommt, daß auch die kaufmännischen Angestellten in das großzügige System der betrieblichen Weiterbildung einbezogen waren.

2.4 Typische Statusprobleme der kaufmännischen Angestellten

Angestellte, zumal kaufmännische, hatten einen relativ geringen Status. Nach Einkommen und Prestige (Fremdbild) rangierten sie am unteren

---

5 Die Hochschulausbildung wird hier nicht behandelt, da sich dieser Beitrag auf den mittleren Qualifikationsbereich konzentriert.

Ende der Beschäftigtengruppen. Eine Fach"arbeiter"ausbildung - es sei noch einmal daran erinnert, daß es den Begriff des Fachangestellten bezeichnenderweise in der DDR nicht gab - oder ein Fachschulstudium änderten daran kaum etwas. Das zeigt insbesondere der Blick auf die Einkommensrelationen (vgl. Abb. 2).

Angestellte im Industriebetrieb der DDR (hier: "Technisch-ökonomische Fachkräfte", d.h. einfache Angestellte ohne Fach- oder Hochschulabschluß und ohne Leitungsfunktion) erhielten im Jahr 1988 etwa 78 % des Bruttoarbeitseinkommens (904 Mark) eines durchschnittlichen Produktionsarbeiters (1.153 Mark) (Winkler 1990, S. 119).[6] Aufgrund von Daten von Stephan und Wiedemann (1990, S. 550 ff.) berechnen Grimm und Hoene (1992, S. 28 ff.), daß diese Angestellten unter Berücksichtigung der höheren Besteuerung mit 735 Mark nur ca. 70 % des Nettoarbeitseinkommens des durchschnittlichen Einkommens eines Produktionsarbeiters (1.050 Mark) erreichten. Ihr Durchschnittsbruttoeinkommen lag im Rahmen der Gehaltsgruppe 4 - 9 bei 7,1. Im Rahmen der Gruppen 4 - 6 lag das Gehalt vieler einfacher Angestellter in den Betrieben noch 100 oder 200 Mark darunter.

Unterdurchschnittlich war namentlich das Einkommen der einfachen Angestellten in der Buchhaltung. Es hat deshalb, so die befragten Experten, immer Schwierigkeiten gemacht, diese Arbeitsplätze zu besetzen. Attraktivere Positionen fanden sich oft bald in den benachbarten Direktoraten für Ökonomie, Absatz oder Investitionen. Hier waren die Arbeiten nicht nur interessanter und abwechslungsreicher, sondern auch mit mehr Einfluß im Betrieb und vor allem mit höheren Gehaltsgruppen verbunden.

Angestelltenberufe in der DDR und insbesondere die von kaufmännischen Angestellten - das waren **Frauenberufe**. In den einschlägigen Bereichen lag der Frauenanteil früher bei 85 % bis 100 %. Männliche Arbeits-

---

6 In der Gliederung der zugrunde liegenden Statistik gibt es zwei Gruppen - die technisch-ökonomischen Fachkräfte ("TÖF") und die Hoch- und Fachschulkader ("HF") -, auf die sich die kaufmännischen und Verwaltungsangestellten verteilen. Beide Gruppen schließen auch technische Angestellte ein; zu den Hoch- und Fachschulkadern gehören auch Leiter der Gruppen- und Abteilungsebene mit entsprechender Qualifikation (außer Meistern, die eine besondere Gruppe darstellen). Die technisch-ökonomischen Fachkräfte sind (insbesondere in der Qualifikation) am ehesten mit den Arbeitern vergleichbar und repräsentieren auch in Einkommen und Status die uns hier speziell interessierenden kaufmännischen Angestellten.

1. Bruttoarbeitseinkommen (1988)

| Produktionsarbeiter | 1.153 Mark |

| Angestellte (TÖF) | 904 Mark |

2. Nettoarbeitseinkommen (1988)

| Produktionsarbeiter | 1.050 Mark |

| Angestellte (TÖF) | 735 Mark |

3. Nettoeinkommen von weiblichen Beschäftigten (1990)

| Facharbeiterinnen | 734 Mark |

| Verwaltungsangestellte | 750 Mark |

| Abb. 2 | **Einkommensrelationen Angestellte/Arbeiter in der DDR** |

kräfte waren in Ökonomie, Buchhaltung und Absatz, wenn überhaupt, fast nur in Leitungspositionen anzutreffen. Fragen von Berufswahl, Status und Einkommen der kaufmännischen Angestellten in der DDR lassen sich nicht sinnvoll diskutieren, wenn man dieses Faktum außer acht läßt. So relativiert sich der Einkommensrückstand gegenüber den Produktionsarbeitern, wenn man bedenkt, daß Facharbeiterinnen in der Produktion kaum mehr verdienten als ihre kaufmännischen Kolleginnen mit Facharbeiterqualifikation (s. Abb. 2 (3.); vgl. Adler 1991, S. 173 f.).

Angesichts der Statusprobleme der Angestellten in der DDR stellt sich die Frage, mit welcher **Motivation** die Menschen überhaupt diese Berufe ergriffen. Ohne den Einfluß von traditionellen Rollenbildern zu ignorieren, muß man hervorheben, daß gerade für die jungen Frauen auch eine Reihe ganz pragmatischer Gründe eine Rolle spielte: Sie hätten auch als Arbeiterinnen kaum mehr verdient, jedoch unter weniger angenehmen Bedingungen, womöglich im Schichtdienst usw. arbeiten müssen.

Jedoch war das Ziel eines höheren Einkommens auch für Kauffrauen ein wesentliches Motiv, die Belastungen berufsbegleitender Ausbildung - sei es zum Facharbeiter, sei es an der Fachschule - auf sich zu nehmen.

3. Die Entwicklung nach der Wende

3.1 Die Restrukturierung von kaufmännischen Bereichen und Funktionen und die Veränderung der Qualifikationsstrukturen

(1) Auch die kaufmännischen Angestellten blieben in den Prozessen der Restrukturierung der ostdeutschen Betriebe nicht vom Personalabbau verschont; auch ihr Bestand wurde auf einen Bruchteil (auf 10 % bis 25 % der früheren Größenordnungen) vermindert. Im Endeffekt ist in den untersuchten Betrieben der Anteil der Mitarbeiter, die im Betrieb kaufmännische Funktionen im engeren Sinn (Finanzen, Buchhaltung/Rechnungswesen, Planung/Controlling) realisieren, an der im Durchschnitt auf ein Viertel verkleinerten Gesamtbelegschaft nahezu konstant geblieben. Er beträgt heute ca. 3 % bis 5 %.[7]

---

7 Damit liegt er deutlich unter dem Durchschnitt von Industrieunternehmen der alten Bundesländer (Grünert 1993, S. 13 f.).

Gleichzeitig mit diesem Personalabbau wurde kaufmännische Arbeit, wurden die kaufmännischen Angestellten dringender denn je gebraucht: Für die Umwandlung der Betriebe in Unternehmen mit privatwirtschaftlichen Rechtsformen, für ihre Adaption an das bundesdeutsche Finanz- und Steuerwesen, für die Einführung anderer Methoden der Betriebswirtschaft und nicht zuletzt für die Vorbereitung auf die Privatisierung waren ihre Zuarbeiten unentbehrlich.

(2) Der in den Betrieben der neuen Bundesländer nach der Wende einsetzende Prozeß der Reorganisation der kaufmännischen Bereiche umfaßte mehrere parallele Prozesse:

- die Reorganisation kaufmännischer Funktionen und Bereiche zu Rechnungswesen und Controlling, Einkauf und Vertrieb;

- die Einführung eines marktwirtschaftlichen Systems von Betriebswirtschaft, von Finanz-, Kredit- und Steuerwesen;

- die Zusammenfassung von Arbeitsaufgaben, die Integration betriebswirtschaftlicher Funktionen auf der Mitarbeiterebene;

- die Einführung neuester DV-Technik und Software am Arbeitsplatz;

- die kaufmännische "Begleitung" der Restrukturierung des Gesamtbetriebs, insbesondere der Aufspaltung vieler Betriebe, der Organisation von Profit-Centern etc.,

- und den Wegfall der früher bestehenden kaufmännischen Kopfstellen in den Betriebsteilen bzw. die Eingliederung dieser Funktionen an anderer Stelle.

Das gleichzeitige Auftreten dieser verschiedenen Veränderungsprozesse bedingte neue, in dieser Weise einzigartige Anforderungen an die kaufmännischen Angestellten; denn diese Prozesse der Reorganisation erfolgten ganz überwiegend mit dem vorhandenen Personal. Dabei gab es bestimmte Muster der Überleitung von früheren zu heutigen Aufgabengebieten, die auch typische personelle Kontinuitäten bedingten. Diese Muster der Überleitung von Bereichen und Personal zeigt die folgende Abbildung (Abb. 3).

Die neue Struktur der kaufmännischen Abteilungen wurde in nicht wenigen Betrieben (in 7 der 16 Untersuchungsbetriebe) von Unternehmensbe-

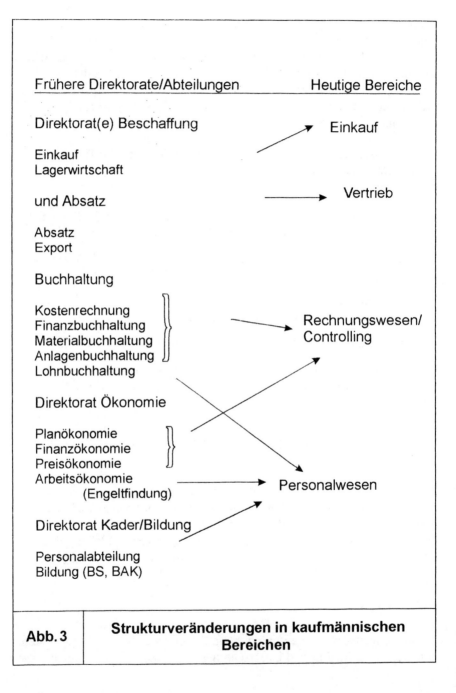

Frühere Direktorate/Abteilungen   Heutige Bereiche

Direktorat(e) Beschaffung   Einkauf

Einkauf
Lagerwirtschaft

und Absatz   Vertrieb

Absatz
Export

Buchhaltung

Kostenrechnung
Finanzbuchhaltung   Rechnungswesen/
Materialbuchhaltung   Controlling
Anlagenbuchhaltung
Lohnbuchhaltung

Direktorat Ökonomie

Planökonomie
Finanzökonomie
Preisökonomie
Arbeitsökonomie
      (Engeltfindung)   Personalwesen

Direktorat Kader/Bildung

Personalabteilung
Bildung (BS, BAK)

| Abb. 3 | **Strukturveränderungen in kaufmännischen Bereichen** |

ratern vorgeschlagen, die auch den Personalabbau legitimierten. Was sie nicht oder ungenügend berücksichtigten, waren alle jene Aufgaben, die zusätzlich zum kaufmännischen Tagesgeschäft aus dem Restrukturierungsprozeß selbst resultierten: aus Spaltungen des Unternehmens, aus Umbewertungen, aus dem Ausprobieren verschiedener Strukturvarianten, aus der Betreuung von ABM- und ABS-Gesellschaften, aus Abfindungen und Ausgleichszahlungen, aus der Umstellung auf neue Märkte usw.

Um dies am Beispiel eines der untersuchten Stahlbetriebe zu zeigen: Als Standard gelten 400 bis 500 Abrechnungen pro Lohnrechner, 1993 waren es 900. Die Ursache: Zusätzlich zu den Beschäftigten mußten 3.000 "Rentner" (ehemalige Beschäftigte des Betriebs im Vorruhestand, mit Altersübergangsgeld, im Sozialplan) und die Beschäftigten von drei ausgegründeten Firmen mitabgerechnet werden. Aus dieser nicht berücksichtigten Verdichtung der Arbeit resultierte hoher Zeitdruck, der es teilweise unmöglich machte, sich die notwendigen Spezialkenntnisse anzueignen, und zu Fehlern führte.

(3) Aus der Einführung des bundesrepublikanischen Modells der Marktwirtschaft ergaben sich, im wesentlichen systembedingt, bemerkenswerte **Veränderungen in Stellung und Kooperationsbeziehungen der kaufmännischen Abteilungen**: In mehreren Untersuchungsbetrieben wurde betont, daß die interne Zusammenarbeit zwischen Rechnungswesen und Controlling sowie zwischen Planung und Abrechnung wesentlich enger, kontinuierlicher und intensiver geworden sei. Die Einflußnahme auf die betrieblichen Prozesse sei nun stärker und verbindlicher geworden.

In Betrieben, die von Konzernen aufgekauft worden waren, ist die Verwaltungsorganisation heute relativ kompliziert verflochten. Wie früher gibt es offenbar auch in diesen Konzernen Tendenzen der Zentralisierung und Spezialisierung sowie Bestrebungen, von der Zentrale aus Details zu kontrollieren. Die befragten Experten dieser Betriebe wiesen - mit Äußerungen wie "genau wie früher ..." - auf den neuerlich hohen Verwaltungsaufwand hin. Einige dieser Betriebe verfügen zudem nun nicht mehr über vollständige betriebswirtschaftliche Informationen: Ob sie rentabel arbeiten, sagt ihnen die Zentrale - sie können dies "vor Ort" nicht nachprüfen.

Während früher Beziehungen nach außen, zum übergeordneten Planungsorgan und zur Bank, Sache des Ökonomischen Direktors und seines Bereichs waren, sind derartige Beziehungen nun vielfältiger und komplizierter und vor allem für das Unternehmen auch wesentlich wichtiger geworden - (über-)lebenswichtig.

(4) Diese Entwicklungen waren begleitet von weitreichenden **Veränderungen der betrieblichen Qualifikationsstrukturen**:

Im Restrukturierungsprozeß ist generell ein Trend zur Ausweitung des Anteils der höheren Qualifikationsgruppen und zum radikalen Abbau insbesondere der un- und angelernten Kräfte festzustellen. Dieser Trend zeigt sich besonders im kaufmännischen Bereich: Während die Kaufleute mit Hoch- und Fachschulqualifikation in der Mehrheit der untersuchten Betriebe inzwischen sogar überwiegen (50 bis 60 %), liegt der Anteil der "Facharbeiter" nur mehr bei ca. 20 %. Allerdings gibt es einige Ausnahmen, wo sich der bisherige Anteil der kaufmännischen "Facharbeiter" halten konnte. Das Bild ist also uneinheitlich. Die Varianz der Qualifikationsverteilung zwischen den Unternehmen ist im Vergleich zu früher größer geworden. Diese Tatsache läßt vermuten, daß die neuen Anforderungen nicht per se nur von Fachschul- und Hochschulabsolventen erfüllt werden konnten, sondern daß es (zumindest oft) auch genügend dafür befähigte kaufmännische Facharbeiter gab.

(5) Eine entscheidende Rolle bei der Entstehung der neuen Personalstrukturen spielte die **Personalpolitik der Unternehmen**:

Die Personalauswahl richtete sich, soweit angesichts von gesetzlichen Vorschriften und Mitbestimmungsrechten des Betriebsrats vom Management beeinflußbar, weniger nach Zertifikaten als nach den "Fähigkeiten", die bestimmte Mitarbeiter in den Augen der Personalleitungen über die Jahre hin bewiesen hatten, und nach der Flexibilität, die sie ab 1990 zeigten: "Bei der Personalauswahl mußte ein Kern bestimmt werden, der von seinem Potential her tragfähig war", so ein Personalleiter. Im allgemeinen konnte man einzelne besonders gute Mitarbeiter auch an der Sozialauswahl vorbei behalten und das gegenüber dem Betriebsrat auch vertreten. Es gab vereinzelt sogar "unverzichtbare" Mitarbeiter, die über 55 Jahre alt waren. In einzelnen Betrieben, in denen es das Management zugelassen hatte, daß die besten Mitarbeiter aufgrund der Sozialauswahl bzw. wegen ihres Alters entlassen wurden, war die Bewältigung der Aufgaben gefährdet; zudem wurden Einstellungen und zusätzliche Bildungsmaßnahmen erforderlich.

Ein großer Teil der Personalreduzierung wurde über Vorruhestandsregelungen bzw. Regelungen zum Altersübergangsgeld erreicht. Dies betraf insbesondere die Hauptbuchhalter-Bereiche, die in der Regel überaltert waren. Fluktuation aus dem kaufmännischen Bereich heraus gab es kaum, denn auf dem Arbeitsmarkt wehte den Angestellten der Wind ins Gesicht: Aufgrund des Stellenabbaus in fast allen Betrieben hatten Kaufleute, ob Facharbeiter oder Fachschulabsolventen, geringe Vermittlungschancen.

Zusätzliche Fortbildungs- und Umschulungsmaßnahmen halfen darüber nur solange hinweg, bis sich ein Überangebot auch an neu qualifizierten Arbeitskräften gebildet hatte. Für Fachschulabsolventen bedeuteten diese Bildungsmaßnahmen im übrigen häufig eine "Abwärtsqualifizierung": Fachschulökonomen nahmen vielfach an kaufmännischen Anpassungsqualifizierungen auf Facharbeiterniveau teil (ZUT 1993).

3.2 Die Bewältigung der neuen Anforderungen mit dem vorhandenen Personal - Substitution, Anpassung, Weiterbildung

Den kaufmännischen Angestellten wurden mit den skizzierten Prozessen extreme Anpassungsleistungen und Lernprozesse abverlangt. Diese **Anforderungen** waren nach unserem Eindruck weit größer als im gewerblichen Bereich und ähnlich groß wie im gesamten Management; übertroffen wurden sie vielleicht nur noch von den Problemen, die im Marketing und im Vertrieb auftraten.

Die in der DDR erworbenen Qualifikationen und Arbeitserfahrungen bilden zwar eine gewisse Basis, konnten jedoch allein bei weitem nicht ausreichen, um die neuen Anforderungen zu bewältigen. Das Verhältnis von vorhandenem Wissen und Erfahrungen zu den neuen Anforderungen wurde von den hierzu befragten betrieblichen Experten unterschiedlich beurteilt. Einige vertraten den Standpunkt, das frühere Wissen sei mit dem heutigen System des Rechnungswesens inkompatibel. Die Mehrheit der Experten meinte dagegen, daß die Grundregeln von Buchhaltung und Kostenrechnung gleich seien und daß die scheinbar andere Begriffswelt vielfach nur andere Bezeichnungen für durchaus geläufige Sachverhalte beinhaltet: "Uns brauchte doch niemand zu erzählen, was Konten und Bilanzen sind und wie man bucht!" Nichtsdestoweniger mußte man sich neue Kenntnisse in großem Umfang aneignen, teils Grundkenntnisse (insbesondere im Steuerrecht), vorwiegend jedoch eine Unmenge von Details.

Mindestens ebenso schwierig war es für die Angestellten, sich den neuen Verhaltensanforderungen anzupassen. Die oben angesprochene Zusammenfassung von Arbeitsaufgaben und die Übernahme persönlicher, nicht mehr geteilter Verantwortung für umfangreiche Geschäftsvorgänge vergrößerten ihren Handlungsspielraum beträchtlich. Diesen erwartungsgemäß auszufüllen, verlangte von den Kaufleuten - auf der Basis erweiterter Kenntnisse - ein höheres Verantwortungs- und Risikobewußtsein.

Diese neuen fachlichen und Verhaltensanforderungen wurden im wesentlichen durch drei ineinander verflochtene Teilprozesse bewältigt: durch Prozesse der Substitution bestimmter Kategorien von Arbeitskräften durch andere, die von der betrieblichen Personalpolitik in Gang gesetzt wurden; durch außerordentliche Anstrengungen der Beschäftigten und durch Weiterbildung in großem Umfang. Diese Prozesse seien im folgenden etwas ausführlicher dargestellt.

(1) **Verdrängungsprozesse**,[8] die innerhalb der zu restrukturierenden Abteilungen stattfanden, erfolgten vorrangig über die Personalauswahl und ohne direktes Betreiben der Beteiligten. Sie hatte mehrere Dimensionen, von denen die formale Qualifikation nur eine war. Diese Dimensionen waren:

- Generation und Alter: Die jüngsten Mitarbeiter fielen den Selektionsprinzipien der Sozialauswahl zum Opfer, die ältesten denen des Vorruhestands und der Altersübergangsregelungen. Es waren also nicht (nur) die jungen, sondern die mittleren Altersgruppen, die - arbeitsrechtlich und personalpolitisch bedingt und gefördert - die anderen verdrängten. Ein Generationswechsel fand in erster Linie in Leitungspositionen statt: Leiter, die sich exponiert hatten, wurden durch politisch unbelastete untere und mittlere Manager substituiert. Mit dem Alter hing auch das Tempo der Aneignung von EDV-Know-how zusammen - Mitarbeiter jüngeren und mittleren Alters hatten schon begonnen, sich mit der Computertechnik zu befassen und waren nun im Vorteil. Schließlich sorgte die höhere Arbeitsbelastung ab 1990 dafür, daß nervlich und zeitlich stärker belastbare jüngere Mitarbeiter weniger belastbare verdrängten.

- Die Abflachung der Hierarchie: Vorgesetzte mit umfassenderen Kenntnissen, größerer Flexibilität (und weiter reichenden Beziehun-

---

8 Unter Verdrängung verstehen wir hier nur die Substitution von Mitarbeitern mit bestimmten Charakteristika durch solche mit anderen Charakteristika, ohne eine gezielte Aktivität der Beteiligten (Intrigen u.ä.) zu unterstellen.

gen) substituierten subalterne Leiter und diese wiederum normale Arbeitskräfte. Wenn im Kontext der Zusammenlegung von Abteilungen Personal entlassen wurde, betraf dies nur ausnahmsweise Abteilungsleiter - diese konnten in der Regel als "Erfahrungsträger" mit Kompetenzvorsprung zumindest auf Mitarbeiterpositionen bleiben. In diesem Zusammenhang gab es auch Fälle von Abstiegsqualifizierung, die dazu diente, sich das Know-how für die einfacheren Aufgaben einer solchen Mitarbeiterposition anzueignen.

- Qualifikation: Niedrigere Qualifikationen wurden durch höhere substituiert; dies trotz der Tatsache, daß Mitarbeiter mit höherer Qualifikation viel mehr umlernen, viel mehr altes Wissen durch neues ersetzen mußten. Außerdem wurden unflexible Arbeitskräfte durch flexiblere substituiert. Und Arbeitskräfte, die zur Bearbeitung der integrierten breiteren Aufgabenfelder mit entsprechend höherer Verantwortung fähig und bereit waren, substituierten diejenigen, die dazu weniger oder nicht fähig waren.

- Fachrichtung: In bestimmten Bereichen (Einkauf, Verkauf) waren auch Verdrängungen von Ökonomen durch "Techniker" (Ingenieure) zu verzeichnen.

Im mittleren Qualifikationsfeld von Facharbeitern und Fachschulabsolventen gab es ein beträchtliches Spannungsfeld potentieller und tatsächlicher Verdrängungen. Unter den Qualifikationsgruppen der nach dem Personalabbau in den Betrieben 1994 insgesamt verbliebenen Arbeitskräfte zeigten sich "Gewinner" und "Verlierer" nur in den polaren Gruppen: Hochschulabsolventen waren eher "Gewinner", Mitarbeiter ohne Abschluß eher "Verlierer"; Fachschulabsolventen und Facharbeiter wurden im wesentlichen proportional abgebaut. Die Entwicklung im kaufmännischen Bereich entsprach in groben Zügen diesem Gesamtbild, war allerdings nicht einheitlich. Abweichungen ergaben sich einerseits daraus, daß es in diesem Bereich ohnehin kaum Mitarbeiter ohne Berufsabschluß gab, und andererseits durch die in einigen Betrieben festzustellende Substitution von Facharbeitern durch Fachschulabsolventen.[9] Die zuletzt genannte Gruppe war teilweise ihrerseits einer Verdrängung durch Diplomöko-

---

9 Wie die Erläuterung der neuen Qualifikationsstrukturen oben zeigte, war die Tendenz, daß Facharbeiter die Verlierer des Verdrängungsprozesses wurden, allerdings nicht in allen Untersuchungsbetrieben zu verzeichnen; oft hielt sich ihr Anteil auch stabil.

nomen ausgesetzt; in diesen Fällen konnten die Fachschulökonomen auf Arbeitsplätze von Facharbeitern "ausweichen".

(2) Die Arbeitskräfte reagierten auf die Kombination von Personalabbau und gesteigertem Leistungsdruck mit **außerordentlichen Anstrengungen**: Vorherrschend war das Bestreben, gemeinsam die neuen Anforderungen zu erfüllen - verschiedentlich bis zum letzten Arbeitstag vor einem Übergang in die Arbeitslosigkeit.

Der Stellenabbau führte kaum zu Konkurrenzverhalten; Blockaden oder Verweigerungen der Informationsweitergabe waren nicht zu verzeichnen, ein Sachverhalt, der auf die langjährige Zusammenarbeit der Arbeitskollektive zurückgeführt wurde.

Dieses Bild einer außerordentlichen Anstrengung bedeutet allerdings natürlich nicht, daß es nicht auch Fälle von Resignation vor dem Streß der neuen Anforderungen und der Unsicherheit des Arbeitsplatzes gegeben hätte.

(3) **Weiterbildung** war überlebenswichtig: Die Betriebe konnten nicht überleben, ohne daß ihre Mitarbeiter lernten; und die Mitarbeiter konnten, wenn überhaupt, ihren Arbeitsplatz nicht halten, ohne zu lernen. Diese Lernprozesse erfolgten ganz wesentlich auch im Arbeitsprozeß (Drexel, Welskopf 1994). Die Weiterbildungsaktivitäten waren von hoher Bereitschaft und starker Motivation der Angestellten getragen. Sie investierten in diese oft viel freie Zeit.

Die bestehenden Qualifikationsdefizite wurden von den befragten betrieblichen Experten nicht so sehr als Qualifikations-, sondern als Informationsdefizite interpretiert, die in der Regel durch Weiterbildung (in Lehrgängen und im Arbeitsprozeß) auf der Basis der vorhandenen Qualifikationen behoben werden können.

Schwerpunkte der Weiterbildung, an denen insbesondere das kaufmännische Personal partizipierte, waren in den meisten Untersuchungsbetrieben:

- in den Jahren 1990 bis 1992: Recht, Gesetze und Verordnungen der Bundesrepublik (BGB, HGB, DIN, Umwelt); Betriebswirtschaft, Finanzen, Buchführung,

- 1991 - 1992: EDV- und PC-Anwendung, Informationstechnik,

- 1991 -1993: Marketing, Vertrieb und

- ab 1992: Sprachausbildung, insbesondere Englisch.

Für die Erfolge des Lernens war von entscheidender Bedeutung, ob und inwieweit Management, Personalleiter und Bildungsverantwortliche es verstanden, Lehrgänge und Lernen im Arbeitsprozeß zu synchronisieren. Verschiedene Erfahrungen verweisen darauf, daß die Aneignung neuer Inhalte bei gleichzeitiger Verbreiterung des Arbeitsfeldes und Erhöhung von Verantwortlichkeit nicht ausschließlich arbeitsplatznah und autodidaktisch zu bewältigen war, daß vielmehr bei solchen Versuchen bestimmte Defizite zutage traten (ebd.).

4. Das Ergebnis der (ersten Runde der) Restrukturierung: die Stellung der kaufmännischen Angestellten heute

Die Stellung, die kaufmännische Angestellte in den ostdeutschen Unternehmen heute einnehmen, unterscheidet sich von ihrer früheren radikal. Die Entwicklung des Entgeltsystems, vor allem aber der andere, von unternehmerischen Prioritäten geprägte Typ betrieblicher Hierarchie katapultierte sie an den Arbeitern vorbei auf höhere Stufen; ein Status- und Einkommens-Push, der natürlich bei den gewerblichen Arbeitnehmern ein gewisses Befremden[10] auslöste. Verstärkt wurde diese Differenzierung nun auch durch das neue System der tariflichen Einstufungen, das eine größere Spreizung vorsieht, und durch die steuerliche Gleichstellung von Angestellten und Arbeitern, die die frühere Bevorzugung der Arbeiter ablöste.

In dem durch diese Veränderungen bedingten Statusgewinn der kaufmännischen Angestellten ist natürlich einer der wichtigsten Gründe dafür zu

---

10 Diese Verschiebungen wurden jedoch rasch akzeptiert. Das liegt wohl vor allem an drei Gründen: Erstens war mit den neuen Tarifen ein für alle deutlich höheres Brutto- und Nettoeinkommen verbunden. Zweitens war jeder froh, der seinen bzw. überhaupt einen Arbeitsplatz behalten konnte - der Arbeitsplatz wurde zur entscheidenden Statusfrage. Und drittens gab es eine Art Legitimitätsüberschuß - das neue System, das man "gewählt" hatte, ohne seine Hintergrund- und Konfliktgeschichte zu kennen, "war nun mal eben so".

sehen, daß diese Gruppe für die oben angesprochenen beruflichen Streßsituationen und Weiterbildungserfordernisse das notwendige Engagement aufbrachte. Dazu kam (wie auch im gewerblich-technischen Bereich) ein motivationaler Schub durch die neue betriebliche Rationalität, "endlich einmal rationell arbeiten zu können" (und zu müssen!), wie man es solange vermißt hatte!

5. Zusammenfassung und Ausblick

Die Transformation des "Humankapitals" der kaufmännischen Angestellten nach der Wende erfolgte im wesentlichen durch fünf Prozesse: durch personalpolitische Selektion leistungsstarker Arbeitskräfte; durch starken Leistungsdruck vor dem Hintergrund drohender Entlassung; durch die Substitution schwächerer durch leistungsfähigere Mitarbeiter; durch intensives Lernen im Arbeitsprozeß sowie durch umfangreiche Weiterbildungsmaßnahmen.

In den meisten untersuchten Unternehmen war spätestens 1994, oft bereits 1993, das Ziel hinreichender Arbeitsfähigkeit unter den neuen Bedingungen erreicht. Zugleich waren beachtliche Rationalisierungs- und Modernisierungserfolge erzielt worden.

Die befragten Führungskräfte und Experten zeigen jedoch keine Selbstzufriedenheit; sie betonen, es fehle noch an Routine, an mancher Detailkenntnis und teilweise auch an Selbständigkeit. Und sie sind sich darüber im klaren, daß es "immer einen laufenden Weiterbildungsbedarf geben wird". Denn sie gehen davon aus, daß die Rationalisierung auch der kaufmännischen Prozesse nicht etwa an einem Endpunkt angelangt ist, sondern permanent weitergehen wird.

Literatur

Adler, F.: Einige Grundzüge der Sozialstruktur der DDR. In: Projektgruppe "Das Sozio-Ökonomische Panel" (Hrsg.): Lebenslagen im Wandel, Frankfurt/New York 1991, S. 152-177.

Albach, H.; Schwarz, R.: Die Transformation des Humankapitals in ostdeutschen Betrieben, WZB-Paper, hektogr., Berlin, Januar 1993.

Drexel, I.; Welskopf, R.: Lernen im Arbeitsprozeß, seine Voraussetzungen, Potentiale und Grenzen - das Beispiel der ostdeutschen Betriebe. In: ZSE (Zeitschrift für Sozialisationsforschung und Erziehungssoziologie), Heft 4, 14. Jg., 1994, S. 294-318.

Feierabend, G.; Hammer, H.: Qualitativ erweiterte Reproduktion des Arbeitsvermögens im Leitungs- und Verwaltungsbereich sozialistischer Betriebe, Berlin 1976.

Grimm, E.; Hoene, B.: Der Wandel in der Regulierung des Lohn-Leistungs-Verhältnisses, Kurzstudie im Auftrag der KSPW, Berlin 1992.

Grünert, H.: Weiterbildungsbedarf in kaufmännischen Industrieberufen, QUEM-Report, Schriften zur beruflichen Weiterbildung in den neuen Ländern, Heft 4, Berlin 1993.

Hücker, F.-J.: Entwicklungslinien im Berufsbild des kaufmännisch-ökonomischen Facharbeiters in der Deutschen Demokratischen Republik (1949-1990), Europäische Hochschulschriften, Reihe 11, Pädagogik, Bd. 490, Frankfurt/Bern/New York etc. 1992.

Lexikon der Wirtschaft - Berufsbildung, Berlin 1978.

Ministerium für Hoch- und Fachschulwesen der DDR (Hrsg.): Informationen zur Ausbildung von Technikern und Wirtschaftlern an Fachschulen der DDR, Zwickau 1987.

Ministerrat der DDR (Staatliche Zentralverwaltung für Statistik) (Hrsg.): Definitionen wichtiger Kennziffern und Begriffe für Planung und Statistik, Berlin 1968.

Projektgruppe "Das Sozio-Ökonomische Panel" (Hrsg.): Lebenslagen im Wandel: Basisdaten und -analysen zur Entwicklung in den neuen Bundesländern, Frankfurt/New York 1991.

Schneider, G. (Leiter des Autorenkollektivs) u.a.: Erwachsenenbildung, Berlin 1988.

Schupp, J.; Wagner, G.: Die Sozial- und Arbeitsmarktstruktur in der DDR und in Ostdeutschland - Methodische Grundlagen und ausgewählte Ergebnisse. In: Projektgruppe "Das Sozio-Ökonomische Panel" (Hrsg.): Lebenslagen im Wandel, Frankfurt/New York 1991, S. 178-197.

Winkler, G. (Hrsg.): Sozialreport '90 - Daten und Fakten zur sozialen Lage in der DDR, Berlin 1990.

Stephan, H.; Wiedemann, E.: Lohnstruktur und Lohndifferenzierung in der DDR. In: MittAB, Heft 4, 1990, S. 550-562.

Verordnung über die Volkseigenen Kombinate, Kombinatsbetriebe und Volkseigenen Betriebe vom 8. November 1979, GBl. I, Nr. 38, S. 355.

ZUT (Zentrum für Unternehmensführung und Neue Technologien GmbH): Zwischenbericht zum BMBW-Projekt "Qualifizierung kaufmännischer Fachkräfte in der ehemaligen DDR zum/zur Industriefachwirt/ Industriefachwirtin", Berlin 1993.

Ingrid Drexel

Die "entdifferenzierte, vormoderne" DDR-Gesellschaft und ihre "Modernisierung" im Transformationsprozeß

1. Lektionen aus dem Schicksal der untersuchten Qualifikationsgruppen in der DDR-Gesellschaft

2. Lektionen aus dem Schicksal der untersuchten Qualifikationsgruppen im Transformationsprozeß

Die in den vorangegangenen Beiträgen untersuchten Qualifikationsgruppen haben im Osten Deutschlands innerhalb von 50 Jahren zwei verschiedene "Transformationsprozesse" durchlaufen: die Transformation von einer kapitalistischen Gesellschaft (faschistischer Ausprägung) hin zu einer realsozialistischen Gesellschaft sehr spezifischer Ausprägung und deren Re-Transformation in eine kapitalistische Gesellschaft im Gefolge des Transfers eines wirtschaftlichen und politischen Systems ebenfalls sehr spezifischer Ausprägung. Was das für diese Qualifikationstypen bedeutete, ist in den monographischen Falldarstellungen in groben Umrissen deutlich geworden.

Ziel dieser durchgängig empirisch argumentierenden Beiträge war nicht die theoretische Interpretation und Erklärung der DDR-Gesellschaft und des Transformationsprozesses, auch nicht die Auseinandersetzung mit vorliegenden Erklärungs- und Interpretationsansätzen. Ziel war vielmehr, auf einem Feld, wo die Realitäten der Vergangenheit ebenso wie die aktuellen Veränderungsprozesse bald nicht mehr rekonstruierbar sein werden, diese zunächst einmal durch Empirie einzufangen und zu dokumentieren (zur Sinnhaftigkeit einer solchen Strategie vgl. Mayer 1993, S. 25); allerdings war Theorie durchaus notwendig (und wurde genutzt) für die Definition des zu untersuchenden Feldes und der zentralen empirischen Fragen (das Konzept gesellschaftlicher Qualifikationstypen - Drexel 1994).

Gleichzeitig wurden aber in diesen Fallanalysen allgemeinere Sachverhalte und Zusammenhänge sichtbar, die für die theoretische Interpretation der DDR-Gesellschaft, für die Erklärung ihrer Entwicklung wie auch des Verlaufs des Transformationsprozesses durchaus relevant sind. Der folgende Beitrag zieht ein Resümee in bezug auf einige dieser Sachverhalte und Zusammenhänge und setzt sich zugleich mit einigen der zentralen Thesen auseinander, die heute die Diskussion um die DDR-Gesellschaft bzw. den Transformationsprozeß prägen.

Im Mittelpunkt steht die theoretische Bedeutung der Ergebnisse der Fallanalysen: Was kann man aus der Geschichte der untersuchten Qualifikationstypen im ersten und im zweiten historischen Transformationsprozeß lernen - zum einen im Hinblick auf die Gesellschaft der DDR und ihre Entwicklungsdynamik, zum anderen im Hinblick auf ihre Re-Transformation in eine kapitalistische Gesellschaft im Rahmen des Systemtransfers? Ziel ist dabei nicht eine geschlossene theoretische Interpretation der DDR-Gesellschaft bzw. des Transformationsprozesses, sondern eine begrenzte Zahl von Aussagen mittlerer Reichweite, die in eine solche Interpretation integriert werden können (nach Ansicht der Verfasserin: müssen). Diese Option für ein auf die Ergebnisse dieser Untersuchungen konzentriertes Resümee schließt eine Problematisierung bestimmter vorhandener Konzepte durchaus ein. Dabei geht es nicht um eine umfassende Auseinandersetzung mit der gesamten konzeptionell-interpretierenden Literatur zur DDR-Gesellschaft und zum Transformationsprozeß, sondern schwergewichtig um die Profilierung der theoretischen Bedeutung der eigenen Ergebnisse.

1. Lektionen aus dem Schicksal der untersuchten Qualifikationsgruppen in der DDR-Gesellschaft

Zu vier Fragen lassen sich die konkreteren Ergebnisse der Fallstudien verdichten, die in den vorangegangenen Beiträgen Situation und Entwicklung der untersuchten Qualifikationstypen im Laufe der DDR-Geschichte analysieren:

- Welche Bedeutung hatten diese Qualifikationstypen in der DDR-Gesellschaft und damit verbunden soziale Differenzierungen generell?

- Wieweit und in welcher Weise waren sie durch staatliche Planung bestimmt, und was bedeutet Planwirtschaft in diesem Zusammenhang?

- Welche Akteure hatte ihre Entwicklung, welche Rolle spielten insbesondere Staats- und Parteiführung?
- Und welche Bedeutung hatten Ökonomie und Politik für ihre Entwicklung?

(1) Die Entwicklung der untersuchten Qualifikationsgruppen zwischen Nivellierung und ökonomischer Unverzichtbarkeit von Differenzierung

Die DDR-Gesellschaft hat nach 1945 zunächst auf das vorhandene Potential von Arbeitskräften in den Gliederungen zurückgegriffen, die es im Deutschen Reich und im Dritten Reich erhalten hatte; sie knüpfte also an das strukturelle Erbe der früheren Gesellschaft an. Später gab es dann - aus politisch-ideologischen Gründen (Stichwort: der Sozialismus als Zwischenstufe zur klassenlosen Gesellschaft) und aus ökonomischen Gründen (Stichwort: Rationalisierung im Bildungssystem und/oder im Beschäftigungssystem) - einige wenige politische Vorstöße, die solche intermediären Strukturen wie mittlere Qualifikationsgruppen gezielt in Frage stellten: Das prominenteste Beispiel dafür ist das zeitweise vertretene Konzept des "berufslosen Menschen" als der Arbeitskraft der Zukunft; aber auch an den Versuch einer Eingliederung der Ausbildung von Krankenschwestern, Technikern und Meistern in die Facharbeiterstufe ist in diesem Zusammenhang zu erinnern. Doch wurden diese gezielten Politiken, die zu einer Entdifferenzierung der Sozialstruktur geführt hätten, nach kurzer Zeit wieder zurückgenommen.

Geblieben ist die Nivellierung der Entlohnung zugunsten einer (im Vergleich zu westlichen Gesellschaften) relativ hohen Entlohnung der Arbeiterschaft;[1] eine Politik, die - wie gezeigt - die interessierenden mittleren Qualifikationsgruppen teilweise durchaus schwächte, indem sie die Übernahme entsprechender Positionen so unattraktiv machte, daß Ausbildung und Position in erheblichem Umfang auseinanderfielen (das Beispiel des

---

1 Diewald und Solga (1995, S. 266 ff.) nennen für 1989 allerdings Zahlen, die dieses - weit verbreitete - Konstat extrem geringer Lohndifferentiale durch einen Vergleich mit den Verhältnissen der BRD in Frage stellen. Ob das generell und über die gesamte Zeit der DDR hinweg berechtigt ist, kann hier nicht beurteilt werden - es bleibt die von Experten aus ostdeutschen Betrieben wie auch von ostdeutschen Wissenschaftlern durchgängig vertretene Aussage einer außerordentlichen Nivellierung im Einkommen. Sollten die von Diewald und Solga wiedergegebenen Relationen generalisierbar sein, dann wäre diese Sichtweise für sich genommen ein erklärungsbedürftiger Sachverhalt.

Meisters). Um so bemerkenswerter ist es, daß sich diese Qualifikationsgruppen trotz nur recht geringer oder sogar negativer Entlohnungsanreize über die Jahrzehnte hinweg erhalten haben und sich mehrheitlich immer weiter reproduzierten.

Hintergrund dieses Sachverhalts ist zum einen die große Bedeutung dieser Qualifikationsgruppen für den Wirtschaftsprozeß - ob sie nun sichtbar und allgemein anerkannt war wie im Fall des Fachschulingenieurs oder aufgrund besonderer Problemhaftigkeit mehr oder minder kontinuierlich von Kritik begleitet war wie im Fall des Meisters. Zum anderen und wohl ebenso wichtig war der Sachverhalt, daß der Zugang zu diesen Qualifikationsgruppen politisch für die DDR hoch bedeutsam war: als kontinuierliche, von vielen Menschen selbst erlebte oder in nächster Nähe beobachtete Möglichkeit eines Aufstiegs.

Allerdings hatten die mittleren Gruppen "keine Lobby". Das politische und planerische Denken von Staats- und Parteiführung war auf das Modell "Zwei Klassen, eine Schicht" (Arbeiterklasse, Genossenschaftsbauern und Intelligenz) ausgerichtet, das letztlich Folge einer merkwürdig engen Interpretation des Marxschen Begriffs Arbeiterklasse war: einer empiristischen Definition, die diesen Strukturbegriff, der bei Marx durch ein gesellschaftliches Verhältnis bestimmt ist, als einen empirischen interpretiert und ihn mit der Arbeiterschaft gleichsetzt.[2] Folge dieser Verkürzung war u.a., daß Gruppen wie Meister, Techniker, mittlere kaufmännische Angestellte etc. "keinen Platz" hatten, daß man politisch-voluntaristisch versuchen mußte, sie der Arbeiterschaft zu subsumieren (z.B. durch die erwähnte Eingliederung ihrer Ausbildungen in die Bildungsstufe für Facharbeiter) - oder aber, daß man sie einfach übersah.

Dieser zuletzt genannte Sachverhalt und nicht eine gezielte Nivellierungspolitik war es denn auch, die zur einzigen größeren Entdifferenzierung im hier interessierenden Feld - dem Verschwinden des Technikers - führte: Diese Entdifferenzierung der DDR-Gesellschaft erfolgte, wie ausführlich gezeigt, nicht aufgrund einer entsprechenden politischen Zielsetzung und Planung, sondern ungeplant, ja unbeobachtet, aufgrund mangelnder Auf-

---

2 Diese Aussage gilt ungeachtet der Tatsache, daß im Verlauf der DDR-Geschichte von der Sozialstrukturforschung differenziertere Konzepte des theoretischen Umgangs mit sozialer Differenzierung und ihre theoretische Interpretation entwickelt wurden. Für eine detailliertere Darstellung vgl. Solga 1995, S. 21 ff.

merksamkeit für negative Auswirkungen bestimmter "Experimente" im Bildungssystem für diese Qualifikationsgruppe und mangelnder Antizipation der Folgen ihres Verschwindens.

Doch war die Politik von Partei- und Staatsführung nicht durchgängig von Desinteresse für mittlere Qualifikationsgruppen - mit den geschilderten fatalen Folgen - geprägt: Sie trug vielmehr selbst kontinuierlich zur Reproduktion dieser sozialen Gliederungen bei durch die Fortführung und teilweise auch Verbesserung der entsprechenden Bildungsgänge. Phasenweise gab es zudem durchaus ein geschärftes Bewußtsein für die Probleme dieser Gruppen und Partialmaßnahmen für deren Bewältigung (etwa die Versuche zur Veränderung der Entlohnung beim Meister in den 80er Jahren). Aber es gab eben insgesamt keine in sich konsistente und offensive Politik in dieser Beziehung. Vor allem wurde offenbar mit den speziellen Interessen und Problemen der betreffenden Gruppen nicht gezielt politisch gearbeitet, sie wurden nicht für eine spezifische Bindung an das System, für eine soziale und politische Integration dieser Gruppen genutzt.[3] Aufschlußreich auch hier das Beispiel der Meister, die nur über allgemeinpolitische Loyalität für ihre extrem schwierigen Aufgaben verpflichtet (und deshalb nach entsprechenden Kriterien ausgewählt) werden sollten, nicht aber auch über ihre spezifischen Meisterinteressen. Der einzige schwache Ansatz einer solchen Interessenpolitik für diese Gruppen außerhalb der Arbeiterschaft war die Kammer der Technik, in der insbesondere Ingenieure (im Prinzip auch Meister und Facharbeiter) ihren fachlich-technischen Interessen nachgehen konnten, nie aber sozialen und Statusinteressen (Giessmann 1993).

Vor dem Hintergrund dieser doch sehr widersprüchlichen Gegebenheiten sowohl von realer sozialer Differenzierung als auch von Staats- und Parteipolitik erscheint die von der Transformationsforschung weitgehend konsensuell vertretene These, die DDR sei eine funktional und sozial ent-

---

3 Einen Vorstoß in diese Richtung machte ab Anfang der 80er Jahre die Sozialstrukturforschung, insbesondere M. Lötsch. Diese Konzeption richtete sich - im Gegensatz zu der bislang gängigen These und Programmatik einer kontinuierlichen Angleichung der vorhandenen sozialen Gruppen an die Arbeiter"klasse" - darauf, nicht eine möglichst rasche Verringerung der bestehenden sozialen Unterschiede könne das Ziel sein, sondern die Nutzung der bestehenden Unterschiede als "Triebkräfte" für eine effektive Arbeit (insbesondere der Intelligenz) im Interesse einer Steigerung der wirtschaftlichen Leistungsfähigkeit der DDR (Solga 1995, S. 30 ff.).

differenzierte Gesellschaft mit einer kleinen Herrschaftselite - und damit eine "vormoderne" Gesellschaft - gewesen (kritisch dazu Mayer 1995, S. 352 und Reißig 1996, S. 245), doch recht kurzschlüssig; und dies in doppelter Weise: Zum einen trifft sie die hier ausschnitthaft sichtbar gewordenen realen Differenzierungen wie auch die Politiken und Bedingungen, die sie immer weiter reproduzierten, nicht. Zum anderen ist vor dem Hintergrund zunehmender Forderungen nach Entberuflichung und Enthierarchisierung in westlichen Betrieben als wichtigen Momenten von "Modernisierung" wie auch der krisenbedingten Nivellierung der Lebensbedingungen auch der westdeutschen Arbeitnehmerschaft doch sehr zu fragen, inwiefern die der DDR attestierte soziale Entdifferenzierung ein Defizit an Modernität indizieren soll. Auch könnte sich ja die durch die Nivellierung der Einkommen unterschiedlicher Qualifikationsgruppen bewirkte Lockerung der traditionell engen Kopplung von Bildungswahlverhalten an Einkommensdifferentiale in Zukunft auch im Westen durchaus als "modern" erweisen; die Entkopplung von Bildungsabschlüssen und beruflichen Positionen wird ja auch im Westen schon seit längerem von Vertretern einer möglichst weitgehenden Bildungsexpansion propagiert.

(2) Die Entwicklung der untersuchten Qualifikationstypen im Spannungsfeld von Plan und Markt

Ganz unbezweifelbar hat die zentrale Planung des Bildungssystems, der ökonomischen Entwicklung wie des für erforderlich gehaltenen Arbeitskräftepotentials das Profil und den quantitativen Umfang der interessierenden (und wohl aller) Qualifikationsgruppen der DDR und ihre Entwicklung über die Jahrzehnte hinweg ganz wesentlich geprägt. Dies zeigen die Fallanalysen im Hinblick auf die direkten und indirekten Konsequenzen der verschiedenen Bildungsreformen für die interessierenden Qualifikationsgruppen in großer Breite; das zeigt die Analyse der Ende der 60er Jahre geplanten wirtschaftlichen Aufholprozesse mit der massiven Ausweitung der Ausbildung von Hochqualifizierten zumindest ausschnitthaft.

Doch ist die große Bedeutung von Planung für das konkrete Profil und die Entwicklung der Qualifikationsgruppen in mehrfacher Hinsicht einzuschränken:

Zum einen (und wichtigsten) waren in das planwirtschaftliche System systemfremde Elemente eingebaut, insbesondere bestimmte Rechte und Garantien für die Arbeitskräfte (Wolter, Körner 1994a; 1994b; Grünert u.a. 1997): das in der Verfassung verankerte Recht auf freie Ausbildungs- und Berufswahl, das Verfassungsrecht auf einen Arbeitsplatz, das "unwidersprochen immer als Recht auf eine der vermittelten Qualifikation entsprechende Arbeit verstanden wurde" (Wolter, Körner 1994b, S. 95), und das Recht auf freie Wahl des Arbeitsplatzes. Diese Rechte, die fortschrittliche Elemente bürgerlicher Gesellschaften (freies Recht auf Ausbildungs- und Arbeitsplatzwahl) kombinierten mit Rechten, die nur in sozialistischen Gesellschaften denkbar sind (Recht auf Arbeit und eine der Ausbildung entsprechende Arbeit), waren Konsequenzen der politischen Zielsetzungen der DDR und wohl notwendige Voraussetzung für ihre politische Legitimation, gerade in der "Systemkonkurrenz" mit der Bundesrepublik. Doch standen diese Rechte und Garantien in einem prinzipiellen Widerspruch zu einem System der Steuerung von Wirtschaft und Gesellschaft nach zentraler Planung. Dieser Widerspruch konnte mit Hilfe von Berufsberatung sowie Ausbildungs- und Berufslenkung mehr oder minder gut bewältigt werden, er konnte jedoch immer wieder aufbrechen, zentrale Planungen gefährden und bestehende Strukturen destabilisieren.

Dies brachte in die Planwirtschaft Marktelemente, die auch das Profil und die Entwicklung der interessierenden Qualifikationsgruppen massiv mitbestimmten: Zum einen implizierten diese Rechte marktförmige Abwägungsprozesse des Nachwuchses zwischen unterschiedlichen Bildungsgängen und deren jeweiligen Aufwendungen und Erträgen; diese Abwägungsprozesse konnten ohne oder sogar gegen zentrale Planung einen Bildungsweg austrocknen lassen, wie im Fall der Technikerausbildung in den 60er Jahren geschehen, oder aber weit über den bestehenden Bedarf hinaus füllen (der Fall der Fachschulingenieurausbildung in den 70er und beginnenden 80er Jahren). Dazu kamen Prozesse der marktförmigen Abwägung zwischen alternativen Erträgen, die einen Bildungsgang umfunktionieren konnten, wie im Fall der Meisterausbildung geschehen, die zunehmend als Weg in eine höhere Facharbeiterlohngruppe statt als Weg zur Meisterposition gewählt wurde; eine Umfunktionierung, die aufgrund des Rechts auf Ausbildungs- und Arbeitsplatzwahl nicht blockiert werden konnte. Aber auch die Aushandlungsprozesse im Betrieb um Leistungs- und Planerfüllung, die die Rolle des Meisters zunehmend formten und deformierten, waren Konsequenz und (Versuch zur) Lösung der Probleme, die letztlich aus diesem Widerspruch resultierten: Hätte man leistungsverweigernde Arbeitskräfte entlassen können, wären solche Aushandlungsprozesse nicht erforderlich gewesen oder hätten zumindest nicht diese massive Bedeutung bekommen.

Solche wie die hier beschriebenen, von Staats- und Parteiführung nicht gewollten marktförmigen Prozesse mußten also immer wieder die strukturellen Brüche im System überbrücken. Die gezielte Nutzung solcher marktförmiger Prozesse durch eine Politik von positiven Anreizen blieb im hier untersuchten Feld eng begrenzt, in der Politik gegenüber der Arbeiterschaft hatte sie wohl größere Bedeutung.

Doch war die Steuerung von Wirtschaft und Gesellschaft nicht nur durch solche Marktelemente eingeschränkt, sondern auch durch eine systematische Begrenzung von Planungsfähigkeit, wie eine ganze Reihe von Entwicklungen zeigen, die hier dokumentiert sind: An die verschiedenen bildungspolitischen und bildungsreformerischen Experimente der 60er Jahre, die ungewollt die Ausbildung zum Techniker destabilisierten und damit indirekt auch den Fachschulingenieur, der die Funktionen des Technikers übernehmen mußte, ist hier ebenso zu erinnern wie an die unrealistischen Planungen der Ingenieurreform Mitte der 80er Jahre, die auf massive Durchsetzungsprobleme stießen.

Vor dem Hintergrund dieser widersprüchlichen Gegebenheiten erscheint die in vielen Varianten formulierte Charakterisierung der DDR-Gesellschaft als einer durch zentrale Planung und Planwirtschaft determinierten Gesellschaft nicht nur unzureichend, sondern auch falsch. Was die Analyse der Einflußgrößen, die die Entwicklung der untersuchten Qualifikationsgruppen bestimmten, zeigte, gilt wohl für die gesellschaftliche Entwicklung der DDR insgesamt: Sie kann wesentlich angemessener erfaßt werden als ein Ineinander- und Gegeneinanderspielen von Planungs- und Marktprozessen, die sicher nicht gleichgewichtig waren, deren soziale Sichtbarkeit und politisch-gesellschaftliche Anerkennung stark differierte, deren Gewicht sich im Zeitablauf veränderte - die aber notwendigerweise immer beide wirksam waren.

(3) Die Entwicklung der untersuchten Qualifikationstypen im Spannungsfeld von zentralen Beschlüssen und Akteursinteressen

Ebenso unbezweifelbar wie die große Bedeutung von Planung als Steuerungsinstrument ist die Dominanz von Partei- und Staatsführung für die Entwicklung der Wirtschaft und noch mehr der gesellschaftlichen Reproduktionsinstitutionen wie insbesondere des Bildungssystems, die zusammen, in ihrer Wechselwirkung, Profil und Entwicklung der interessierenden Qualifikationsgruppen wesentlich bestimmten: Die Konzipierung und Ingangsetzung der Ingenieurreform einschließlich der Revitalisierung des Technikers Mitte der 80er Jahre durch einen Beschluß des Politbüros ist ein aufschlußreiches, vielleicht besonders drastisches Beispiel. Es scheint die These vom "gesellschaftlichen Monosubjekt", das alle Macht monopolisierte und damit zugleich die Subjektivität des großen "Rests" der Gesellschaft amputierte und blockierte (Adler 1991, S. 175), in gerade klassischer Weise zu belegen.

Doch zeigt dieses Beispiel auch etwas anderes: Es zeigt, daß ein auf diese Weise zustande gekommener politischer Beschluß sich nicht wie geplant durchsetzen ließ und daß dies ganz wesentlich darauf zurückzuführen ist, daß er "einsam", ohne Abstimmung mit Betrieben, Fachschulen und Arbeitskräftenachwuchs (bzw. Eltern), gefaßt wurde. Denn eine Diskussion im Vorfeld einer solchen Reform (die es bei früheren Reformprozessen im übrigen teilweise durchaus gegeben hat) hätte ja nicht nur die sachlichen und planerischen Inkonsistenzen und Unstimmigkeiten dieses Konzepts sichtbar gemacht, sondern auch und vor allem die gegenläufigen Interessen insbesondere der Betriebe und der Fachschulen; über sie wäre dann zu verhandeln gewesen, so aber - konfrontiert mit dem Beschluß und nur im nachhinein einbezogen in die Erprobung seiner Umsetzung - reagierten sie mit mehr oder minder verdecktem hinhaltenden Widerstand und einem "Unterlaufen" der staatlichen Vorgaben.

Dieser Prozeß zeigt, daß nicht nur Partei- und Staatsführung Akteure und "Subjekte" des politischen Geschehens waren. Auch Betriebe, Schulen und Nachwuchskräfte waren Subjekte mit spezifischen Interessen, eigenständigen Strategien und zumindest teilweisen Durchsetzungschancen.

Die These eines die gesamte Gesellschaft steuernden Monosubjekts ist angesichts dieser - natürlich nur begrenzten, aber sicher nicht ganz singulären - Erfahrung wenig plausibel. Dies gilt auch für die These der dem gesellschaftlichen Monosubjekt notwendigerweise komplementären "inoffiziellen Struktur- und Verhaltensebene" (ebd.): Wenn Betriebe und Schulen und ihre Ressourcen für eine Blockierung der Entscheidungen des "Monosubjekts" inoffizielle Strukturen sind - was können dann offizielle Strukturen sein, welchen Sinn macht eine solche Unterscheidung? Kann eine Struktur, die vom "Monosubjekt" gesetzt, laufend reproduziert und so unabdingbar gebraucht wird wie die Betriebe und Fachschulen mit ihren Handlungsspielräumen und Strategiefähigkeiten, in soziologischer Sicht als informelle Struktur klassifiziert werden? Sinnvoller erscheint es auch hier, von einem Ineinander und Gegeneinander von gesellschaftlichen Subjekten auszugehen, natürlich mit unterschiedlichem Gewicht, aber auch mit unterschiedlichen, ja widersprüchlichen Interessen und der Fähigkeit zu eigener Strategiebildung. Nur so dürften sich im übrigen auch die im Verlauf der DDR-Geschichte eintretenden latenten Machtverschiebungen und die scheinbar plötzlichen und überraschenden "Kurswechsel" erklären lassen: als Veränderung von Allianzpotentialen aufgrund konvergierender Partialinteressen unterschiedlicher gesellschaftlicher Subjekte.

(4) Die Entwicklung der untersuchten Qualifikationstypen im Spannungsfeld von Ökonomie und Politik

Die Entwicklung der untersuchten Qualifikationstypen war wesentlich geprägt sowohl durch politische als auch durch ökonomische Zielsetzungen und durch die Entwicklung des Verhältnisses dieser beiden Zielsetzungen zueinander, die ja nicht notwendigerweise parallel laufen. Diese Entwicklung läßt sich bis zu einem gewissen Grad in Zusammenhang mit (Abhängigkeit von) den beiden fundamentalen Typen des wirtschaftlichen Wachstums der DDR (Grünert 1996) sehen:

Die Phase des **extensiven Wachstums** stärkte vor allem den Qualifikationstyp, in dem sich wirtschaftliche und politische Ziele der DDR in exemplarischer Weise verbanden - ja, der prototypisch für diese beiden Ziele und ihre "Einheit" stand: den Fachschulingenieur. Das Erbe dieses Qualifikationstyps und seines Bildungsgangs aus der vorhergehenden Gesellschaft war, wie gezeigt, in der damaligen Konstellation ein "Geschenk", da er die ebenso dringlichen wie ehrgeizigen Pläne zum Aufbau und zur Modernisierung der Wirtschaft zu unterstützen versprach, dabei aufgrund seiner Facharbeiterbasis flexibel einsetzbar war, zugleich aber politisch die durch das System gebotenen Aufstiegschancen für Facharbeiter symbolisierte und zur Erneuerung der Leitungskräfte durch systemloyale Arbeitskräfte aus der Arbeiterschaft beitrug.

Wo es hingegen von vornherein Spannungen zwischen politischen und ökonomischen Zielsetzungen gab wie beim Meister, war die Entwicklung dauerhaft widersprüchlich, und es wurden immer wieder neue Strategien der Lösung dieser Widersprüche versucht: Nach frühen Versuchen einer gewissen Entmachtung des Meisters und seiner Substitution durch politisch verläßlichere Kräfte (die Brigadiere) und massiven Rückschlägen dieses Versuchs auf die Arbeitsmotivation der Meister, auf das Betriebsklima und die Produktivität versuchte man, die gewünschte Einheit von politischen und ökonomischen Zielen durch eine Politisierung der Selektion und Ausbildung der Meister zu sichern. Beides zusammen sollte dazu beitragen, gerade an dieser besonders prekären Nahtstelle zwischen Arbeiterschaft und Leitung und unter den - wie dargestellt - außerordentlich spannungsreichen Bedingungen ökonomische Ziele (Planerfüllung) **durch** politische Verläßlichkeit der Meister und deren aktive politische Erziehungsarbeit sicherzustellen.

Techniker hingegen ebenso wie kaufmännische Fachkräfte der verschiedenen Niveaus fielen, da (vermeintlich) ökonomisch weniger bedeutsam, einem gewissen Desinteresse, einer Marginalisierung zum Opfer: Der Techniker verschwand, die kaufmännischen und Verwaltungsfachkräfte blieben eine heterogene, besonders schlecht entlohnte Gruppe.

In der Phase des (versuchten) **intensiven Wachstums** ging die "Einheit von Politik und Ökonomie" auch da zu Bruch, wo sie zunächst bestanden hatte, beim Fachschulingenieur. Genauer: Zunächst, während des Versuchs eines "Überholens ohne Einzuholen", sollte sie sogar verstärkt werden durch massive Ausbau- und Aufwertungsprozesse sowohl der höheren Bildung als auch fortschrittlicher Industrien. Dieser Versuch eines forcierten "Sprungs nach vorn" gefährdete jedoch die Einheit von Politik und Ökonomie in der Gesamtgesellschaft, d.h. auf wesentlich größerer Stufenleiter und in bedrohlichem Umfang: Die Realisierung dieser Ausbauprozesse hätte eine massive Einschränkung des gesellschaftlichen Konsumfonds und damit der Konsummöglichkeiten der Bevölkerung bedeutet - mit hochproblematischen Risiken einer politischen Destabilisierung nach innen und nach außen (Wolter, Körner 1994a, S. 46 ff.). Deshalb wurden die wirtschaftlichen Planungen abgebrochen, die Bildungsplanungen konnten jedoch nur langsam zurückgefahren werden; ein Dilemma, das fortan zu erheblichen "Disproportionalitäten" zwischen Bildungs- und Beschäftigungssystem führte. Das durch die wirtschaftlichen Planungen stimulierte Wachstum der Ingenieurausbildung hatte politischen Eigenwert bekommen - und diesen behalten, auch als es ökonomisch bereits sinnlos war. Es kam, wie ausführlich gezeigt, zu einem Widerspruch zwischen der Stagnation der wirtschaftlichen Entwicklung und sinkendem Bedarf an Hochqualifizierten aus diesem Grund einerseits und bleibender Nachfrage nach Fachschul- und Hochschulausbildung andererseits. Die dem wirtschaftlichen Bedarf proportionale Entwicklung von Hochqualifizierten war der hinfort nachdrücklich beschworenen "Einheit von Wirtschafts- und Sozialpolitik" geopfert worden. In der Konsequenz dieser Prozesse haben auch der Fachschulingenieur und der Diplomingenieur in qualitativer Perspektive viel von ihrer traditionellen Stärke verloren, sie zeigten Erosionsphänomene, ein Diffuserwerden ihrer Einsatzfelder und eine schleichende Entwertung ihrer Qualifikation durch unterwertigen Einsatz auf den Positionen von ehemaligen Technikern und Meistern.

Diese Entwicklung bedeutete gesamtgesellschaftlich natürlich eine Vergeudung. Die Betriebe jedoch konnten aufgrund der skizzierten Bedingungen gut mit ihr leben, ebenso die Bildungseinrichtungen; weniger gut die Fachschulingenieure und die Fachschulstudenten, noch wesentlich weniger gut die Diplomingenieure und ihr Nachwuchs, wie die zunehmende Zahl der Rückgabe von Studienberechtigungen in diesen Jahren zeigt.

Der Versuch einer Wiederherstellung von Proportionalität durch die Ingenieurreform von 1985 war offenbar unausgereift, in den Einzelheiten nicht voll durchdacht, nicht abgestimmt mit den Interessen der Akteure in diesem Feld und nicht mit ihnen ausgehandelt; es ist und bleibt unklar, ob das nur ein "politischer Fehler" war oder aber wohlbegründete Angst vor den konkreten Interessen an der Aufrechterhaltung des Status quo und vor Akteuren, die relativ durchsetzungsstark waren und bei breiter Vorabdiskussion vielleicht die geplante Reform von vornherein völlig blockiert hätten.

Ergebnis der skizzierten mehrfach widersprüchlichen objektiven Bedingungen und der wechselvollen Entwicklungen, in denen versucht wurde, für diese Widersprüche Lösungen zu finden, sind sowohl spezifische Stärken als auch spezifische Schwächen der untersuchten Qualifikationstypen, mit denen diese in den Transformationsprozeß gingen. Ihrem Schicksal nach dem Systemtransfer und einigen dabei sichtbar werdenden Merkmalen und Mechanismen des Transformationsprozesses ist im folgenden Abschnitt - wieder aufbauend auf den Ergebnissen der Fallanalysen - in zusammenfassender Form nachzugehen.

2. Lektionen aus dem Schicksal der untersuchten Qualifikationsgruppen im Transformationsprozeß

Die Forschung zum Wandel der Sozialstruktur nach der Wende konzentriert sich schwergewichtig auf Positionsveränderungen von Individuen: auf Arbeitsplatzwechsel, Berufs- und Berufsfeldwechsel, Betriebs- und Branchenwechsel. Diese großflächigen Erhebungen - repräsentative, z.T. nach Kohorten geschichtete Befragungen einer großen Zahl ehemaliger DDR-Bürger - haben sowohl das Bild der ehemaligen DDR, wie es in den ersten schnellen "Interpretationen" der DDR-Gesellschaft mit ihren Übergeneralisierungen einzelner Aspekte entworfen wurde, als auch das dazu komplementäre Bild der Entwicklungen nach der Wende nachhaltig zurechtgerückt, z.t. differenziert, z.T. aber schlicht korrigiert.[4] Das zeigen zuletzt die zusammenfassenden Darstellungen von Mayer (1995) wie auch von Schenk (1996).

Doch bleiben hinter diesen Analysen aus systematischen (Zugriffs-)Gründen wesentliche Aspekte des Wandels der DDR-Gesellschaft im allgemeinen und der Sozialstruktur der neuen Bundesländer im besonderen verborgen. Diese Aspekte aufzuzeigen und dabei zugleich bestimmte Mechanismen des Transformationsprozesses und ihre Folgen sichtbar zu machen, ist allgemeines Ziel der hier vorgestellten Fallanalysen, die insofern komplementär zu den genannten quantitativen Untersuchungen ansetzen.[5] Der "Extrakt" dieser Analysen im Hinblick auf den Transformationsprozeß ist im folgenden in zusammengefaßter Form zu zeigen.

---

4 Wesentlich dazu beigetragen haben vor allem die Lebensverlaufsuntersuchungen des Max-Planck-Instituts (Mayer 1993; 1994; 1995; 1996; Diewald, Solga 1995; 1996; Solga 1995; Diewald, Mayer 1996), aber auch die Untersuchungen von Schenk (1995) und Infratest (1993).

5 Mayer nennt anläßlich einer Zwischenbilanz des Transformationsprozesses im Lichte der Ergebnisse der Lebensverlaufsuntersuchungen des Max-Planck-Instituts selbst eine Reihe von Fragen, die seines Erachtens noch nicht eindeutig entschieden sind: die Frage nach der exogenen oder endogenen Steuerung der Transformationsprozesse, die nach ihrer interventionistischen Durchsetzung "von oben" oder ihrer aktiven Bestimmung auch "von unten", die nach den Schemata und Mechanismen der Transformation, die nach dem Erbe der DDR als Bedingung von Transformation und Transformationsergebnissen und die nach einem möglichen Sonderweg für Ostdeutschland (Mayer 1996, S. 343). Zur Beantwortung einiger dieser Fragen können die hier präsentierten Analysen, auch wenn sie nicht daraufhin konzipiert wurden, beitragen.

(1) Kontinuitäten in der Sozialstruktur - Hülse für die unsichtbar bleibende Verarbeitung weitreichender Veränderungen

Im Transformationsprozeß haben sich die Profile der untersuchten Qualifikationstypen, ihr betrieblicher und gesellschaftlicher Status, wie ausführlich gezeigt, weitreichend verändert. Diese Veränderungen bleiben hinter den in quantitativen Untersuchungen oft mit Überraschung festgestellten Stabilitäten und Kontinuitäten, hinter den unerwartet geringen Quoten von Arbeitsplatz-, Berufs-, Betriebs- und Branchenwechsel systematisch verborgen. Das relativiert nicht nur diese Kontinuitäten in erheblichem Umfang, sondern zeigt auch bestimmte Tiefenmechanismen des Transformationsprozesses: Ein Gutteil der "notwendigen" Veränderungen von Qualifikationen, Verhaltensweisen und Orientierungen, von Mustern der Arbeitsteilung und Kooperation und früherem Positionsgefüge erfolgt durch qualitative Veränderungen der gesellschaftlichen Qualifikationstypen und damit unterhalb der Schwelle, die sie für einen quantitativen, auf Mobilitätsprozesse konzentrierten Zugriff faßbar werden läßt.

Daß und wie wesentliche Veränderungsimpulse innerhalb der "Hülse" der bestehenden Qualifikationstypen be- und verarbeitet werden und wodurch dies jeweils bestimmt ist, zeigen die folgenden Abschnitte.

(2) Die Transformation der untersuchten Qualifikationsgruppen im Betrieb - Nutzung von Potentialen und von Hypotheken der DDR-Vergangenheit

Ein wichtiger Teil dieser Veränderungen war Ergebnis der Personalpolitiken der sich restrukturierenden ostdeutschen Betriebe und folgte ihren sich neu konstituierenden Interessen. Durchgängiges Muster war dabei die Nutzung von Stärken und Schwächen, die die untersuchten Qualifikationsgruppen aus ihrer DDR-Geschichte mitbringen und die gewissermaßen Potentiale und Hypotheken im Transformationsprozeß darstellen: Die Betriebe haben sowohl an bestimmte Stärken als auch an bestimmte Schwächen des Fachschulingenieurs, des VE-Meisters und der kaufmännischen Fachkraft angeknüpft und sie in der neuen marktwirtschaftlichen Logik selektiv genutzt für die anstehenden Prozesse der Selektion und Umsetzung wie auch der Restrukturierung von Arbeitsorganisation, Arbeitsteilung, Hierarchie, Einsatz und Entlohnung:

Sie nutzten die fachlichen Qualifikationen der Fachschulingenieure, ihr handwerkliches Können und ihre Gewöhnung an selbsttätige Lernprozesse ("Selbststudium"), ihr lange frustriertes Bedürfnis nach effizientem "ingenieurmäßigen" Arbeiten möglichst mit neuen Technologien und nach rationeller Gestaltung des Arbeitsprozesses, ihre durch Facharbeitervergangenheit bedingte fachliche Flexibilität und ihre Fähigkeit zur Kommunikation und Kooperation mit den Arbeitern. Sie nutzten aber auch ihre soziale Flexibilität, ihre Bereitschaft zur Hinnahme von Abstiegen, die durch die Erfahrung von unterwertigem Einsatz auf ehemaligen Meister- oder Technikerpositionen in der DDR zumindest vorbereitet worden war (wenngleich natürlich unterwertiger Einsatz damals eine andere Bedeutung hatte), und ihre traditionelle Bejahung von Kompromissen, die Erbe früherer erzwungener Abstriche vom Ingenieurideal war.

Die Betriebe nutzten die fachliche Qualifikation und die Lernbereitschaft der VE-Meister, aber auch ihr Improvisationsgeschick, ihre Gewöhnung an besondere Drucksituationen, ihre "Einsicht in Sachzwänge"; und sie nutzten auch den relativ niedrigen betrieblichen Status des VE-Meisters, der ihre Abstufung zu Vorarbeitern legitimatorisch erleichterte.

Die Betriebe nutzten die Qualifikationsüberhänge in den kaufmännischen und Verwaltungsabteilungen mit ihren hohen Anteilen an Hochschul- und Fachschulabsolventen, aber auch die frühere Marginalisierung und Unterbewertung dieser Arbeitskräfte, die deshalb auf die Aufwertung von kaufmännischen und Verwaltungsfunktionen mit einem Motivationsschub reagierten; und sie nutzten wohl auch den hohen Frauenanteil dieser Bereiche, der angesichts der schlechten Arbeitsmarktperspektiven für Frauen eine besondere Flexibilität in der Hinnahme von Umsetzungen, Verdrängungs- und Abstiegsprozessen sicherte.

Neben diesen Stärken und Hypotheken der Vergangenheit konnten und können Betriebe, wie an späterer Stelle zu zeigen sein wird, auch Bedingungen und deren Verhaltensimplikationen nutzen, die durch Setzungen des Systemtransfers geschaffen wurden: die Schwächung der Arbeitsmarktposition und des gesellschaftlichen Status dieser Gruppen durch die Art und Weise, wie die Frage einer "Anerkennung" ihrer Qualifikationsabschlüsse im geeinten Deutschland behandelt wurde (vgl. (4)).

(3) Die untersuchten Qualifikationsgruppen - sowohl Gewinner als auch Verlierer von Transformationsprozeß und stärkerer Differenzierung

Die durch den Systemtransfer ausgelösten Prozesse der Restrukturierung der Industriebetriebe beinhalteten, wie in den Fallanalysen im einzelnen gezeigt, für die Qualifikationstypen des Fachschulingenieurs und des Meisters wie auch für das kaufmännisch verwaltende Personal von Industriebetrieben einen widersprüchlichen Prozeß:

Zum einen kam es zu Prozessen der Destabilisierung dieser Gruppen durch massenhafte Entlassungen und vorgeschaltete Selektionsprozesse, durch Abstiegsprozesse, die gerade bei den Fachschulingenieuren offenbar besonders stark ausgeprägt waren (Schenk 1996, S. 170 ff.), aber auch, wie gezeigt, Meister und kaufmännisches Personal massiv trafen. Zu dieser Destabilisierung trägt auch die wachsende objektive Konkurrenz innerhalb und zwischen diesen Gruppen bei, die zunehmend auch verhaltensrelevant wird. Auf der anderen Seite aber erfahren diejenigen Arbeitskräfte, die einen ihrer Ausbildung entsprechenden Arbeitsplatz behielten, eine deutliche Aufwertung in mehreren Dimensionen: Sie erhielten durchgängig ein breiteres, reichhaltigeres Arbeitsgebiet als früher, mehr Verantwortung und Entscheidungsspielraum - und nicht zuletzt ein absolut wie relativ zur Arbeiterschaft höheres Einkommen. Den obengenannten Schwächungsprozessen, die schwergewichtig die ausgegliederten oder marginalisierten individuellen Arbeitskräfte treffen, stehen also mehrdimensionale Prozesse einer Stärkung der Qualifikationstypen an sich gegenüber. Diese könnten (ceteris paribus) zu einer Restabilisierung insbesondere des Meisters führen, der sich, wie gezeigt, in der DDR-Gesellschaft in einer Art Dauerkrise befand.

Etwas weniger konturiert ist die Entwicklung im Bereich der kaufmännischen und Verwaltungsangestellten: Auch hier gab es massenhafte individuelle Ausgliederungs- und Abstiegsprozesse gleichzeitig mit einer Aufwertung und Anreicherung von Funktion, Aufgabengebiet und Verantwortung sowie der Entlohnung derjenigen, die im Betrieb blieben. Doch bedeuten diese Prozesse keine Schwächung bzw. Stärkung eines Qualifikationstyps, da es, wie gezeigt, eine konturierte mittlere Qualifikationsgruppe in den kaufmännischen und Verwaltungsabteilungen der Industriebetriebe nicht gab, diese vielmehr mit sehr heterogenem Personal besetzt gewesen waren. Diese Heterogenität reduzierte sich nun teilweise aufgrund von Verdrängungsprozessen zugunsten von Hochqualifizierten, ohne daß dadurch schon so etwas wie eine institutionelle Schließung zwischen Ausbildungsgang und definiertem Einsatzfeld eintreten würde.

Sehr viel eindeutiger ist die Entwicklung im Bereich des Technikers: Die wenigen Absolventen der Mitte der 80er Jahre revitalisierten Technikerausbildung der DDR "verloren sich" in den allgemeinen Restrukturierungsprozessen, kamen oder blieben vielfach auf Facharbeiterpositionen und/oder versuchten, durch ein Fachhochschulstudium in eine andere Qualifikationsgruppe zu wechseln; und die Versuche zu einer Reetablierung des Technikers nach westdeutschem Muster scheiterten aus an späterer Stelle zu zeigenden Gründen bislang weitgehend (vgl. (8)). Im Ergebnis hat sich die besonders hybride Situation, aus der heraus der Techniker in den Transformationsprozeß ging, nicht verbessert.

Hintergrund dieser widersprüchlichen Prozesse, die beim Meister und beim Ingenieur besonders deutlich zutage treten, sind zum einen die neuen marktwirtschaftlichen Rationalisierungsinteressen der Betriebe, zum anderen die radikal veränderten politischen und wirtschaftlichen Rahmenbedingungen: Die in marktwirtschaftliches Handeln von Betrieben eingebauten Zwänge zu einer möglichst weitreichenden Ausschöpfung der Potentiale ihrer Arbeitskräfte durch neue Formen der Arbeitsorganisation, enthierarchisierte Strukturen und systematische Einsparung von Arbeitskraft haben nicht nur zu den vielfach beschriebenen Restrukturierungs- und Rationalisierungsprozessen mit ihren sozialen Folgen geführt (vgl. insbesondere Lutz, Grünert 1996 sowie Schmidt 1996 und die dort jeweils angegebene Literatur); sie führten auch zur Aufwertung der untersuchten Qualifikationstypen und ihrer Aufgaben. Zudem haben sowohl die Interessen der Betriebe an innerbetrieblicher Differenzierung - in der Perspektive von Leistungsanreizen wie auch aus soziopolitischen Gründen - als auch die nach westdeutschem Muster strukturierten Tarifverträge mit ihren erheblichen Lohndifferentialen die Reproduktionsbedingungen gerade dieser mittleren Gruppen im Hinblick auf die Entlohnung deutlich angehoben.

Zugleich haben aber dieselben Rationalisierungsinteressen in Kombination mit dem Recht zur Entlassung (bei arbeitsmarktbedingt geringen Wiederbeschäftigungschancen) dazu geführt, in die Berufsverlaufsmuster dieser Gruppen große Reproduktionsrisiken zu integrieren: das bleibende Risiko eines Verlusts des Arbeitsplatzes, das Risiko eines unterwertigen Einsatzes, wachsende Arbeitsintensität und das Risiko eines besonderen und vorzeitigen Verschleißes aufgrund besonders hoher, weil zeitlich kumulierender Anforderungen an fachliches und soziales Lernen und Arbeiten in der Ausnahmesituation der betrieblichen Restrukturierung - ein Risiko, das nun nicht nur Gesundheitsgefährdung, sondern auch den Verlust des Arbeitsplatzes bedeutet.

Diese widersprüchlichen Entwicklungen resümierend, läßt sich die Frage danach, ob der Transformationsprozeß die von den interessierenden Qualifikationsgruppen in der DDR-Gesellschaft erfahrenen relativen Deprivilegierungen zurücknehmen und kompensieren werde, nicht mit einem klaren Ja oder Nein beantworten: Diese Gruppen sind sowohl Gewinner als auch Verlierer dieses Prozesses; diese Unterscheidung greift hier also (wieder einmal) nicht, und zwar nicht nur in bezug auf die Individuen, sondern auch auf die Qualifikationstypen als gesellschaftliche Strukturen.

Dementsprechend komplex fällt die Antwort auf die Frage aus, ob im untersuchten Feld die soziale Differenzierung zugenommen hat. Auch wenn man von den durch Arbeitslosigkeit ausgegliederten Arbeitskräften dieser Qualifikationsgruppen absieht, bleibt die Entwicklung widersprüchlich: Einerseits gibt es heute im Gefolge der genannten Aufwertungsprozesse in diesem Feld mehr Differenzierung als früher, und sie hat größere materielle und wohl auch symbolische Bedeutung. Andererseits konturiert sich diese wachsende Differenzierung nicht kumulativ und nicht linear: Viele ehemaligen VE-Meister wurden Vorarbeiter, haben in etwa die gleiche Arbeitsaufgabe wie früher, verdienen aber mehr, sind jedoch relational im Positionsgefüge des Betriebs und seiner Sozialstruktur abgesunken (Arbeiter statt Angestellter etc.). Analoges gilt für den Ingenieur: Sein Aufgabenbereich und seine Kompetenzen wurden massiv ausgeweitet, sein betrieblicher Status als Angestellter ist deutlich angestiegen, ebenso sein Gehalt, andererseits muß er aber als Ingenieur oft Aufgaben von wegrationalisierten Arbeitskräften eines niedrigeren Qualifikationsniveaus mitübernehmen und trägt ein besonders hohes Risiko, auf einer Meister- oder Technikerposition eingesetzt und entsprechend entlohnt zu werden.[6]

(4) Die veränderte gesellschaftliche Stellung der untersuchten Qualifikationsgruppen - wichtiges Element ihrer Transformation

Ein Denken in Gewinnern und Verlierern ist um so weniger angebracht, als sich auch die gesellschaftliche Stellung dieser Gruppen in problematischer Weise verändert hat und dies entsprechende Rückwirkungen auf ihre Stellung im Betrieb haben dürfte. Die Veränderung von Profil und Sta-

---

6 Die Entwicklungen im Bereich des Technikers und des kaufmännischen und Verwaltungspersonals sind in dieser Beziehung nicht hinreichend transparent geworden, um entsprechende Aussagen zu erlauben.

tus der interessierenden Gruppen erfolgte ja nicht nur im Betrieb und über Marktprozesse, sondern auch durch institutionelle (staatliche, parastaatliche) Instanzen und Regelungen. Die beiden hier zentralen Prozesse sind zum einen die mit dem Transfer des westdeutschen Bildungssystems erfolgten Veränderungen der jeweiligen Bildungsgänge, zum anderen die Regelungen zur Anerkennung der in der DDR erworbenen Bildungsabschlüsse:

Der **Transfer des Bildungssystems** brachte im hier interessierenden Feld eine administrative Angleichung der Meister- und der Technikerausbildung an ihre westdeutschen Pendants, für die Ausbildung zum Fachschulingenieur und -ökonom hingegen das Ende. Ersteres dürfte den Wert der Techniker- und Meisterabschlüsse auf dem nationalen und europäischen Arbeitsmarkt und damit (ceteris paribus) ihre gesellschaftliche Stellung verbessern; die Eliminierung des Bildungsgangs der Fachschulingenieure und -ökonomen dagegen, die die weitere Reproduktion dieser Gruppen beendet, schwächt natürlich ihre Stellung auf dem Arbeitsmarkt und in der Gesellschaft - sie wurden zum Auslaufmodell gemacht und haben die Folgen zu tragen.

Komplizierter und mindestens ebenso aufschlußreich für den Transformationsprozeß sind die Hintergründe und die Wirkungen der **Regelungen zur Anerkennung der Bildungsabschlüsse der DDR**. Sie sind Produkt mehrfach widersprüchlicher Interessen von ost- und westdeutschen Akteuren, von Staat, Betrieben und Verbänden: Die Bewertung der Qualifikation von VE-Meistern, Fachschulingenieuren und Technikern und das "Zusammenwachsen" dieser Berufsgruppen mit den korrespondierenden westdeutschen Gruppen erfolgte ja keineswegs ausschließlich durch Marktprozesse. Diese hätten die Beurteilung des Wertes und die Entscheidung über die "Gleichwertigkeit" der VE-Meister-, Fachschulingenieur- und Technikerqualifikation voll dem Arbeitsmarkt, d.h. der Nachfrage der Betriebe und ihrer Einsatz- und Einstufungspolitik überlassen. Tatsächlich aber intervenierten hier massiv öffentliche und quasi-öffentliche Regelungen, die sowohl gesamtstaatliche (System-)Interessen als auch Partikularinteressen vermittelten. Es gab je nach Qualifikationstyp unterschiedliche Muster des Zusammenspiels von Markt- und nichtmarktlichen Prozessen, die hier nicht in voller Breite dargestellt werden können; deshalb mögen die "Überleitungs"-Regelungen für VE-Meister hier als Beispiel dienen:

Der Einigungsvertrag von 1990 bestimmte, wie erinnerlich, daß in der DDR erworbene schulische, berufliche und akademische Abschlüsse oder Befähigungsnachweise in der gesamten künftigen Bundesrepublik gelten sollten; und er legte fest, daß sie den in der Bundesrepublik einschließlich West-Berlin abgelegten Prüfungen gleichstehen und die gleichen Berechtigungen verleihen sollten, allerdings nur unter der Voraussetzung, daß sie diesen gleichwertig sind. Das Gesetz propagiert also in gesamtstaatlich-politischem Interesse die Integration der DDR-Bürger in die neue gesamtdeutsche Gesellschaft, läßt aber eine Türe offen für ihre Abstufung und eine je nach den konkreten Bedingungen, Akteuren und Interessen des jeweiligen Berufsfeldes unterschiedliche Handhabung des Gesetzes: Die Gleichwertigkeit mußte jeweils - und zwar auf Antrag der Betroffenen - festgestellt werden. Die zunächst vorgesehene Möglichkeit von rechtlichen Regelungen des Bundes und der Europäischen Union über die Gleichstellung von Prüfungen und Befähigungen, die Vorrang haben sollten gegenüber Feststellungsverfahren, wurde de facto nur sehr teilweise genutzt.

Für die VE-Meister, die in der Industrie blieben, wurde eine gesetzliche Regelung, die eine generalisierte Anerkennung ihrer Qualifikation beinhaltet hätte, von den Arbeitgeberverbänden und Gewerkschaften verhindert; die VE-Meister wurden mit den westdeutschen Meistern "gleichgestellt", der Erwerb eines Industriemeister-Zertifikats der IHK hingegen ist nur nach Absolvierung der vollständigen dreijährigen Meisterfortbildung und einer regulären IHK-Prüfung möglich, nicht nach den (oft durch die Kammern veranstalteten) Brückenkursen, die die Unterschiede zwischen VE-Meister- und Industriemeisterausbildung abdecken sollen, und einer entsprechenden Teilprüfung. Für die Überleitung von VE-Meistern zu Handwerksmeistern wurde, nach einer ersten Periode, in der die Handwerkskammern eine entscheidende Rolle in den Anerkennungsverfahren spielten, eine Verordnung erlassen, die auf der Basis der im Handwerksgesetz zugelassenen "Ausnahmebewilligung" die Anerkennung generalisierte, allerdings nur unter bestimmten Voraussetzungen (Fachkunde und mehrjährige Berufspraxis), deren Vorhandensein die Handwerkskammern begutachten sollten. Auch hier gibt es auch im positiven Fall keine vollwertige Gleichstellung mit dem Handwerksmeister: Die ehemaligen VE-Meister erhalten mit der Eintragung in die Handwerksrolle zwar das Recht, einen Handwerksbetrieb zu führen, nicht aber das vor allem für ihre Marktposition wichtige Recht auf Führung des Handwerksmeistertitels.

Soweit zur Rekapitulation der komplizierten Materie (vg. dazu auch Drexel, Jaudaus 1997).

Diese Regelungen waren Ausdruck mehrfach widersprüchlicher Interessen, die die Integration der ehemaligen VE-Meister in den gesamtdeutschen Arbeitsmarkt und in die Wirtschaftsstruktur bestimmten - etwas anders im Bereich der Industrie als im Handwerk. Die Industriebetriebe mußten und wollten einerseits mit den vorhandenen VE-Meistern weiterarbeiten, und Staat und Industrie konnten sie nicht politisch ausgrenzen durch völlige Nichtanerkennung ihrer früher erworbenen Qualifikation. Andererseits aber wollten die Entscheidungsträger, die für die Überleitung der VE-Meister im Bereich der Industrie zuständig waren (im wesentlichen die Kammern), ihre ordnungspolitischen Zielsetzungen wie auch ihre Regelungskompetenzen auch in den neuen Bundesländern implementieren und den Standard der Meisterqualifikation hochhalten bzw. einen hohen Standard überhaupt erst durchsetzen.

Die inneren Widersprüche in den Interessenlagen im Bereich des Handwerks waren noch ausgeprägter: Zum einen war der Staat aus gesamtstaatlich-politischen Gründen angesichts des Wegbrechens der ostdeutschen Industrie und ihrer Arbeits- und Ausbildungsplätze nachhaltig an einer raschen Ausbreitung des Handwerks interessiert. Und auch das Handwerk selbst und seine Verbände wollten sich - nach Jahrzehnten seiner Marginalisierung in der DDR-Gesellschaft - aus politischen und wirtschaftlichen Gründen auf breiter Basis etablieren und dabei auch die ihnen in der westdeutschen Rechtsordnung eingeräumte besondere politische Rolle übernehmen; aus diesen Gründen mußten die Handwerkskammern daran interessiert sein, die Zahl der Handwerksbetriebe und in Voraussetzung dafür, die Zahl der Handwerksmeister rasch zu vermehren. Zum anderen aber mußten auch sie daran interessiert sein, den Standard des Handwerksmeisters hochzuhalten und die daran gebundenen Berechtigungen zu legitimieren und abzusichern. Vor allem aber waren die im Osten bestehenden wie auch die sich aus dem Westen ansiedelnden Handwerksbetriebe, deren Interessen von den Kammern - trotz ihrer teilweise hoheitlichen Aufgaben - mit vertreten werden, an einer Beschränkung des Marktzutritts neuer Handwerksbetriebe interessiert.

Zur Vermittlung zwischen diesen widersprüchlichen Interessen wurde eine Reihe von politisch-rechtlichen Instrumenten der "Überleitung" geschaffen: die beiden Formen einer zweitklassigen Anerkennung des VE-Meisters (die sog. Gleichstellung in der Industrie, die Eintragung in die Handwerksrolle ohne vollwertigen Handwerksmeistertitel im Handwerk); die Notwendigkeit individueller Anträge, d.h. die Vermeidung von pauschalen, die ganze Gruppe betreffenden Regelungen; die Ablehnung einer erleichterten vollwertigen IHK-Prüfung zum Industriemeister, die die Anerkennung bestimmter Teile der VE-Meisterausbildung sowie Teilprüfungen in bezug auf die in der VE-Meisterausbildung nicht enthaltenen Teile der westdeutschen Ausbildung vorausgesetzt hätte; die Nutzung des Rechtsinstituts von Ausnahmebewilligungen im Handwerksbereich in breitem Umfang und die Bindung der Eintragung in die Handwerksrolle an Fachkunde und mehrjährige Berufspraxis mit einer Verortung der Begutachtung bei den Kammern.

Diese politisch-rechtlichen Instrumente und die Verordnung zur generellen Eintragung von VE-Meistern in die Handwerksrolle bestätigen noch einmal, daß man den Transformationsprozeß nicht voll dem Markt überlassen wollte. Sie dokumentieren aber auch eine der Charakteristika der Marktwirtschaft westdeutscher Prägung: ihre Fähigkeit, institutionell-rechtliche Formen zu finden, in denen unterschiedliche und sogar widersprüchliche Interessen eingebracht und berücksichtigt, aber keineswegs gleichberechtigt berücksichtigt werden; mit anderen Worten: ihre Fähigkeit zur Schaffung von asymmetrischen Kompromissen als Instrument zur Bewältigung sozialer und politischer Probleme.

Zusammenfassend ist festzuhalten, daß im Fall der VE-Meister keine vollständige Integration in Arbeitsmarkt und Gesellschaft des geeinten Deutschlands vorgenommen wurde. Dasselbe gilt, wie in den Fallanalysen im Detail gezeigt, mit Modifikationen auch für den Techniker und den Fachschulingenieur: Technikerabschlüsse wurden zwar in der Mehrheit der Fälle als den westdeutschen Technikerabschlüssen gleichwertig eingestuft, doch nur dann, wenn sie analog dem Bildungs- und Berufsweg des westdeutschen Technikers (Facharbeiterausbildung, mehrjährige einschlägige Berufstätigkeit und darauf aufbauende Technikerausbildung) erworben wurden; der "kleine Techniker" ohne vorhergehende Facharbeiterausbildung und -tätigkeit blieb außen vor. Bei den Fachschulingenieuren sind dreijährige Tätigkeit als Ingenieur sowie ein Jahr Tätigkeit als Facharbeiter Voraussetzung für "Gleichwertigkeit" mit dem Fachhochschulingenieur, in den anderen Fällen wurden dafür ein Aufbaustudium oder ein

Fernstudium-Brückenkurs sowie eine Nachdiplomierung notwendig. Den Fachschulökonomen sowohl des Techniker- als auch des Ingenieurniveaus hingegen wurde diese Gleichwertigkeit mit Hinweis auf die substantiell anderen betriebswirtschaftlichen Gegebenheiten der Planwirtschaft generell verweigert.

Diese Vorgänge zeigen, daß das in der modernisierungstheoretisch orientierten Transformationsdiskussion (u.a.) als Teilprozeß von nachholender Modernisierung (= Transformation) genannte Kriterium einer "Inklusion" zu kurz greift: Es geht weder um Inklusion noch um Exklusion, das Spezifische des Transformationsprozesses scheint gerade die Verbindung von Einschluß und Ausschluß der neuen Bürger.

(5) Wenig Anzeichen für ein Zusammenwachsen der untersuchten Qualifikationstypen mit ihren westdeutschen Pendants

Der rasche und vollständige Transfer des wirtschaftlichen und politischen Systems der BRD in das "Beitrittsgebiet", der keine institutionalisierten Übergangssituationen vorsah und damit auch keine abgesicherten Übergangsprozesse, wird oft damit begründet, nur so sei eine rasche und effiziente Angleichung der Bedingungen und Lebensverhältnisse des Ostens an die westdeutsche Situation zu erreichen gewesen. Auch wenn diese Annahme in bezug auf die wirtschaftlichen Entwicklungen mittlerweile durch die Realität nachdrücklich in Frage gestellt wird, ist doch zu prüfen, inwieweit die beschriebenen Regelungen, die eine bruchlose Überleitung der Qualifikationsgruppen der DDR-Gesellschaft in die westdeutsche Gesellschaft und ihren Arbeitsmarkt zu gewährleisten beanspruchten, und die Umsetzung dieser Regelungen zu einem "Zusammenwachsen" dieser Gruppen führen.

Um dieser Frage wiederum am Beispiel der VE-Meister nachzugehen: Ihnen wird mit den genannten Regelungen die Überleitung in einen vollwertigen Industriemeister bzw. Handwerksmeister verwehrt und dies, obwohl sie in großer Zahl und mit großem Aufwand durch Weiterbildung und Umorientierung selbst dazu beitrugen, sich an den westdeutschen Industrie- bzw. Handwerksmeister anzupassen, und obwohl die Kammern in diesen Anpassungsprozessen eine erhebliche Rolle spielen. Es bleibt bei der formalen Gleichstellung, die einen zweitklassigen Wert ihrer Arbeitskraft auf dem Arbeitsmarkt und eine inferiore gesellschaftliche Stellung fixiert. Im Ergebnis gibt es im geeinten Deutschland sowohl in der Industrie als auch im Handwerk jeweils zwei "Klassen" von Meistern, die jeder potentielle Arbeitgeber eindeutig unterscheiden kann. Hingegen gibt es innerhalb der Industriemeister IHK und innerhalb der Meister des Handwerks keine Differenzierung. Diese Prozesse erscheinen symptomatisch für den deutschen Spezialfall eines Transformationsprozesses, d.h. für den hier mit dem Systemtransfer verbundenen "Beitritt" der Transformationsgesellschaft zu einer dominanten Gesellschaft: Die Arbeitskräfte mit ostdeutschen Abschlüssen wurden zugleich in die westdeutsche Gesellschaft integriert und relativ deklassiert. Ob und inwieweit dies nachhaltige Auswirkungen auch auf ihren Einsatz in den Betrieben haben wird, bleibt abzuwarten; mit Sicherheit wird es ihre Abhängigkeit von den Betrieben erhöhen und sie "bescheiden" machen.

Gleichzeitig mit dieser Deklassierung aber wurde - und dies ist die andere, wohl ebenso bemerkenswerte Seite der Medaille - längerfristig die innere Homogenität der in Frage stehenden Qualifikationstypen abgesichert gegen Tendenzen einer Erosion, die aus einer inneren Differenzierung resultieren würden. Die mittel- und längerfristige Stabilität der westdeutschen Elemente der Sozialstruktur wurde also durchgesetzt zu Lasten (des Bildes) einer schnellen nationalen Einheitlichkeit.

Dieser Sachverhalt und die rasche Vereinheitlichung des Bildungssystems - durch die Abschaffung der Fachschule und den Transfer der westdeutschen Meisterfortbildung und der Technikerausbildung - bereiten den Boden für eine im Generationenwechsel erfolgende vollständige Ablösung der DDR-Qualifikationstypen durch ihre westdeutschen Pendants. Nicht das Zusammenwachsen der sich entsprechenden ost- und westdeutschen Qualifikationsgruppen ist also die Perspektive der skizzierten Regelungen und Prozesse, sondern Auslaufenlassen und historische Ablösung im Generationenwechsel.

Doch ist dies nicht alles.

(6) Transformation, Angleichung und historische Ablösung - Produkt auch von Strategien und Leistungen der ostdeutschen Arbeitskräfte

Ein großer Teil der durch den Systemtransfer ausgelösten wirtschaftlichen und lebensweltlichen Veränderungen wird durch aktive Leistungen der ostdeutschen Arbeitskräfte selbst bewältigt. Genauer: Die neuen wirtschaftlichen und politischen Rahmenbedingungen stecken Zwänge und

Anreize aus für aktives Veränderungsverhalten dieser Arbeitskräfte, für die erforderlichen Lern- und Anpassungsprozesse und nicht zuletzt für einen selbst zu bewältigenden Umbau ihrer beruflichen Identität. Sehr schnell begannen hier einerseits die Zwänge der marktwirtschaftlichen Gesellschaft, andererseits aber auch die Zwänge der Überleitungsregelungen zu greifen: Sowohl Fachschulingenieure als auch Meister haben, wie ausführlich gezeigt, aktiv in großem Umfang die technischen, wirtschaftlichen und rechtlichen Kenntnisse erworben, die ihre neue, erweiterte Funktion im Betrieb erfordert, sehr schnell begannen sie, eine entsprechende neue (Ingenieur- bzw. Meister-)Rolle zu formieren und dafür auch einen Teil der Merkmale ihres bisherigen Qualifikationstyps zu "löschen", wenngleich sie, wie am Beispiel des Fachschulingenieurs auf der Basis von biographischen Interviews besonders detailliert gezeigt werden konnte, auch wichtige Merkmale erhalten haben. Zugleich haben sie, wie ebenfalls gezeigt, auf die Signale der Überleitungsregelungen vielfach reagiert mit dem Besuch von Brückenkursen, die ihre Qualifikation an die ihrer westdeutschen Pendants angleichen sollte, oder sogar mit dem Nachholen der vollständigen Ausbildung im Interesse des Erwerbs eines entsprechenden Abschlusses.

Soweit ihnen dies gelingt, tragen die Arbeitskräfte selbst dazu bei, die Angleichung der Sozialstruktur Ostdeutschlands an die Westdeutschlands zu beschleunigen: Sie gleichen ihr Qualifikations- und Verhaltensprofil an das ihrer westdeutschen Kollegen an; und sie reduzieren die Zahl und damit auch die Bedeutung der lediglich "gleichgestellten" ehemaligen VE-Meister und Fachschulingenieure und treiben damit selbst die Durchsetzung des Industriemeisters und des Fachhochschulingenieurs auch in Ostdeutschland voran.

Vor dem Hintergrund dieser Entwicklungen erscheint die Kontroverse, ob sich der notwendige Strukturwandel primär über intragenerationale Mobilitätsprozesse (Schenk 1996, S. 162) oder über eine Ablösung im Generationenwechsel durch Neuplazierung des Nachwuchses (Mayer 1996, S. 310) vollziehen wird, als falsche Alternative: Nicht nur schließen sich diese beiden Prozesse, wie im übrigen ja auch die von den Autoren angeführten Zahlen zeigen, nicht aus, sondern ergänzen sich. Dazu kommt, daß sich die Qualifikationstypen der ehemaligen DDR durch das skizzierte Weiterbildungs-, Umqualifizierungs- und Umzertifizierungsverhalten der Arbeitskräfte bereits **vor** Ablösung der jetzigen durch die nachfolgende Generation sukzessive aufzulösen beginnen.

Diese durch wirtschaftliche und politische Rahmenbedingungen wie auch institutionelle Regelungen stimulierten Eigenleistungen der Arbeitskräfte addieren sich zu den durch die neuen Verhältnisse mobilisierten Potentialen, die in der DDR-Gesellschaft durch bürokratische und/oder materielle Bedingungen blockiert waren und jetzt freigesetzt werden. Dies kann subjektiv zu "Glücksgefühlen" führen, wenn man endlich "richtig als Ingenieur loslegen" oder als Verwaltungskraft anerkannte und rationell gestaltete Arbeit ausführen kann. Der Transformationsprozeß und die darin implizierten Restrukturierungsprozesse der Betriebe und der Gesellschaft setzen zu einem Gutteil auf die Stimulierung von bislang blockierten vorhandenen Potentialen, auf Eigenleistungen und Eigeninitiative.[7]

Wenngleich angesichts der großen Leistungen der ostdeutschen Arbeitskräfte wohl nicht davon gesprochen werden kann, sie würden den Transformationsprozeß im wesentlichen passiv erleiden (ebd., S. 343), so sind doch die Art und der soziale Inhalt ihrer "Aktivitäten" in großem Umfang fremdgesteuert, durch existentielle, materielle Zwänge ebenso wie durch materielle und immaterielle (zum Teil in den neuen Formen der Arbeit enthaltene) Anreize, aber auch durch die skizzierten institutionellen Bedingungen ihrer Verortung in Arbeitsmarkt und Gesellschaft.

Die hier herausgestellte erhebliche Bedeutung der Aktivitäten und Leistungen der ostdeutschen Arbeitskräfte für die Veränderungsprozesse und die Angleichung an die westdeutsche Sozialstruktur sollen nicht die tiefe Asymmetrie verdecken, die diese Prozesse charakterisiert; genauer: Sie gehen aus von einer Asymmetrie auf gesellschaftlicher Ebene - dem Transfer des politischen und wirtschaftlichen Systems Westdeutschlands nach Ostdeutschland - und reproduzieren diese Asymmetrie im konkreten. Die ehemaligen Fachschulingenieure, VE-Meister und "Ökonomen" müssen sich im Betrieb den neuen Vorgaben anpassen, ihre Rollen entsprechend der neuen marktwirtschaftlichen Logik neu konzipieren und ihr eigenes Verhalten neu formieren. Der vor Einleitung der Anerkennungsverfahren durchgeführte Vergleich der Curricula der Meisterfortbildungen orientierte sich ausschließlich an der westdeutschen Meisterfortbildung

---

7 Wo diese Eigeninitiative allerdings mit den Vereinheitlichungsinteressen und Entscheidungsansprüchen westdeutscher Akteure nicht konform sind, werden sie hart gebrochen; dies zeigt etwa das Beispiel der Fachschulen, die nach 1990 "eigenmächtig" mit der Fachhochschulausbildung begannen, um Fachhochschulen werden zu können, dann aber ihre Versuche abbrechen mußten.

und definierte Unterschiede in der Qualifikation als Defizite des ostdeutschen Meisters. Die ehemaligen VE-Meister, Fachschulingenieure und Techniker mußten, um einen für sie vorgesehenen rechtlichen Status in der neuen Gesellschaft zu erhalten, einen Antrag stellen und sich ggf. einer Begutachtung unterziehen. Sie erhalten zum Teil (der Fall der Handwerksmeister) Auflagen, bestimmte Nachqualifizierungsprozesse zu durchlaufen und durch entsprechende Prüfungen zu belegen, aber nicht das Recht, durch Anerkennung der komplementären Teile der DDR-Bildungsgänge mit Hilfe von Teilqualifizierungen und Teilprüfungen einen vollwertigen Abschluß zu erhalten (der Fall beider Meistergruppen). Die Liste dieser asymmetrisch strukturierten Prozesse ließe sich fortsetzen.

(7) Der Transformationsprozeß - auch ein Prozeß der Entmodernisierung der ostdeutschen Sozialstruktur

Die ersten Diagnosen und Prognosen nach der Wende, die die DDR als eine vormoderne Gesellschaft, ihren Zusammenbruch als Konsequenz eines Modernisierungsdefizits und den Transformationsprozeß als einen Modernisierungsprozeß interpretierten, werden mittlerweile, nicht zuletzt in Zusammenhang mit empirischen Untersuchungen, zunehmend in Frage gestellt. Auch die hier vorgestellten Fallanalysen und ihre auf einige wenige Fragen zugespitzte Auswertung im ersten Teil dieses Beitrags haben gezeigt, daß die These einer "vormodernen" DDR und deren Begründung in einer (angeblichen) sozialen Entdifferenzierung wenig plausibel ist. Damit verliert eigentlich auch die These, der Transformationsprozeß sei ein Prozeß nachholender Modernisierung, für das hier untersuchte Feld ihre Grundlagen. Trotzdem erscheint es sinnvoll, an dieser Stelle auf einige Teilprozesse aufmerksam zu machen, die als ausgesprochen "antimodern" einzustufen sind.

Mayer (1994, S. 28) hat darauf aufmerksam gemacht, daß durch den Transformationsprozeß eine Reihe von durchaus modernen Strukturen der DDR zerstört wurde zugunsten von westdeutschen Strukturen, die in der BRD schon deutlich unter Kritik standen. Auch im hier untersuchten Feld ist eine Reihe solcher Prozesse zu beobachten:

Die Fachschule als eine sehr bewährte, durchaus noch sehr lebendige Form der Ausbildung eines praxisnahen Ingenieurs und einer praxisnahen kaufmännischen Fachkraft auf Hochschulniveau wurde als Bildungsweg eliminiert, ihre bestehenden personellen und sachlichen Kapazitäten wurden aufgelöst oder mehr oder minder beliebig umgewidmet. Diese Zerschlagung einer bestehenden Struktur erfolgte zu einem Zeitpunkt, zu dem es in Westdeutschland zunehmende Kritik an der Praxisferne von Ingenieuren und Betriebswirten gibt, die an (Fach-)Hochschulen ausgebildet werden, zu dem man um die breitere Einführung und Anerkennung von Berufsakademien nach baden-württembergischem Muster (mit dualer Ausbildung von Ingenieuren und Betriebswirten) stritt und zu dem zunehmend Experimente mit dual konstruierten Fachhochschulen in Gang gesetzt wurden. Um die Absurdität dieser Zerstörung noch einmal zu potenzieren, wurden wenige Jahre danach in einigen der neuen Bundesländer Berufsakademien nach dem Muster Baden-Württembergs eingeführt. Statt also eine erprobte, in Betrieben und Bevölkerung verankerte Form einer Synthese von theoretischer und betrieblich-praktischer Ausbildung auf Hochschulniveau fortzuführen und unter Umständen zu reformieren, hat man die durchaus reformbedürftige westdeutsche Struktur transferiert, einschließlich eines sehr umstrittenen Modells eines einzelnen westdeutschen Bundeslandes.

Ein zweites Beispiel für einen solchen Prozeß ist die Wiedereinführung des Vorarbeiters in den ostdeutschen Betrieben zu einem Zeitpunkt, zu dem in modernen westdeutschen Betrieben massive, aufwendige, durchaus konfliktreiche Bemühungen um eine Reduzierung der Hierarchie in diesem Bereich im Gange sind.

Das dritte Beispiel ist die damit mehr oder minder eng verbundene gezielte Distanzierung des Meisters gegenüber den Arbeitern zu einem Zeitpunkt, zu dem die meisten westdeutschen Betriebe versuchen, die Rolle des Meisters in Richtung einer Betreuer-Rolle gegenüber den Arbeitern (Coach-Funktion genannt) zu verändern.

Diese drei Beispiele lassen den Transformationsprozeß als Prozeß der "partiellen Entmodernisierung" erscheinen - oder das Konzept der nachholenden Modernisierung selbst als unsinnig.

(8) Der Transformationsprozeß als endogener oder als exogener Prozeß - eine falsche Alternative

Insbesondere K.U. Mayer hat in seinen verschiedenen Beiträgen zum Transformationsprozeß (zuletzt 1996, S. 343) die Frage aufgeworfen, ob die Transformationsprozesse endogen oder exogen (aus dem Westen) gesteuert und eher passiv erfahren oder aktiv gestaltet sind. Nach den Ergebnissen der hier vorgestellten Analysen ist dies eine falsche Alternative.

Zum einen (einfacheren) greifen natürlich externe Interventionen (die Setzungen und Vorgaben des westdeutschen Staates, der westdeutschen Wirtschaft und der westdeutschen institutionellen Akteure) mit den Veränderungsleistungen der ostdeutschen Akteure ineinander, trotz der hier bestehenden weitreichenden Asymmetrie: Der "Clou" dieses ineinander verwobenen Prozesses des Systemtransfers und der Transformation liegt gerade darin, daß die "von oben" vorgegebenen, relativ allgemeinen Zwänge, Regelungen und Anreize vielfältige konkretere Veränderungsleistungen der Arbeitskräfte bzw. der Bürger Ostdeutschlands auslösen, die zur "Transformation" auf allen Ebenen beitragen. Eine wesentliche Ebene ist dabei die Transformation der Qualifikationstypen selbst im Sinne einer doppelten Aufhebung der darauf bezogenen beruflichen Identitäten und Orientierungen; das zeigt besonders ausführlich und eindrucksvoll die Analyse der Sichtweisen und beruflichen Handlungsmuster der ehemaligen Fachschulingenieure und ihrer Bedeutung für die subjektive Verarbeitung und Mitgestaltung unterschiedlicher "Transformationskarrieren". Aber es geht nicht nur um subjektive Sachverhalte, Mentalitäten, Sichtweisen etc., sondern auch um so "harte" Strukturen wie die Wirtschafts- und Betriebsstruktur Ostdeutschlands; das zeigt etwa die Gründung von neuen Kleinbetrieben durch entlassene Fachschulingenieure und von Handwerksbetrieben durch ehemalige VE-Meister.

Zum anderen bieten (auch) die hier dargestellten Sachverhalte vielfältige Hinweise darauf, daß die ehemalige DDR-Gesellschaft und die ehemalige BRD-Gesellschaft, die sich jetzt als "Unten und Oben" gegenübertreten, immer eng aufeinander bezogen waren. Die früher unter Gewerkschaftern verbreitete Aussage, die DDR sitze bei westdeutschen Tarifverhandlungen immer mit am Tisch, symbolisiert die eine Seite dieser engen Verknüpfung, der in Zusammenhang mit den Wirtschafts- und Bildungsplanungen der DDR sichtbar gewordene kontinuierliche Bezug auf vergleichbare Kennziffern der BRD zeigt deren andere Seite. Beide Gesellschaften waren also schon früher politisch und (wie hier nicht auszuführen ist) wirtschaftlich in - vor allem in der BRD - wenig sichtbarer Weise eng aufeinander bezogen. 1989 wurde dieser Bezug von der einen Seite her unmittelbar manifest.

Das aber bedeutet, daß das Verhältnis zwischen diesen Gesellschaften als ein reines Innen- und Außen- bzw. (heute) Oben- und Unten-Verhältnis nicht angemessen betrachtet werden kann. Sinnvoller erscheint es, die Geschichte dieser beiden Gesellschaften als Entwicklung von vordergründig parallel laufenden, aber sich immer auch beeinflussenden Widersprüchen zu interpretieren, die sich wechselseitig verschärfen und zugleich wechselseitig Potential für Problemlösungen bieten konnten. Als die sich verschärfenden Widersprüche einer dieser Gesellschaften (der DDR) zu ihrem Zusammenbruch führten, brachte dies für die Widersprüche der anderen Gesellschaft neue Problemlösungspotentiale, etwa die vorübergehende Ankurbelung der bereits kriselnden Wirtschaft durch die zusätzliche Nachfrage aus Ostdeutschland, vor allem aber große politische Legitimationsgewinne; sie brachten aber auch neue Verschärfungen und Dynamiken. Die Widersprüche beider Gesellschaften und ihre Sedimentierungen wurden zusammengeführt und beeinflussen sich und mögliche künftige Problemlösungen. Im hier untersuchten Feld etwa ist davon auszugehen, daß die in den beiden Gesellschaften vor 1989 bestehenden Krisentendenzen der untersuchten Qualifikationstypen aufeinander übergreifen und sich wechselseitig verstärken, mit problematischen Konsequenzen für ihre Zukunft im geeinten Deutschland (für das Beispiel des Technikers vgl. dazu Drexel, Giessmann 1997).

In einer solchen, hier nur anzudeutenden dialektischen Sicht der beiden Gesellschaften und ihrer neuen Einheit ist die DDR-Gesellschaft aufgehoben (eine andere von Mayer aufgeworfene Frage) nicht nur als Bestand von Mentalitäten ihrer Bürger, die nicht so schnell "abzustreifen" sind, und nicht nur als Erinnerung an den Versuch, einen anderen Gesellschaftstyp zu schaffen, und an sein Scheitern. Die DDR-Gesellschaft bleibt in dieser Sicht auch präsent in den Sedimenten ihrer Widersprüche und Probleme und in deren Fortwirken in Gegenwart und absehbarer Zukunft.

Um diesen abstrakten Gedanken mit Ergebnissen aus dem Untersuchungsfeld zu illustrieren, sei abschließend noch einmal das Beispiel des Technikers aufgegriffen, der trotz oder gerade wegen seiner quantitativen Bedeutungslosigkeit strukturell ja besonders interessant ist. Dieses Beispiel zeigt, daß "Interventionen von oben" im Transformationsprozeß zwar in der Lage sind, einen Bildungsgang (die Fachschule) zu zerschlagen, nicht aber einen Bildungsgang (die Technikerausbildung) gegen die Sedimente früherer Probleme zu implementieren - und seien die sonstigen

Rahmenbedingungen dafür auch noch so gut: Zwar bedingte der Transfer des westdeutschen Bildungssystems den Re-Import der Technikerausbildung in ihrer westdeutschen, auf Facharbeiterausbildung und -erfahrung aufbauenden Version; man konnte also erwarten, daß die keimhaften Ansätze einer erneuerten Technikerausbildung in Ostdeutschland durch das Zusammentreffen mit der wohletablierten westdeutschen Tradition deutlich gestärkt werden würden. Außerdem mußten die Fachschulen, die von Schließung bedroht waren, ein massives Interesse an der Durchführung von Technikerausbildung entwickeln. Und es war zu erwarten, daß die Betriebe in der Perspektive einer Differenzierung ihrer Belegschaften ein großes Interesse am Techniker haben, und daß Facharbeiter angesichts der neuen Entlohnungsstrukturen massives Interesse an dieser Fortbildung entwickeln würden. Doch sind diese Bedingungen, wie gezeigt, nicht zum Tragen gekommen, der Zulauf zur Technikerausbildung war und ist minimal, in den Betrieben hat der Techniker weiterhin keinen Platz, er wird, wenn überhaupt, auf Facharbeiterpositionen eingesetzt.

Hintergrund dieses Sachverhalts sind (neben einigen für die Implementation dieses Qualifikationstyps problematischen Bedingungen des Transformationsprozesses) vor allem seine Hypotheken aus der DDR-Gesellschaft: Es hat den Techniker allzulange nicht gegeben, man erinnert sich in den Betrieben und in der Bevölkerung nur noch dunkel an ihn, und zwar in doppelt kritischer Weise: Mit ihm ist zum einen das Bild des "abgebrochenen Ingenieurs", zum anderen die autoritäre und allgemein als unsinnig empfundene staatliche Politik verbunden, einen von niemandem gebrauchten, Aufstiegsperspektiven zurückschneidenden Bildungsweg zu schaffen. Und die Betriebe, die in DDR-Zeiten in ihren Personaleinsatzstrategien sowieso wenig auf die Abgrenzung von Profilen und auf optimale Nutzung vorhandener Qualifikationspotentiale gesetzt hatten, haben nur die schlechten Erinnerungen an die "Beauflagung" mit der Durchführung einer nicht gewollten, nicht gebrauchten Ausbildung, aber kaum Erfahrungen mit seinem Einsatz; daß sie ihn nicht einordnen können, ist wenig erstaunlich. Infolge dieser Sedimentierungen früherer Probleme ist eine Wiederbelebung des Technikers in Ostdeutschland trotz der genannten prinzipiell guten Rahmenbedingungen dafür außerordentlich unwahrscheinlich.

Prozesse und Zusammenhänge dieses Typs erscheinen mit dem Begriffspaar endogener und exogener Wandel nur sehr begrenzt erfaßbar. Notwendig erscheint ein theoretisches Konzept, das auch in dynamischer Perspektive die wechselseitige - wenn auch oft vielfach vermittelte und gebrochene - Determination und das Ineinandergreifen dieser Prozesse zu erfassen und abzubilden in der Lage ist. Die angedeutete theoretische Struktur von Widersprüchen und Widerspruchsentwicklungen könnte der Kern eines solchen Konzeptes sein.

Literatur

Adler, F.: Soziale Umbrüche. In: R. Reißig; G.J. Glaeßner (Hrsg.): Das Ende eines Experiments, Berlin 1991.

Diewald, M.; Mayer, K.U. (Hrsg.): Zwischenbilanz der Wiedervereinigung - Strukturwandel und Mobilität im Transformationsprozeß, Opladen 1996.

Diewald, M.; Solga, H.: Soziale Ungleichheiten in der DDR: Die feinen, aber deutlichen Unterschiede am Vorabend der Wende. In: J. Huinink u.a.: Kollektiv und Eigensinn, Berlin 1995, S. 261-305.

Drexel, I.: Gesellschaftliche Qualifikationstypen - historisches Relikt oder notwendige Struktur? In: I. Drexel (Hrsg.): Jenseits von Individualisierung und Angleichung, Frankfurt/New York 1994, S. 33-71.

Drexel, I.; Giessmann, B.: Berufsgruppen im geeinten Deutschland: Neue Gemengelagen alter Stärken und Probleme - das Beispiel des Technikers. In: B. Lutz (Hrsg.): Gemeinsame Entwicklungstendenzen in Ost- und Westdeutschland - ein Vergleich (Arbeitstitel), München/Mering 1997 (im Erscheinen).

Drexel, I.; Jaudas, J.: Vom VE-Meister der DDR zum Industriemeister in den neuen Bundesländern - Elemente des Prozesses der Transformation einer Gesellschaft. In: A. Meier u.a. (Hrsg.): Tradition und Transformation in Ost- und Westdeutschland (Arbeitstitel), Opladen 1997 (im Erscheinen).

Giessmann, B.: Im Interesse der Ingenieure und Techniker: Von der KDT zum Ingenieurtechnischen Verband - KDT e.V. In: Sonderforschungsbereich 333 der Universität München (Hrsg.): Mitteilungen 6, München 1993, S. 59-78.

Grünert, H.: Das Beschäftigungssystem der DDR. In: B. Lutz u.a. (Hrsg.): Arbeit, Arbeitsmarkt und Betriebe, Opladen 1996, S. 17-68.

Grünert, H.; Bernien, M.; Lutz, B.: Das Beschäftigungssystem der DDR: Funktionsweise, Entwicklungstendenzen und Folgewirkungen. In: D. Beer u.a. (Hrsg.): Der ostdeutsche Arbeitsmarkt in Gesamtdeutschland: Angleichung oder Auseinanderdriften? KSPW: Transformationsprozesse, Opladen 1997.

Infratest-Sozialforschung: Erwerbsverläufe nach der "Wende" - Vertiefende Längsschnittauswertungen von November 1989 bis November 1992 aus dem Arbeitsmarkt-Monitor für die neuen Bundesländer, München 1993.

Lutz, B.; Grünert, H.: Der Zerfall der Beschäftigungsstrukturen der DDR 1989-1993. In: B. Lutz u.a. (Hrsg.): Arbeit, Arbeitsmarkt und Betriebe, Opladen 1996, S. 69-120.

Mayer, K.U.: Die soziale Ordnung der DDR und einige Folgen für die Inkorporation in die BRD. In: BISS publik (Wissenschaftliche Mitteilungen aus dem Berliner Institut für Sozialwissenschaftliche Studien), Heft 11, 3. Jg., 1993, S. 39-55.

Mayer, K.U.: Von der Transformationstheorie zur Transformation oder umgekehrt? In: BISS publik, Heft 13, 4. Jg., 1994, S. 25-31.

Mayer, K.U.: Kollektiv oder Eigensinn? - Der Beitrag der Lebensverlaufsforschung zur theoretischen Deutung der DDR-Gesellschaft. In: J. Huinink u.a.: Kollektiv und Eigensinn, Berlin 1995, S. 349-373.

Mayer, K.U.: Lebensverläufe und Transformation in Ostdeutschland - eine Zwischenbilanz. In: M. Diewald; K.U. Mayer (Hrsg.): Zwischenbilanz der Wiedervereinigung, Opladen 1996, S. 229-345.

Reißig, R.: Perspektivenwechsel in der Transformationsforschung - Inhaltliche Umorientierungen, räumliche Erweiterung, theoretische Innovation. In: R. Kollmorgen u.a. (Hrsg.): Sozialer Wandel und Akteure in Ostdeutschland, Opladen 1996, S. 245-262.

Schenk, S.: Berufsverläufe und Erwerbsschicksale. In: B. Lutz u.a. (Hrsg.): Arbeit, Arbeitsmarkt und Betriebe, Opladen 1996, S. 161-187.

Schmidt, R.: Restrukturierung und Modernisierung der industriellen Produktion. In: B. Lutz u.a. (Hrsg.): Arbeit, Arbeitsmarkt und Betriebe, Opladen 1996, S. 227-256.

Solga, H.: Auf dem Weg in eine klassenlose Gesellschaft? - Klassenlagen und Mobilität zwischen Generationen in der DDR, Berlin 1995.

Wolter, W.; Körner, H.: Entwicklung und Struktur des Bildungswesens der DDR - Aspekte der Gleichwertigkeit allgemeiner und beruflicher Bildung. Teil I und Teil II, QUEM-Report, Hefte 26/27, 1994a, 1994b.

Die Autoren

Dirk Bunzel, Diplom-Soziologe, arbeitet seit 1994 an der University of Western Sydney, Australien. Arbeitsschwerpunkte: betriebliche Personalpolitik, international vergleichende Organisationsforschung.

Ingrid Drexel, Diplom-Soziologin, Dr. oec. publ., langjährige wissenschaftliche Mitarbeiterin des Instituts für Sozialwissenschaftliche Forschung e.V. - ISF München. Arbeitsschwerpunkte: berufliche Aus- und Weiterbildung in unterschiedlichen Bildungssystemen, Zusammenhang von Bildungs- und Beschäftigungssystem, internationaler Vergleich.

Barbara Giessmann, Soziologin, Dr. phil.; Forschungstätigkeit an der Akademie für Gesellschaftswissenschaften und an der Akademie der Pädagogischen Wissenschaften Berlin, vor allem zur Entwicklung des Technikers, nach der Wende Arbeit im Sonderforschungsbereich der Universität München zur Entwicklung mittlerer Bildungsgänge und Qualifikationsgruppen in der DDR und in den neuen Bundesländern.

Eva-Maria Langen, Diplom-Ökonomin, Dr. oec., langjährige Arbeit in der Akademie der Wissenschaften in Ost-Berlin. Arbeitsschwerpunkte: Qualifikationsforschung und Bildungsökonomie, vor allem Auswirkungen von neuer Technik, nach der Wende auch Berufsbildungsforschung.

Friedrich Pfefferkorn, Diplom-Philosoph, Dr. phil.; seit 30 Jahren empirische Sozialforschung in Chemnitz, Leipzig und Berlin. Arbeitsschwerpunkte: Wirtschafts- und Industriesoziologie, Sozialstrukturforschung, Sozial- und Wirtschaftsgeographie, nach der Wende Berufsbildungsforschung.

Dietrich Scholz, Dipl.-Ing., wissenschaftlicher Mitarbeiter im Bundesinstitut für Berufsbildung. Arbeitsschwerpunkte: Weiterbildungsforschung auf dem Gebiet der unteren/mittleren Führungsposition im gewerblich-technischen Bereich, Neuordnung von Weiterbildungsberufen, insbesondere Meister außerhalb des Handwerks.

Rudolf Welskopf, Soziologe, Dr. sc. phil.; nach Tätigkeit in einer Kombinatsleitung seit 1980 empirische Forschungstätigkeit am Institut für Soziologie und Sozialpolitik der Akademie der Wissenschaften der DDR in Ost-Berlin. Arbeitsschwerpunkte: industriesoziologische Themen, insbesondere der Zusammenhang von Innovationen, sozialen Strukturen und Verhalten, nach der Wende Berufsbildungsforschung.

Werner Wolter, Prof. em. Dr. oec. habil.; 1951 Dozent für Volkswirtschaftsplanung an der Humboldt-Universität zu Berlin; 1965 Direktor, 1971 Forschungsgruppenleiter am Institut (später Zentralinstitut) für Hochschulbildung Berlin. Arbeitsschwerpunkte: Bildungsplanung in der DDR und im internationalen Vergleich, Expertentätigkeit bei RGW (Comecon) und UNESCO.

Das Institut für Sozialwissenschaftliche Forschung E.V.
- ISF München -

Rechtsform, Leitung, Finanzierung

Das ISF München ist ein eingetragener Verein mit anerkannter Gemeinnützigkeit. Es besteht seit 1965. Mitglieder des Vereins sind Personen, die auf den Forschungsfeldern des Instituts arbeiten. Die Leitung liegt beim Institutsrat (Vorstand), der aus Mitarbeiterinnen und Mitarbeitern des ISF besteht.

Das ISF verfügt über keine öffentliche Grundfinanzierung. Die Forschungsvorhaben werden ausschließlich über zeit- und projektgebundene Mittel finanziert. Auftraggeber sind z.b. Bundes- und Landesministerien, die Europäische Union, verschiedene Stiftungen, Institutionen der allgemeinen Forschungsförderung sowie - im Verbund mit öffentlich geförderten Forschungsprojekten - Unternehmen.

Forschungsgebiete, Kooperationen

Das ISF forscht über neue Entwicklungen in Betrieb und Gesellschaft. Im Vordergrund stehen betriebliche Rationalisierungsstrategien (Technikgestaltung, Arbeitsorganisation), Personal- und Ausbildungspolitiken und deren Voraussetzungen und Folgen für Arbeitsmarkt, Bildungssystem und industrielle Beziehungen. Die Untersuchungen richten sich auf die Verknüpfung von praxisbezogener und theoretischer Forschung und auf den internationalen Vergleich. Dazu arbeitet das Institut mit wissenschaftlichen Einrichtungen anderer, auch technischer Disziplinen, mit Unternehmen sowie mit internationalen Experten zusammen.

Kooperationsvereinbarungen bestehen mit der Fakultät für Ökonomie der Tohoku-Universiät in Sendai/Japan und mit dem Economic Research Center der Han Nam Universität in Taejon/Korea.

Die Forschungsergebnisse werden für Wissenschaftler und Praktiker aus Unternehmen, Verbänden und öffentlichen Institutionen aufbereitet.

Mitarbeiter, Forschungsorganisation

Im ISF arbeiten ca. 30 Wissenschaftlerinnen und Wissenschaftler mit sozial-, wirtschafts- und ingenieurwissenschaftlicher Ausbildung sowie studentische Hilfskräfte und freie Mitarbeiter für Spezialgebiete. Die Forschungsarbeiten werden von Projektteams mit hoher Eigenverantwortung durchgeführt. Überlappende Teamkooperation sichert Synergieeffekte, die Zusammensetzung der Belegschaft Interdisziplinarität im Hause. Rund 15 Mitarbeiterinnen und Mitarbeiter erledigen die Aufgaben der Verwaltung und Sachbearbeitung.

Ein Überblick über die bisherigen Arbeiten und Veröffentlichungen ist über das Institut erhältlich.

ISF München Jakob-Klar-Str. 9 80796 München
Tel. 089/272921-0 Fax 089/272921-60 E-Mail ISF@LRZ.UNI-MUENCHEN.DE

Ausgewählte Buchveröffentlichungen 1992 - 1997 (Stand Februar 1997)

Altmann, Norbert; Köhler, Christoph; Meil, Pamela (eds.): Technology and Work in German Industry, Routledge, London/New York 1992.

Böhle, Fritz; Rose, Helmuth: Technik und Erfahrung - Arbeit in hochautomatisierten Systemen, Frankfurt/New York 1992.

Deiß, Manfred; Döhl, Volker (Hrsg.): Vernetzte Produktion - Automobilzulieferer zwischen Kontrolle und Autonomie, Frankfurt/New York 1992.

Grüner, Hans: Mobilität und Diskriminierung - Deutsche und lausländische Arbeiter auf einem betrieblichen Arbeitsmarkt, Frankfurt/New York 1992.

ISF-München; INIFES-Stadtbergen; IfS-Frankfurt; SOFI-Göttingen (Hrsg.): Jahrbuch Sozialwissenschaftliche Technikberichterstattung 1992 - Schwerpunkt: Dienstleistungsarbeit, edition sigma, Berlin 1992.

Tokunaga, Shigeyoshi; Altmann, Norbert; Demes, Helmut (eds.): New Impacts on Industrial Relations - Internationalization and Changing Production Strategies, iudicium verlag, München 1992.

Bieber, Daniel; Möll, Gerd: Technikentwicklung und Unternehmensorganisation - Zur Rationalisierung von Innovationsprozessen in der Elektroindustrie, Frankfurt/New York 1993.

Drexel, Ingrid: Das Ende des Facharbeiteraufstiegs? - Neue mittlere Bildungs- und Karrierewege in Deutschland und Frankreich - ein Vergleich, Frankfurt/New York 1993.

Fischer, Joachim: Der Meister - Ein Arbeitskrafttypus zwischen Erosion und Stabilisierung, Frankfurt/New York 1993.

Hirsch-Kreinsen, Hartmut: NC-Entwicklung als gesellschaftlicher Prozeß - Amerikanische und deutsche Innovationsmuster der Fertigungstechnik, Frankfurt/New York 1993.

ISF-München; INIFES-Stadtbergen; IfS-Frankfurt; SOFI-Göttingen (Hrsg.): Jahrbuch Sozialwissenschaftliche Technikberichterstattung 1993 - Schwerpunkt: Produktionsarbeit, edition sigma, Berlin 1993.

Deiß, Manfred: Regulierung von Arbeit in der Krise - Von der Transformation zum globalen Strukturwandel, Graue Reihe 94-06 der KSPW, Halle 1994.

Drexel, Ingrid (Hrsg.): Jenseits von Individualisierung und Angleichung - Die Entstehung neuer Arbeitnehmergruppen in vier europäischen Ländern, Frankfurt/New York 1994.

ISF-München; INIFES-Stadtbergen; IfS-Frankfurt; SOFI-Göttingen (Hrsg.): Jahrbuch Sozialwissenschaftliche Technikberichterstattung 1994 - Schwerpunkt: Technik und Medizin, edition sigma, Berlin 1994.

Moldaschl, Manfred; Schultz-Wild, Rainer (Hrsg.): Arbeitsorientierte Rationalisierung - Fertigungsinseln und Gruppenarbeit im Maschinenbau, Frankfurt/New York 1994.

ISF-München; INIFES-Stadtbergen; IfS-Frankfurt; SOFI-Göttingen (Hrsg.): Jahrbuch Sozialwissenschaftliche Technikberichterstattung 1995 - Schwerpunkt: Technik und Region, edition sigma, Berlin 1995.

Lutz, Burkart; Schröder, Harry (Hrsg.): Entwicklungsperspektiven von Arbeit im Transformationsprozeß, Rainer Hampp Verlag, München/Mering 1995.

Rose, Helmuth (Hrsg.): Nutzerorientierung im Innovationsmanagement - Neue Ergebnisse der Sozialforschung über Technikbedarf und Technikentwicklung, Frankfurt/New York 1995.

Schmidt, Rudi; Lutz, Burkart (Hrsg.): Chancen und Risiken der industriellen Restrukturierung in Ostdeutschland. KSPW: Transformationsprozesse, Berlin 1995.

Schmierl, Klaus: Umbrüche in der Lohn- und Tarifpolitik - Neue Entgeltsysteme bei arbeitskraftzentrierter Rationalisierung in der Metallindustrie, Frankfurt/New York 1995.

Lutz, Burkart; Hartmann, Matthias; Hirsch-Kreinsen, Hartmut (Hrsg.): Produzieren im 21. Jahrhundert - Herausforderungen für die deutsche Industrie - Ergebnisse des Expertenkreises "Zukunftsstrategien" Band I, Frankfurt/New York 1996.

Lutz, Burkart; Nickel, Hildegard M.; Schmidt, Rudi; Sorge, Arndt (Hrsg.): Arbeit, Arbeitsmarkt und Betriebe, Leske + Budrich, Opladen 1996.

Meil, Pamela (Hrsg.): Globalisierung industrieller Produktion - Strategien und Strukturen - Ergebnisse des Expertenkreises "Zukunftsstrategien" Band II, Frankfurt/New York 1996.

Rose, Helmuth (Hrsg.): Objektorientierte Produktionsarbeit - Neue Konzepte für die Fertigung, Frankfurt/New York 1996.

Sauer, Dieter; Hirsch-Kreinsen, Hartmut (Hrsg.): Zwischenbetriebliche Arbeitsteilung und Kooperation - Ergebnisse des Expertenkreises "Zukunftsstrategien" Band III, Frankfurt/New York 1996.

Bieber, Daniel (Hrsg.): Technikentwicklung und Industriearbeit, Frankfurt/New York 1997 (im Erscheinen).

Drexel, Ingrid: Arbeitnehmervertretung vor neuen Differenzierungen - Neue Bildungsgänge zwischen Dualem System und Hochschule - Entwicklungen, Probleme, Strategien, Frankfurt/New York 1997 (Veröffentlichung in Vorbereitung).

Drexel, Ingrid; Giessmann, Barbara (Hrsg.): Berufsgruppen im Transformationsprozeß - Ostdeutschlands Ingenieure, Meister, Techniker und Ökonomen zwischen Gestern und Übermorgen, Frankfurt/New York 1997.

Hirsch-Kreinsen, Hartmut (Hrsg.): Organisation und Mitarbeiter im TQM, Springer Verlag, Berlin/Heidelberg/New York etc. 1997.

ISF-München; SOFI-Göttingen; IfS-Frankfurt; INIFES-Stadtbergen (Hrsg.): Jahrbuch Sozialwissenschaftliche Technikberichterstattung 1996 - Schwerpunkt: Reorganisation, edition sigma, Berlin 1997.

Mendius, Hans Gerhard; Bauer, Reinhard; Heidling, Eckhard: Kraftfahrzeug-Servicetechniker - ein innovativer Qualifizierungsansatz für das Handwerk, Bonn 1997.

Schultz-Wild, Lore; Lutz, Burkart: Industrie vor dem Quantensprung - Eine Zukunft für die Produktion in Deutschland, Springer Verlag, Berlin/Heidelberg/New York etc. 1997.

Werle, Raymund; Lang, Christa (Hrsg.): Modell Internet? - Entwicklungsperspektiven neuer Kommunikationsnetze, Frankfurt/New York 1997 (Veröffentlichung in Vorbereitung).